Kurt Enzinger
Fürstenweg und Römerstraße – Freilassinger Straßennamen

Kurt Enzinger

Fürstenweg und Römerstraße

Freilassinger Straßennamen

Freilassing 2009

Rupertus-Verlag, Salzburg
Herausgeber: Stadt Freilassing
Druck: Korona Offset-Druck, Freilassing
2009 © Stadt Freilassing
ISBN 978-3-902317-11-7

Die Deutsche Bibliothek verzeichnet diese Publikation
in der Deutschen Nationalbibliografie.
Abrufbar unter http://dnb.ddb.de

Inhaltsverzeichnis

Vorwort	7
Zur Entstehung der Straßennamen	9
Straßen, Wege und Plätze A – Z	23
Anmerkungen	265
Literaturnachweis	271
Bildnachweis	274

Hinweis zu den botanischen Namen:

Mehrere Straßen und Wege in unserer Stadt sind nach Bäumen und Blumen benannt. Sie tragen – wie alle Pflanzen und Tiere – neben ihrem deutschen Namen jeweils zwei lateinische Bezeichnungen. Diese betreffen die Einteilung nach Gattungen und deren Unterteilung in Arten. Der erste lateinische Name betrifft die Gattung und der zweite die Art. Je nach Merkmalen wurden zudem noch Gattungen in Familien zusammengefasst. Diese Ordnung hat durchaus Ähnlichkeit mit einer Stadt, die unterteilt ist in Stadtviertel (Familie), Straßen (Gattung) und Hausnummern (Art).

Die Herausgabe dieses Buches haben gefördert:

Max Aicher Bau GmbH & Co. KG
Hawle Armaturen GmbH
Robel Bahnbaumaschinen GmbH
Sparkasse Berchtesgadener Land
Stadt Freilassing
Stadtmuseum Freilassing e. V.

Vorwort

Freilassing ist eine junge Stadt, und so sind auch deren Straßennamen erst in der jüngeren Vergangenheit zugeteilt worden. Sie lenken den Blick über die Stadtgrenze hinaus: zu Nachbargemeinden, zu fernen Städten und Regionen, zu Menschen, die große Leistungen vollbracht haben, zu wichtigen Gebäuden, zu Bergen, Bäumen und Blumen. Ihre Namen wurden vom Gemeinde- oder Stadtrat ausgewählt für die Benennung einer Straße, eines Weges oder Platzes. So manche Bezeichnung wirft Fragen auf, die zu beantworten sich dieses Buch zur Aufgabe gemacht hat.

Mein herzlicher Dank gilt allen in den Anmerkungen und im Bildnachweis genannten Archiven, Dienststellen und Privatpersonen für freundliche Unterstützung. Er gilt besonders Herrn Ersten Bürgermeister Josef Flatscher, der die Herausgabe dieser Publikation ermöglicht hat.

Freilassing, Herbstruperti 2009

Kurt Enzinger

Kurt Enzinger wurde 1937 in Freilassing geboren, besuchte ab 1948 das Karlsgymnasium in Bad Reichenhall, erhielt ab 1954 eine Ausbildung zum Bankkaufmann und war später mehr als 20 Jahre Filialleiter der Bayerischen Vereinsbank in Freilassing. Er beschäftigt sich seit Jahrzehnten mit Regionalgeschichte und veröffentlichte verschiedene Arbeiten im Pannonia-Verlag, in der Zeitschrift des Historischen Vereins Rupertiwinkel und in den Mitteilungsbänden der Gesellschaft für Salzburger Landeskunde. 2003 erschien im Rupertus-Verlag seine Chronik „Freilassing – Geschichte einer jungen Stadt".

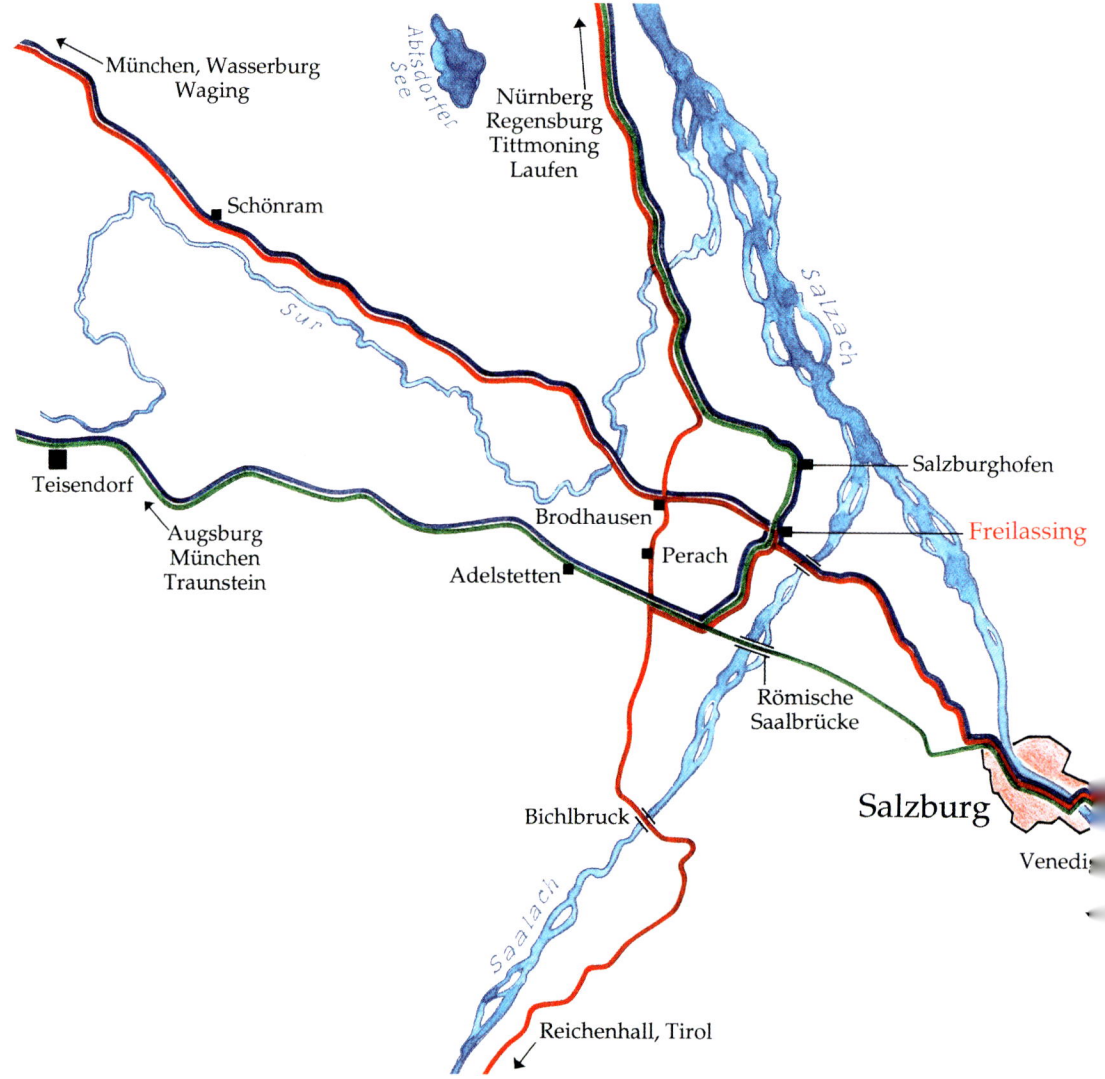

Abb. 1: Von Freilassing aus gab es ab dem Mittelalter Fernstraßen in alle Himmelsrichtungen:

1. über Adelstetten und Teisendorf nach Traunstein, München und Augsburg (Römerstraße),
2. über die Saalbrücke in die nahe Metropole Salzburg und von dort weiter bis Venedig,
3. nach Reichenhall (= Untere Salzstraße) und weiter bis Tirol,
4. über Brodhausen, Laufen und Tittmoning nach Regensburg (= Untere Salzstraße) und
5. über Brodhausen, Schönram und Waging nach Wasserburg und München.

(Römerstraßen = grün, Salzstraßen = rot, Straßen ab dem 18. Jahrhundert = blau.)

Zur Entstehung der Straßennamen

In früheren Zeiten gab es auf dem Land weder für jede Straße einen eigenen Namen, noch für jedes Haus eine Nummer. Anders war es in mittelalterlichen Städten, wo hauptsächlich Gassen und Plätze nach den Gewerbetreibenden bezeichnet wurden, die dort ihren Geschäften nachgingen. Auf dem Land wurden lediglich Fernstraßen nach ihrem jeweiligen Zielort benannt, und Häuser trugen nur Hausnamen.

An die erste hier gebaute Fernstraße erinnert noch das schnurgerade Teilstück der heutigen Bundesstraße 304 zwischen Freilassing-Süd und Adelstetten an der Grenze zur Nachbargemeinde Ainring. Sie verläuft auf der einstigen Trasse der römischen Reichsstraße, die Ende des zweiten Jahrhunderts errichtet wurde. Sie verband Salzburg, das damalige *Iuvavum* in der römischen Provinz *Noricum*, mit Augsburg, *Augusta Vindelicum*, der damaligen Hauptstadt der Provinz *Rätien*. Den Römern diente ihr gut ausgebautes Straßennetz dem Personen- und Warenverkehr, dem staatlichen Post- und Kurierdienst und nicht zuletzt einer raschen Truppenbewegung. Diese Aufgaben der Straßen haben sich, auch wenn es inzwischen modernste Kommunikationsmittel gibt, im Wesentlichen bis in die Gegenwart erhalten.

Römerstraße

Der Weiler Freilassing verfügte bis zum Beginn des 19. Jahrhunderts nur über eine einzige Straße: die Salzburger Straße. Sie führte über die Saalbrücke in die nahe Landeshauptstadt. Von dieser einzigen Ortsstraße zweigten Fernstraßen ab: über Reichenhall nach Tirol, über Adelstetten nach Traunstein, über Waging nach München sowie über Salzburghofen nach Laufen und weiter bis Nürnberg (Abb. 1). Da Fernstraßen mehrere Orte zum Ziel haben, kamen für sie auch mehrere Namen gleichzeitig in Gebrauch. So war bei der Straße nach Westen von der Waginger, der Wasserburger, der Münchener und der Augsburger Straße die Rede[1], während sie heutzutage im Zentrumsbereich Münchener Straße und weiter stadtauswärts Wasserburger Straße heißt.

Schon mehrere Jahre bevor Salzburghofen, das zuvor ein Jahrtausend zu Salzburg gehört hatte, 1810 bayerisch wurde, sind in Bayern die Vorbereitungen für eine erstmalige Vermessung aller Grundstücke, Straßen und Gebäude getroffen worden. Zuvor hatte es keine schriftlichen Informationen über die Größe der Grundstücke sowie deren Nutzungsart und Bodenqualität gegeben. Für die geplante Vermessung gab es hauptsächlich zwei Beweggründe: Zum einen drängte der damalige französische Bündnispartner auf präzises Kartenmaterial für allfällige Militäroperationen. Er bestätigte damit die Aussage des griechischen Philosophen Demokrit, wonach der Krieg der Vater aller Dinge sei. Zum anderen war mit einem Erlass von 1807 allen Untertanen im Königreich Bayern eine gleichmäßige und gerechte Steuerbelastung des Grundeigentums zugesichert worden. Dies war bitter nötig, denn nach der Säkularisation und dem Übergang vieler geistlicher Länder an den Staat gab es in Bayern bei der Grundsteuer nicht weniger als 114 verschiedene Berechnungsmethoden[2]. Im Rahmen der angestrebten Steuergerechtigkeit hat der König im selben Jahr auch die Steuerbefreiung von Kirche und Adel aufgehoben.

Hausnummern seit 1825

Die Vermessung in ganz Bayern nahm Jahrzehnte in Anspruch und erfasste rund 17,5 Millionen Flurstücke. In der Gemeinde Salzburghofen und dem dazugehörigen kleinen Weiler Freilassing erfolgte die erste Landvermessung, die so genannte Liquidationsvermessung, um 1825. Damals erhielten auch alle in der Gemeinde befindlichen Häuser eine fortlaufende Nummer. Die erste Nummer bekam das Domizil der hohen Geistlichkeit: der barocke Pfarrhof in Salzburghofen. Selbst die Pfarrkirche musste sich mit der nachrangigen Nummer fünf begnügen. Da diese erste Vermessung an Genauigkeit zu wünschen übrig ließ und ferner bei den Grundstücken deren Flächeninhalt noch nicht berechnet worden war, kam es in den Jahren ab 1850 zu einer zweiten Vermessung, die Renovationsvermessung genannt wird. Sie erfasste auch die Flächeninhalte der Flurstücke und war die Grundlage für ein Grundstücksverzeichnis, den Grundsteuer-Kataster. Die bei der ersten Vermessung schon vergebenen Hausnummern wurden in Einzelfällen geändert, zum Großteil blieben sie aber unverändert. Im Ortskern von *Freylassing* existierten nach den Karten von etwa 1850 – wie schon seit mehreren Jahrhunderten – insgesamt acht Bauernhöfe, vier Zuhäuser und zwei Neubauten der Zollverwaltung, somit insgesamt 14 Gebäude. Sie trugen folgende Hausnummern:

Polizeiliche Hausnummer:	*Tauf- und Geschlechtsname:*	*Haus-Name, Charakter oder Gewerbe:*
51	*Staat*	*Oberamtszollhaus*
51 ½	*do.*	*do.*

52	*Endhart Jakob*	*Schmiedhäusl*
53	*Sperl Johann*	*Schmiedbauer*
54	*Majer Rupert*	*Pongratzbauer*
55	*Müllauer Seraphin*	*Höschmann*
56	*Weitlohner Johann*	*Gatterejerbauer*
57	*Öllerer Simon*	*Schornbauer*
58	*do.*	*Zuhaus*
59	*Hafner Johann*	*Echtingerbauer*
60	*Leopolder Lorenz*	*Beindrechsler*
61	*Auer Rupert*	*Lohmannbauer*
62	*Moosleitner Johann*	*Banklbauer*
63	*Standl Maria Wwe.*	*Weberbauer*[3].

In der einstigen Haupt- und Residenzstadt Salzburg war die Zuteilung von Hausnummern nur gut zwei Jahrzehnte früher erfolgt. Es war dies Ende des Jahres 1800, also zu einem Zeitpunkt, zu dem Salzburghofen noch zum Erzstift Salzburg gehört hatte. Der Anlass war besonders dramatisch: Die Nummerierung der Häuser diente dazu, die Einquartierung der französischen Besatzer zu erleichtern. Nach der Schlacht auf den Walser Feldern Mitte Dezember 1800, bei der 10.000 Franzosen und 12.000 Österreicher den Tod gefunden hatten, rückten die siegreichen Franzosen in die Stadt ein und blieben knapp vier Monate. Damals musste Salzburg für eine ständige Besatzung von 12.000 Mann sowie für starke Einheiten, die immer wieder die Stadt passierten, Quartiere bereitstellen. Da unter diesen Umständen – wie man sich gut vorstellen kann – die Hausnummern überhastet zugeteilt worden waren, wurden sie einige Jahre später noch einmal neu vergeben. 1808 erschien dann ein erstes gedrucktes Häuserverzeichnis[4].

Die ursprünglich als einzige Orientierung dienenden Hausnamen blieben über Jahrhunderte unverändert und haben sich bei den Bauernanwesen bis in die Gegenwart erhalten. Sie ändern sich auch nicht, wenn durch Heirat, Erbschaft oder Kauf ein Eigentümer mit einem neuen Schreib- oder Familiennamen auf den Hof kommt. Anders verhielt es sich bei den zugeteilten Hausnummern einer Gemeinde, da immer wieder neue Häuser gebaut wurden und dadurch das Nummerngefüge mit der Zeit durcheinander kam. Ursache für die vielen neuen Häuser in der Gemeinde Salzburghofen war der Bahnbau, der einen enormen wirtschaftlichen Aufschwung brachte und vor allem den bis dahin bedeutungslosen Ortsteil Freilassing mit den wenigen Bauernhöfen zu einem Eisenbahnknotenpunkt aufwertete. 1860 war die Bahn von München nach Salzburg eröffnet worden, 1866 die Linie nach Reichenhall (1888 weiter bis Berchtesgaden) und 1890 die nach Laufen (1908 weiter bis Mühldorf). 1905

Hausnamen

wurde das Bahnbetriebswerk eröffnet, das inzwischen in Zusammenarbeit mit dem Deutschen Museum in München zur viel besuchten *Lokwelt* avancierte.

Das Verzeichnis aus der Zeit um 1851, das bei der Anlage 123 Anwesen erfasst und 117 Hausnummern zugeteilt hatte, wurde laufend fortgeschrieben und musste zwangsläufig mit zahlreichen Unternummern und Zusätzen versehen werden. 1912 waren dann die Vergabe neuer Hausnummern und die Anlage eines neuen Verzeichnisses zwingend notwendig (Abb. 2). Es verfügte über 224 Hausnummern, die auf alle zur damaligen Gemeinde Salzburghofen gehörenden Orte verteilt wurden:

Salzburghofen	*1 - 73*
Hagen	*74 - 82*
Wassermauth	*83*
Freilassing	*87 - 154*
Hofham	*155 - 170*
Schaiding	*171 - 172*
Sailn	*173 - 175 und 177*
Oedhof	*176*
Brodhausen	*178 - 187*
Lohen	*189 - 193*
Hub	*194*
Klebing	*195 - 200*
Obereichet	*201 - 203*
Stetten	*204 - 208*
Untereichet	*209 - 213*
Eham	*214 - 224*

Damals erhielt die Pfarrkirche in Salzburghofen die Nummer 1 und die Peterskirche die Nummer 1a. Auch die Freilassinger Bauernhöfe bekamen neue Nummern, so der Schmiedbauer statt zuvor 53 neu 93, der Pongraz statt 54 neu 116, der Gattereier statt 56 neu 96, der Schorn statt 57 neu 113, der Echtinger statt 59 neu 112 und der Weber statt 63 neu 107.

Da der Bauboom unvermindert anhielt und nicht zuletzt Eisenbahner in Neuhofham mehrere Häuser bauten, existierten schon nach gut einem Jahr, am 19. Januar 1914, bei 224 vorhandenen Hausnummern 364 Gebäude[5]. So mussten dann zum Beispiel bei der Hausnummer 154 insgesamt 14 Unternummern bis hin zu *154 1/10* a vergeben werden. Damit wurde der Gemeinde Salzburghofen klar, dass auch das erst am 10. September 1912 angelegte *Haus-Nummern-Verzeichniss* keine Dauerlösung darstellen konnte.

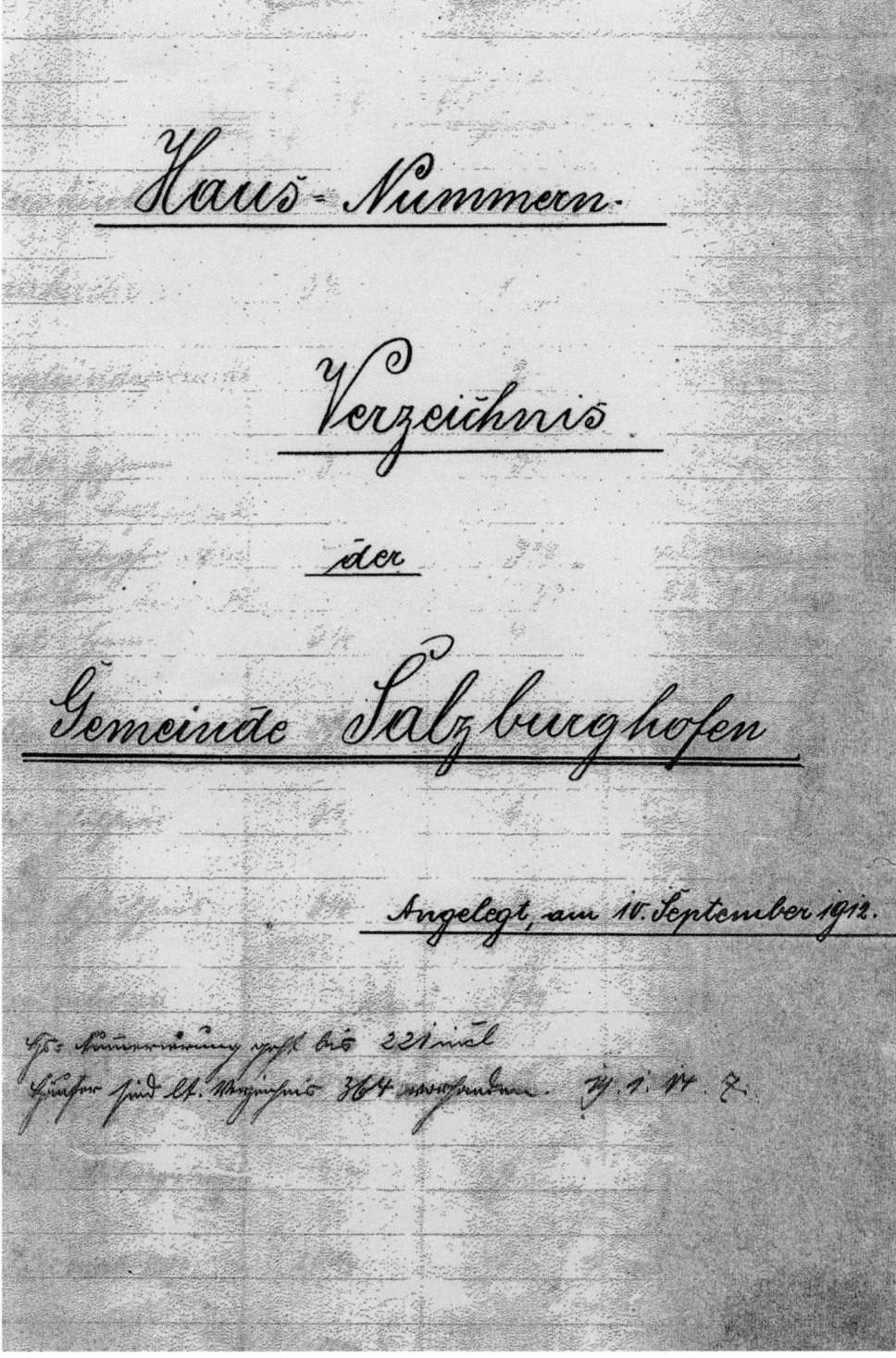

Abb. 2

Straßennamen seit 1932

Zwanzig Jahre nach der Anlage des Verzeichnisses von 1912, nachdem inzwischen aus der Gemeinde Salzburghofen die Gemeinde Freilassing geworden war, kam der Durchbruch: Der Gemeinderat unter Bürgermeister Karl Rittmann beschloss am 1. Juni 1932, die Straßen mit Namen zu versehen und ferner die Hausnummern pro Straße zu vergeben und nicht durchgehend in der gesamten Gemeinde. Damit lag Freilassing auf der Höhe der Zeit, denn selbst in der großen Nachbarstadt Salzburg hatten 1935, wie sich im Rahmen von Eingemeindungen ergab, von 200 Straßen 150 noch keinen Namen[6]. Vor dem Beschluss der Gemeinde Freilassing waren schon die in alle vier Himmelsrichtungen verlaufenden Fernstraßen mit dem Zielort bezeichnet worden. Auch von der Hauptstraße, der Rupertusstraße, der Bahnhofstraße und der Schulstraße war bereits die Rede[7]. Der Gemeinderat setzte für die Aufgabe der Straßenbenennungen einen Ausschuss ein, an dem der Verkehrsverein sowie Hauptlehrer Alfons Gundel als historischer Berater beteiligt waren. Der Ausschuss präsentierte bereits am 28. desselben Monats seine Arbeit. Sie wurde vom Gemeinderat dankend angenommen und genehmigt. Den besonderen Dank erhielt dabei Alfons Gundel für seinen Vorschlag, auch *geschichtliche Straßennamen* zu vergeben, wobei er sich nach seinen eigenen Angaben bei den namhaften Salzburger Historikern Franz Martin und Herbert Klein Rat eingeholt hatte[8]. Bei diesen Namen handelte es sich um Urfahrweg, Matulusstraße, Pilgrimstraße, Schrannengasse, Staufeneckstraße, Freimannsau, Thiemostraße, Augustinerstraße, Vierthalerstraße und Fürstenweg[9].

NS-Namen

Neun Monate später, im April 1933, begann auch in Freilassing die Zeit des Nationalsozialismus mit der Einsetzung eines kommissarischen Bürgermeisters. Seine erste Amtshandlung war die Verleihung des Ehrenbürgerrechts an Reichstagspräsident Paul von Hindenburg, Reichskanzler Adolf Hitler, Reichsstatthalter in Bayern Franz von Epp und Innenminister Adolf Wagner. Gleichzeitig wurden zu Ehren dieser neuen Ehrenbürger sowie des bereits toten und zum Helden erhobenen Horst Wessel *folgende Straßen und folgender Platz umbenannt:*

> *Der Rathausplatz in Hindenburgplatz,*
> *die Hauptstraße in Adolf-Hitler-Straße,*
> *die Untersbergstraße in Adolf-Wagner-Straße,*
> *die Vierthalerstraße in Franz-von-Epp-Straße und*
> *die Laufener Straße vom Kriegerdenkmal bis zur Kirche*
> *in Horst-Wessel-Straße*[10].

Das war aber erst der Anfang. 1938, nachdem längst schon alle Mandate im Gemeinderat bei der NSDAP lagen und außerdem seit zwei Jahren keine einzige Gemeinderatssitzung mehr abgehalten worden war[11], wurden zahlreiche Ortsstraßen umbenannt und solche, die bisher keinen Namen trugen, mit einem Namen versehen. Sie erhielten *die Namen großer Nationalsozialisten, großer deutscher Feldherren* sowie sonstiger *großer Deutscher*[12]. Unter ihnen war auch ein Freilassinger: Hans Vollath. Er war 1879 in der Oberpfalz als Bauernsohn geboren worden, trat in den Dienst der Reichsbahn ein, kam 1906 nach Freilassing, meldete sich im Ersten Weltkrieg als Freiwilliger und arbeitete zuletzt in Freilassing als Reichsbahnoberinspektor und Bahnhofsvorstand. Er war Gründungsmitglied der Freilassinger Ortsgruppe der NSDAP, war in den Gemeinderat berufen worden und verstarb 1937 im Alter von 58 Jahren. Bei seiner Beerdigung am Friedhof Salzburghofen am 9. August des genannten Jahres versprach der amtierende Bürgermeister, dass eine neue Straße in Freilassing seinen Namen erhalten werde. Dafür bot sich dann die zu dieser Zeit ausgebaute Straße mit dem ursprünglichen Namen Sonnenfeld an, den sie später wieder erhalten hat und heute noch trägt.

Das damals angelegte Verzeichnis enthält erstmals alle Straßen der Gemeinde Freilassing (Abb. 3). Die Epoche mit den Namen *großer Deutscher* währte nicht lange. Nach sieben Jahren kam das bittere Ende, das in Freilassing mit dem Bombenangriff wenige Tage vor dem Ende des Zweiten Weltkriegs einen besonders dramatischen Höhepunkt erreichte. Der Bombenangriff mit vielen Todesopfern erfolgte am 25. April 1945 und damit auf den Tag genau zwölf Jahre nach der Gemeinderatssitzung, in der unter anderem die Umbenennung der Hauptstraße in Adolf-Hitler-Straße beschlossen worden war. War das ein Strafgericht, eine schicksalhafte Vorherbestimmung oder nur reiner Zufall? Nach dem Zusammenbruch auf allen Ebenen wurden die von den Nationalsozialisten durchgeführten Um- und Neubenennungen wieder rückgängig gemacht. Die Straßen erhielten ihre alten Namen zurück, und die von den Nationalsozialisten erstmals mit einer Bezeichnung versehenen Straßen bekamen jeweils einen neuen Namen[13].

In den Nachkriegsjahren brachte der starke Zustrom von Heimatvertriebenen den zweiten großen Wachstumsschub nach dem Bahnbau. Schon in den letzten Monaten des Zweiten Weltkriegs waren viele Bewohner im Osten von Deutschland vor den heranrückenden russischen Truppen geflohen. Im Anschluss an diese Flüchtlingswelle kamen nach Kriegsende zahlreiche Vertriebene, weil die Siegermächte die von Russland geschaffene Oder-Neiße-Linie als Westgrenze Polens akzeptierten und der Vertreibung

Neuer Name	Alter Name	Lage der Straße
Admiral-Scheer-Strasse	Freimann	hinter Café Rehm bis Schnitzer
Adolf-Hitler-Strasse	unverändert	Drogerie v. d. Ruhr bis Bahnunterführung
Allfahrt-Strasse	Pilgrimstrasse	von Max Eder (Güter) bis Reichs-Arbeitsdienstlager der weibl. Jugend
Adolf-Wagner-Strasse	unverändert	von Dr. Wörle bis Unterreiner (früh. Strassenaufseher)
Aumühlweg	„	von Schmidhäusl bis Aumühle
Bahnhof	unbenannt	inneres Bahnhofgelände
Bahnhofplatz	Bahnhofstrasse	Bahnhof und Hotel Foeckerer
Bahnhofstrasse	unverändert	vom Annabrunnen bis Postamt
Barbarossastrasse	unbenannt	Hasenöhrl (früh. Wasserwart) bis Käferbauer (Mitiska)
Bauriedl-Strasse	Schrannengasse	vom Rieschenwirt nach Hagen
Baldur von Schirach-Strasse	unbenannt	von Käthe Zenger (Rauchegger) bis Fliegerwerkstätte
Bismarck-Strasse	Lor. Kreuzederstr.	zwischen Bischof und Krittian bis Neubau Strebl
Blücher-Strasse	„	von Hiebinger bis Konrad Lutz
Bockholt-Strasse	„	in Sailn von Engelbert Eder bis Hocheder
Brahms-Strasse	„	zwischen den Stingeder—Holzhäusern
Brodhausen	unverändert	Nachbauer (Hogger) u. Neubauten Wiesmayer u. Pöllner
Casella-Straße	unbenannt	von Wimmer Jackl (Huber) bis Anleiter Therese
Dauser-Strasse	„	von Rudolf Hess-Strasse zum Sägewerk Schwarz
Dietrich Eckart-Strasse	Goldschmiedgasse	von Gastager bis Brandstetter
Dr. Dietrich-Strassse	unbenannt	von Kratzer (Keller) bis Schwarzkopf
Ehrlichgasse	„	von Standl Christ. bis Hahn Therese in Hagen
Elsäßer-Strasse	„	vom Brodhausner Schmied bis Hofmann (Bauer)
Ernst-Pöhner-Strasse	Sebastianigasse	von Drogerie v. d. Ruhr bis ehemaligen Konsumverein
Eupenstrasse	unbenannt	von der Wasserburgerstrasse zur Siedlung (Haus Schemmer)
Dr. Frick-Strasse	„	neu anzulegende Strasse vom Hause des Oberlokf. Popp, westlich
Dr. Goebbels-Strasse	Lindenstrasse	von Dr. Schuster bis Widlroithers Gärtnerei
Eham	unverändert	Ortschaft Eham
Fauststrasse	unbenannt	zwischen Bäckerei Schwängler und Buchner-Haus
Fiehler-Strasse	unbenannt	neu anzulegende Strasse beim Hause Eberl
Frh. von Richthofen-Strasse	Westendstraße	vom Elektrizitätswerk des Bahnhofs bis Daxer und Unterreiner
Gaisbergstraße	unverändert	von Bernthaler Franz bis Kandler Ludwig
General von Steuben-Strasse	Schulstrasse	von Feil Max bis Christian Singer (Neubau)
Georg-Wrede-Platz	Wredeplatz	vor dem Zentralschulhaus
Georg-Wrede-Strasse	unbenannt	vom Bahnhofhotel bis Eisenbahnsteg
Graf Spee-Strasse	Freimann	von Haus Reubel bis Neubau Gassner
Hans-Schemm-Strasse	Augustinerstrasse	von Rupertuskirche bis ehemal. Rupertusstrasse, jetzt Hermann Göring-Strasse
Hans-Vollath-Strasse	Am Sonnenfeld	von Gärtner Pichler bis Kaufmann Hofmann
Hechenberger-Strasse	Plainweg	von Helminger (Holzer Benno) bis Häuslbauer
Heinrich-Himmler-Strasse	Fürstenweg	von Bermüller bis Hans-Vollath-Strasse
Herbert Norkus-Strasse	unbenannt	von Laufnerstrasse zu Huber Anton nächst Geisberger
Hermann-Göring-Strasse	Rupertusstrasse	von Gasth. Untersberg (Korbel) bis Kaufmann Hofmann
Hermann-Löns-Platz	unbenannt	von Waldvilla Foeckerer (Mattenheimer)
Hindenburg-Platz	unverändert	Platz vor dem Rathaus
Hochfellnstrasse	unbenannt	nächst dem Lagerplatz des Baugeschäftes Max Aicher
Hochkalterstrasse	„	in Neuhofham von Straßer Konstantin bis Gänsbauer usw.
Hofham	Hofham	Gebiet von Althofham
Horst-Wessel-Strasse	unverändert	vom Gasthof Bayer. Hof bis Mädchen-Oberschule
Hub	„	nordöstl. von Brodhausen
Immelmann-Strasse	Weibhausersiedlung	vor Sailn
Jahn-Strasse	unbenannt	vom Sportplatz an der Adolf-Wagner-Strasse über Iwanitz zu Haberlander
Julius-Schaub-Strasse	„	vom ehemal. Holzmattenwerk durch Bahnunterführung zum Ödhof
Julius-Schreck-Strasse	„	vom Sägewerk Schwarz bis Lagerhaus Schöndorfer
Klebing	unverändert	Gärtnerei Feil, Netztaler und Zeif Christian
Körner-Strasse	unbenannt	zwischen Füßl-Haus und Kreuzeder Haus
Kuhn-Strasse	„	durch Schauppner-Anwesen zum Heissenbauer
Laforce-Strasse	„	vom Herrenhaus zur Kiesgrube des Strassen- und Flussbauamts
Laufenerstrasse	unverändert	von der alten Pfarrkirche bis Heinz (Schindlerbauer)
Lettow-Vorbeck-Strasse	Birkenweg	vom Gasthof Franziskaner bis Lichtspielhaus
Lilienthalstrasse	unbenannt	von der Siedlung zum Ödhof u. ehem. Westendstrasse
Litzmann-Strasse	Thiemostrasse	von Weberbauer Christl bis Villa Berta Gugg

Neuer Name	Alter Name	Lage der Straße
Lohen	unverändert	bisherige Ortschaft Lohen
Lorenz-Kreuzeder-Strasse	"	vom Haus Spiegler bis zu den Stingeder-Holzhäusern
Lothringerstrasse	unbenannt	von Kraller Martin bis Lohen
Ludendorff-Strasse	"	von Martin Wannersdorfer bis Hiebinger Blasius
Ludwig-Siebert-Strasse	"	neu anzulegen bis Rupertuskirche bis Wittenzeller
Ludwig-Zeller-Strasse	unverändert	vom Schmiedbauer bis Käthe Zenger (Rauchegger)
Mackensen-Strasse	Thiemostrasse	von Rupertuskirche bis Obereichet
Max-Amann-Strasse	Staufeneckstrasse	von Baumgartner (Junghans) bis Otto Wannersdorfer
Moltke-Strasse	Vinzentiusstrasse	von alter Kolonie bis Kindergarten
Neubauerstrasse	Matulusstrasse	vom Mirtlwirt bis Stingeder-Holzhäuser
Nocksteinstrasse	Nocksteinweg	von Aicher Max (früher Sigl) bis Rothenaicher
Obereichet	Obereichet	bisherige Ortschaft Obereichet
Oberschlesienstrasse	unbenannt	von Obereichet bis Untereichet
Otto-Nippold-Strasse	"	vom Gasthof Krone bis Schreinerei Enzinger
Otto-Weddigen-Strasse	Freimann	von Aichhorn (Dentist) bis Professor Stein usf.
Predigtstuhlstrasse	unbenannt	neu anzulegen zum Haus Rummler in Neuhofham
Reichenhallerstrasse	unverändert	von Ende Adolf-Wagner-Strasse zum Bahnwärter Moderegger
Richard-Wagner-Strasse	Sillersdorferweg	von Feldkapelle bis Eva Prechtl
Rickmers-Strasse	"	vom Staller Engelbert bis Herrenhaus
Ritter von Epp-Strasse	Franz v. Epp-Strasse	von Hofrat Soergel bis Kindergarten
Ritter von Müller-Strasse	Salzstrasse	vom Franz Hasholzner Stetten bis Transformatorenhaus
Ritter von Stransky-Strasse	unbenannt	von Hafner Joachim (Schindlerbauer) bis Graßl Johann Hagen
Robert-Ley-Strasse	Gewerbegasse	von Apotheke bis Bäckerei Alois Kellner
Rudolf-Hess-Strasse	Münchenerstrasse	von der Gemeinde-Sparkasse bis zur Unterführung bei Kirschsäge
Saalbrück	unbenannt	vom Zollamt Saalachbrücke bis Schießstätte
Sailn	unverändert	Eder Engelbert und Ballerstaller
Salzburgerstrasse	"	von Zenger Käthe (Rauchegger) bis Saalachbrücke
Schaiding	"	bisherige Ortschaft Schaiding
Schiller-Strasse	Sillersdorferweg	vom Herrenhaus bis zur Feldkapelle
Schlageter-Strasse	Urfahrweg	vom Friedhof bis Schaidinger (Krachlbauer)
Schmittensteinstrasse	Schmittensteinweg	zwischen Malermeister Hans Huber und Reichenhaller Hof zur Watzmannstrasse
Staufenstrasse	Edelweißweg	von Alois Neumaier bis Feil Simon
Stetten	unverändert	die bisherige Ortschaft Stetten
Teisenbergstrasse	unverändert	von Spedition Haigermoser gegen Engerbauer
Tirolerstrasse	unbenannt	zwischen Rupertus-Schuhhaus und Konrad Hiebl
Untereichet	Untereichet	die bisherige Ortschaft Untereichet
Untersbergstrasse	unbenannt	von Andreas Ott bis Haus Haring
Viktor-Lutze-Strasse	"	von Krämerei Lohmeier (bei Eisenbahnsteg) gegen Gärtner Pichler
von der Pfordten-Strasse	"	von Roider (Mesnergütl) zur Pfarrau
von Pape-Strasse	Petersweg	von Peterskirche bis Herrenhaus
von Scheubner-Richter-Strasse	unbenannt	von der Mädchen-Oberschule zu Weinzierl
von Tirpitz-Strasse	Freimann	vom Haus Hell bis Schnitzer
von Tschammer und Osten-Strasse	Jahnweg	vom Autounternehmer Kugler bis Feuerhaus
Walter-Darré-Strasse	unbenannt	vom Weberbauer zum Lohmannbauer
Wasserburgerstrasse	Münchenerstrasse	vom Schneiderwirt (Garnweitner) bis Gemeindebad
Wassermauth	unverändert	am Weg zur Ueberfuhr
Watzmannstrasse	"	von Foeckerer Waldvilla bis Bernthaler
Wendelsteinstrasse	unbenannt	von Wirnstlbauer zu Engerbauer
Wilhelm-Gustloff-Strasse	Florianigasse	von Leist Heinrich zum Feuerhaus
Zeppelinstrasse	Sailn	vom Holzhaus Grünschneder zum Haus Messerer
Zwieselstrasse	Alpenrosenweg	von Michael Behringer zu Adler Georg
Zugspitzstrasse	unbenannt	zwischen Schug und Bauunternehmer Franz Aicher

Abb. 3: Straßen-Verzeichnis der Gemeinde Freilassing aus dem Jahr 1938.

der deutschen Bevölkerung nichts entgegensetzten. Insgesamt wurden aus den deutschen Ostgebieten etwa 15 Millionen Deutsche vertrieben, von denen rund drei Millionen ihr Leben verloren[14]. Damit noch nicht genug: Zwischen 1950 und 1992 folgten Aussiedler, die wegen ihrer

Benachteiligung als Deutsche ihre Heimat im Osten verlassen haben. Und nach 1993 kamen zu uns noch Spätaussiedler vor allem aus Gebieten der ehemaligen Sowjetunion[15].

Die Gemeinde Freilassing hatte 1949 unter Bürgermeister Matthias Kreuzeder eine Fläche von 44 Hektar im Gelände des einstigen Heereszeugamtes im Nordwesten der heutigen Stadt erworben. Davon verkaufte sie zur Ansiedlung von Industrie- und Handwerksbetrieben sowie für den Bau von Wohnhäusern Grundstücke zu äußerst günstigen Bedingungen. So entstand mit den Jahren dort ein großes Industriegebiet. Bis 1969 stieg die Anzahl der Heimatvertriebenen auf rund 3.000, von denen fast die Hälfte aus dem Sudetenland gekommen war. Um die engen Beziehungen zu den Vertriebenen zu dokumentieren, wurden die Straßen in diesem Industriegelände sowie dem angrenzenden Wohngebiet nach den Herkunftsgebieten der neuen Gemeindebürger benannt (Abb. 4 u. 5).

Heimatvertriebene

Abb. 4 und 5: Regionen und Städte, aus denen Heimatvertriebene nach Freilassing kamen und nach denen deshalb in Freilassing Straßen benannt wurden.

Eine besonders einschneidende Namensänderung gab es Anfang der 1960er-Jahre bei der früheren Salzburger Straße, die ein halbes Jahrtausend lang die einzige Ortsstraße von Freilassing gewesen war. Sie stellte die wichtige Verbindung zwischen Salzburg und Bayern dar und führte über die ehemalige Saalbrücke, die sich nahe dem Zollhäusl befand. Durch den Bau einer völlig neuen Brücke einen halben Kilometer flussabwärts sowie den Bau der dazugehörigen Straße von der Brücke bis zu der im Stadtzentrum liegenden Straßenkreuzung beim Schmiedhäusl änderte sich die Anbindung an Salzburg grundlegend. Die neue Straße erhielt zwangsläufig den Namen Salzburger Straße (Abb. 6). Der Name der alten Salzburger Straße war damit irreführend und musste geändert werden, dies umso mehr, als sie auch noch durch den Bau der Umgehungsstraße in der Mitte auseinander geschnitten und so zur doppelten Sackstraße geworden war. Die altehrwürdige Salzburger Straße vom Stadtzentrum bis zur neuen Umgehungsstraße wurde in Ludwig-Zeller-Straße umbenannt, und der östliche Teil bis zur Saalach erhielt den Namen Zollhäuslstraße. Namensänderungen bringen viel Arbeit und manchen Ärger. Es müssen nicht nur die Straßenschilder ausgetauscht, sondern auch in allen amtlichen und ähnlichen Verzeichnissen die neuen und aktuellen Namen vermerkt werden.

Im Stadtgebiet von Freilassing gibt es vier Ortsgebiete mit einheitlicher Struktur der Straßennamen. Erstens ist es im nordwestlich gelegenen Industriegebiet die Ansammlung der Straßennamen von Städten und Landschaften aus den Vertreibungsgebieten. Schwerpunkte sind dabei Namen aus dem Sudetenland und aus Schlesien. Dann sind im Norden die Namen von Komponisten vertreten, im Süden, in Neuhofham, gibt es zahlreiche Bergnamen, und viertens im Westen, zwischen Sailen und Lohen, finden sich die Namen von Bäumen und Blumen. Diese Struktur erleichtert das Auffinden einer Straße. Anders verhält es sich in der „Altstadt": Dort mischen sich die unterschiedlichsten Namen von Heiligen, Erzbischöfen, Künstlern, Ehrenbürgern, Handwerkern, Nachbargemeinden, Flurstücken, Zielorten oder anderen Begriffen.

Die Stadt Freilassing hat eine „Satzung über Straßennamen und Nummerierung der Gebäude" erlassen, die sich am Bayerischen Straßen- und Wege-Gesetz orientiert. Danach werden die Hausnummern innerhalb der einzelnen Straßen vom Zentrum aus aufsteigend vergeben, und zwar links die ungeraden und rechts die geraden Nummern. Das soll eine sichere Orientierung ermöglichen und nicht zuletzt bei Notfällen den Einsatz von Rettungsdiensten erleichtern.

Abb. 6: Die heutige Salzburger Straße, welche den von Salzburg kommenden Besuchern den Blick auf den markanten Turm der Rupertuskirche bietet, existiert erst seit 1961. Zuvor führte über Jahrhunderte die Verbindung von und nach Salzburg über die heutige Ludwig-Zeller-Straße sowie über die Saalbrücke nahe dem Zollhäusl.

Straßen, Wege und Plätze
A – Z

Ahornstraße

Stadtplan: D 2 = von der Salzstraße westlich abzweigend.

Die Ahornstraße verweist auf die Gattung des Baumes Ahorn, von der in unserer Gegend zwei Arten besonders weit verbreitet sind. Das ist zum einen der Spitzahorn *(Acer platanoides)*, der als Straßenbaum besonders gut geeignet und wohl deshalb nicht nur an der Ahornstraße, sondern auch an mehreren anderen Standorten in Freilassing gepflanzt worden ist. Er erreicht eine Wuchshöhe von 20 Metern und ist durch markante Spitzen an den Blatträndern gut zu erkennen (Abb. 8). Zum anderen gibt es die Art namens Bergahorn *(Acer pseudoplatanus)* mit weniger ausgeprägten Blattspitzen (Abb. 9). Das Holz der Ahornbäume eignet sich gut zur Herstellung von Möbelfurnieren, Tischplatten, Küchengeräten und Musikinstrumenten. Es soll nach überliefertem Volksglauben auch noch Schutz gegen Hexen bieten, weshalb es zum Beispiel in Mecklenburg für Türen und Schwellen verwendet wird[16].

Abb. 8, links: Blattoberseite des Spitzahorn *(Acer platanoides)*.
Abb 9, rechts: Zum Vergleich Blattoberseite des Bergahorn *(Acer pseudeplatanus)*.

Abb. 7 (linke Seite): Luftbild des Stadtzentrums 2006 (M 1:5.000).

Akeleiweg

Stadtplan: D 2 = von der Waginger Straße östlich abzweigend.

Die Akelei *(Aquilegia)* ist eine Blumengattung, von der es verschiedene Arten gibt, darunter die Gemeine Akelei *(Aquilegia vulgaris)*. Sie blüht zumeist blauviolett, wird 30 bis 60 Zentimeter hoch, ist geschützt und wird auch als Gartenzierpflanze in vielen Farbvariationen kultiviert (Abb. 10).

Abb. 10: Die Gemeine Akelei *(Aquilegia vulgaris)* ist geschützt, gilt als Heilpflanze und ist schwach giftig.

Abb. 11: Die Deutsche Alpenstraße oberhalb von Ramsau bei Berchtesgaden mit den Gipfeln am Horizont (von links): Hoher Göll, Hohes Brett, Jenner, Schneibstein, Windschartenkopf, Fagstein und Kahlersberg.

Alpenstraße

Stadtplan: C – D 2 = von der Wasserburger Straße zur Westendstraße.

Die Alpen sind das höchste Gebirge in Europa. Sie ziehen sich in großem Bogen von Südfrankreich über die Schweiz, Oberitalien, Bayern und Österreich bis zur Donau bei Wien. Der höchste Gipfel ist der Montblanc mit 4.810 Metern. Erdgeschichtlich sind die Alpen ein junges Faltengebirge, das in West- und Ostalpen eingeteilt wird. Das Gebirge verdankt seinen Formenreichtum den verschiedenen Gesteinsarten und den Veränderungen während der Eiszeit, in der große Gletscherströme Täler und Pässe geformt haben.

Unter Alpenstraßen versteht man hauptsächlich Straßen über hohe Alpenpässe wie zum Beispiel die Großglockner-Hochalpenstraße. Es gibt außerdem die so genannte Deutsche (Quer-)Alpenstraße, die in den 1930er-Jahren gebaut wurde und am Nordrand der Alpen von Berchtesgaden über Garmisch-Partenkirchen bis zum Bodensee verläuft (Abb. 11). Die Alpenstraße in Freilassing hat dagegen einen geringeren Bezug zu den Alpen: Wer auf ihr in Richtung Süden unterwegs ist, dem bietet sich der Blick auf ein kurzes Stück der Alpennordseite.

Abb. 12

Am Feuerhaus

Stadtplan: C 2 = von der Klebinger Straße südlich abzweigend.

Von der Straßenbezeichnung *Am Feuerhaus* darf man sich nicht irritieren lassen. Dieses Haus huldigt nicht dem Feuer, im Gegenteil: Es dient der Abwehr des Feuers. Dort ist das neue Domizil der Feuerwehr der Stadt Freilassing. Sie erhielt für ihre wertvollen Dienste 1989 den Gebäudekomplex (Abb. 12), der das nunmehr *Alte Feuerwehrhaus* an der Lindenstraße abgelöst hat. Zwar ist auch an der Einfahrt zum neuen Haus in großer Schrift von der Feuer*wehr* die Rede, den Namensgebern der Straße erschien aber ein möglichst kurzer Name am besten, und so wurde die *Wehr* einfach gestrichen, obwohl sie in diesem Fall das zentrale Thema darstellt. Dabei bezeichnet die Feuerwehr selbst ihr neues Domizil als *Feuerwehrgerätehaus*[17], und früher gab es einen noch viel längeren Namen: *Feuer-Lösch-Requisiten-Haus*. Diese Bezeichnung stand einmal auf einem kleinen Gebäude nahe der Peterskirche in Salzburghofen, das in den 1860er-Jahren errichtet worden war.

Am Hang

Stadtplan: D – E 3 = parallel zur Freimannstraße.

Der rund fünf Meter hohe *Hang*, der einst das breite Flussbett von Saalach und Salzach begrenzte, zieht sich durch die ganze Stadt Freilassing und verläuft nahe der dort gebauten Straßen (Abb. 13). Früher war nur das Land oberhalb der Hangkante vor den Fluten sicher, weshalb dort die Freilassinger Bauernhöfe errichtet wurden. Das sehr breite Flussbett mit Auwäldern und teilweise auch landwirtschaftlich genutzten Flächen diente vor allem im Frühjahr nach der Schneeschmelze der Aufnahme von Hochwasser. Historische Karten führen derartige Wassereinbrüche noch deutlich vor Augen[18].

Abb. 13: Der in der Karte eingezeichnete Hang des Flussbettes der Saalach und der Salzach zieht sich von der Reichenhaller Straße im Süden über die Ludwig-Zeller-Straße (früher Salzburger Straße) zur Laufener Straße und weiter nach Norden bis Eham. (Ausschnitt aus der *Fluss-Karte der Sala und Salzach zur Gränzregulierung zwischen Oesterreich und Baiern von 1817* – Universitätsbibliothek Salzburg, Flusskarte 7024, Sekt. IV.)

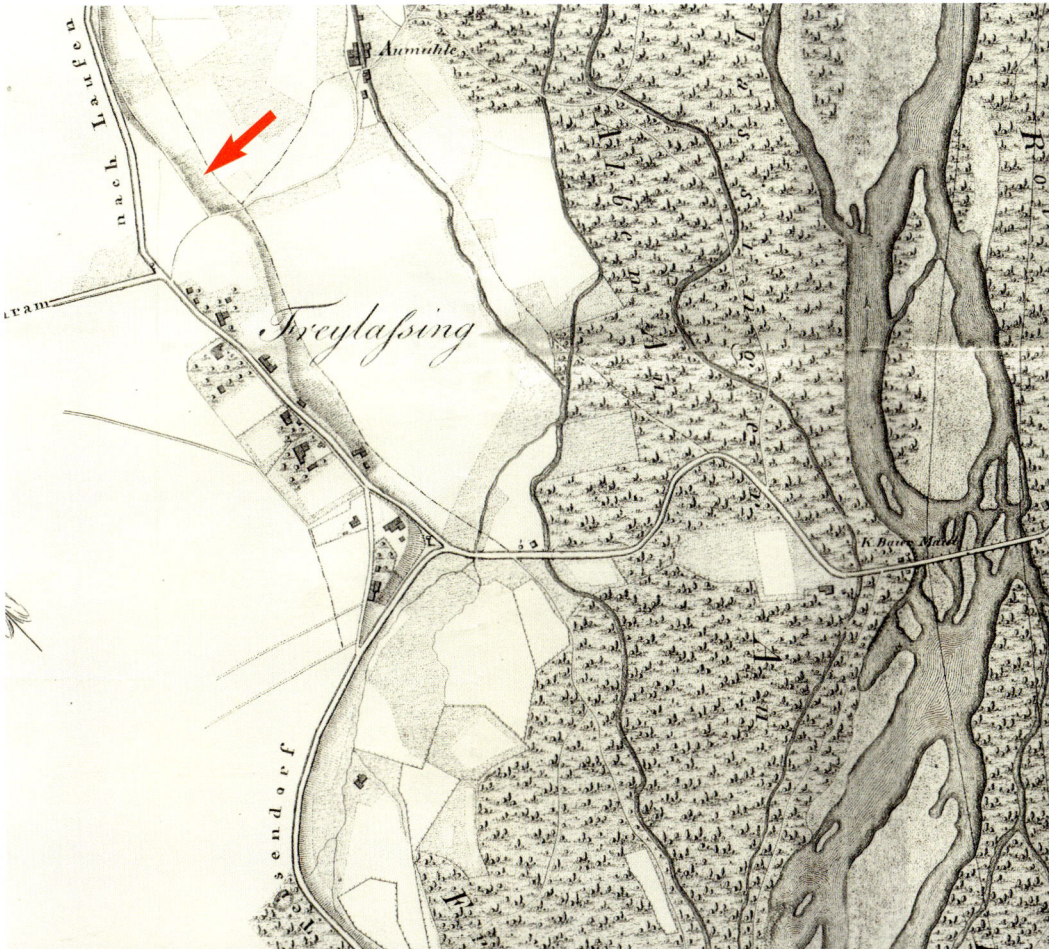

Nachdem 1816 das ehemalige Erzstift Salzburg endgültig zwischen Bayern und Österreich geteilt worden war, wurden Saalach und Salzach zur Grenze erklärt und die Regulierung der beiden Flüsse vereinbart. Sie wurden in den Folgejahren begradigt und in eine enge Rinne gezwängt. Damit konnten die zuvor als Reserveflächen für das Hochwasser dienenden Gebiete für uneingeschränkte landwirtschaftliche Nutzung gewonnen werden. Diese Entscheidung brachte allerdings nicht nur Vorteile, sie beschäftigt die Wasserexperten nunmehr seit zweihundert Jahren. Inzwischen wurde dieser Bereich zusätzlich als Bauland verwendet, so auch das unterhalb der Reichenhaller Straße gelegene Wohngebiet *Am Hang*.

Am Oedhof

Stadtplan: D 2 = westlich der Alpenstraße.

Dieser Name steht für ein neues Baugebiet, das nördlich des Oedhofs im Entstehen ist. Der Bau- und Umweltausschuss der Stadt Freilassing hat in seiner Sitzung vom 16. April 2008 diese Bezeichnung vergeben[19] (vgl. Oedhofallee).

Anemonenstraße

Stadtplan: D 2 = von der Westend- zur Eibenstraße.

Die Anemone *(Anemone)* ist eine Blumengattung mit verschiedenen Arten, darunter das Buschwindröschen *(Anemone nemorosa)*, 6 bis 20 Zentimeter hoch und weiß bis rosa blühend (Abb. 14), das Gelbe Windröschen *(Anemone ranunculoides)*, ähnliche Größe und goldgelb blühend, die Wald-Anemone oder das Große Windröschen *(Anemone sylvestris)*, 15 bis 50 Zentimeter hoch und weiß blühend, sehr selten.

Abb. 14: Das in unseren Wäldern häufig vorkommende Buschwindröschen *(Anemone nemorosa)*.

Abb. 15, links: Zur Blumengattung Arnika gehört der Bergwohlverleih *(Arnica montana)*.

Abb. 16, rechts: Die Neubelgische Aster *(Aster novi-belgii)* blüht in der Zeit von August bis November in den Farben lila, weiß oder rosa.

Arnikaweg

Stadtplan: D 2 = von der Waginger Straße östlich abzweigend.

Die Arnika oder der Wohlverleih ist eine Blumengattung, von der es nur wenige Arten gibt. Eine davon ist der Bergwohlverleih *(Arnica montana)*. Er gedeiht auf feuchten Bergwiesen, wird 30 bis 60 Zentimeter hoch, blüht dotter- bis orangegelb, ist geschützt und gilt als Heilpflanze, aus der eine Tinktur zur Wundheilung hergestellt werden kann (Abb. 15).

Asternweg

Stadtplan: D 2 = von der Waginger Straße östlich abzweigend.

Die Aster ist eine Blumengattung, von der es etwa 600 Arten gibt, darunter die formenreiche Garten- oder Sommeraster *(Aster chinensis)*, die Herbstaster *(Aster amellus)*, die 20 bis 60 Zentimeter groß wird und blau oder purpurn blüht, ferner die Neubelgische Aster *(Aster novi-belgii)*, die sogar im November noch blüht (Abb. 16).

Auenstraße

Stadtplan: C 4 = von der Laufener Straße in die Saalachau.

Die Straße trägt bereits ihren dritten Namen. Bei der Einführung von Straßennamen zu Anfang der 1930er-Jahre erhielt sie die Bezeichnung Schrannengasse. Der Vorschlag kam von Alfons Gundel, und dafür hatte er gute Gründe: Nach überlieferten Quellen war Salzburghofen Ende des 16. Jahr-

Abb. 17: Am Ende der Auenstraße bieten sich mehrere Wege an, die in die Au führen. Einer davon gewährt auch noch den Blick auf die Schlafende Hexe und den Hochkalter mit dem Blaueisgletscher.

hunderts der Schrannenort für den Gerichtsbezirk Unterplain. Am Dorfplatz zwischen den beiden Wirtshäusern Rieschen und Mirtlwirt wurde *alle Jar zwaÿmal bei der Schrannen* – am Schrannentag – eine öffentliche Versammlung mit Rechtsbelehrung und Rechtsprechung abgehalten. Diese Versammlung, an der aus jedem Wohnhaus des ganzen Gerichtsbezirks ein Bewohner teilnehmen musste, hieß Schranne, Taiding oder Ding[20]. Und von diesem einstigen Schrannenplatz zweigt die damalige Schrannengasse und heutige Auenstraße ab.

Schranne

Lange konnte sich die Schrannengasse an ihrem treffenden Namen nicht erfreuen, denn 1938 erhielt auch sie eine Bezeichnung im Sinne der Nationalsozialisten und trug fortan den Namen Bauriedlstraße[21]. Die Straße sollte an Andreas Bauriedl erinnern, der beim Putschversuch von Adolf Hitler am 9. November 1923 in München zu Tode gekommen war. Die bayerische Regierung hatte den Putsch niedergeschlagen und mehrere Putschisten getötet. Sie konnte damit aber die spätere Machtergreifung der NSDAP nicht verhindern. Nach dem schrecklichen Ende der NS-Herrschaft wurde vom Gemeinderat – aus welchen Gründen auch immer – nicht auf den alten und einst zu Recht gewählten Namen zurückgegriffen, vielmehr ein neuer und damit der dritte Name vergeben: Auenstraße.

Bauriedl

Auf der Auenstraße kommt man in die Saalachau. Der dortige Auwald hat früher bei Überschwemmungen durch Hochwasser der Saalach ausgleichend gewirkt, ist aber seit der Flussregulierung von dieser Aufgabe weitgehend entbunden. Er hat nun eine neue Funktion gefunden und erfreut sich als Naherholungsgebiet großer Beliebtheit. Er zieht Spaziergänger, Jogger und Radfahrer gleichermaßen in seinen Bann, die alle Bewegung in unverbrauchter Luft suchen (Abb. 17).

Augustinerstraße

Stadtplan: D 3 = von der Münchener Straße zur Rupertusstraße.

Die Augustinerstraße erinnert an das Wirken der Augustiner-Eremiten in Salzburghofen in der Zeit von 1606 bis 1773. Es gibt zahlreiche Ordensgemeinschaften, deren Verfassung auf der Augustinerregel beruht. Im engeren Sinne versteht man aber unter Augustiner die beiden Hauptzweige und Namensträger Augustiner-Chorherren und Augustiner-Eremiten[22]. Die Chorherren leben in einer priesterlichen Gemeinschaft und gestalten die Gottesdienste an Dom- und Stiftskirchen. Die Eremiten arbeiten als Priester und Laienbrüder hauptsächlich in der Seelsorge.

Luther

Der im 13. Jahrhundert gegründete Orden der Augustiner-Eremiten erlangte im Mittelalter große Bedeutung, verlor aber in der Reformationszeit an Ansehen, weil ihm ursprünglich auch Martin Luther angehört hatte. Der Orden wurde 1606 von Erzbischof Wolf Dietrich in das Erzstift Salzburg geholt (vgl. Wolf-Dietrich-Straße), um an der Erneuerung des katholischen Glaubens mitzuwirken. Die damals aus München gekommenen Patres erhielten das erloschene Kollegiatstift Mülln und dazu als wirtschaftliche Grundlage die gut situierte Pfarrei Salzburghofen, die über größere Einkünfte sowie über 20 eigene Höfe und weiteres Vermögen verfügte.

Die Augustiner-Eremiten arbeiteten in der Pfarrei Salzburghofen auf verschiedenen Ebenen. Sie besorgten in der Großpfarrei mit insgesamt neun Kirchen – darunter die Filialkirchen Saaldorf und Surheim – die Seelsorge, legten die Tauf-, Trauungs- und Sterbematrikeln an, begannen mit einem bescheidenen Schulunterricht und gründeten Bruderschaften. Von be-

Abb. 18: Der von den Augustiner-Eremiten 1745 erbaute Pfarrhof und die von ihnen zuvor schon vergrößerte Marienkirche in Salzburghofen.

sonderer Bedeutung waren deren Baumaßnahmen. Sie veränderten 1637 die Marienkirche in Salzburghofen grundlegend, vergrößerten das Gotteshaus später durch den Anbau des nördlichen Seitenschiffes und ersetzten auf dem Turm die ursprüngliche Zwiebelhaube durch den heute noch vorhandenen Spitzhelm. Schließlich erbauten die Augustiner-Eremiten 1745 den barocken Pfarrhof mit seinem turmartigen Aufbau (Abb. 18).

Dem Wirken der Augustiner-Eremiten in Salzburghofen setzte 1773 der letzte amtierende Fürsterzbischof von Salzburg, Hieronymus Graf Colloredo, ein abruptes Ende. Er entzog dem Kloster Mülln die Pfarrei Salzburghofen und übergab sie wieder an Weltgeistliche. Wahrscheinlich war die gute Vermögensausstattung der Pfarrei das Motiv für den Erzbischof und Landesherrn, der stets die Finanzen in seinem Erzstift besonders im Auge hatte. Damit schloss sich der Kreis, denn das solide Pfarrvermögen von Salzburghofen war auch einst der Anlass gewesen für die Übergabe gerade dieser Pfarrei an die Augustiner-Eremiten von Mülln[23].

Aumühlweg

Stadtplan: C – D 4 = von der Salzburger Straße zur Auenstraße.

Die Aumühle lässt sich besonders weit zurückverfolgen. Schon in der königlichen Schenkungsurkunde vom 17. Dezember 908, mit der Salzburghofen an die Salzburger Kirche überging, ist bei der Auflistung aller dazugehörenden Realitäten auch von *Mühlen* die Rede[24]. Damit wird wohl die Aumühle gemeint sein, die damals schon lange existiert haben dürfte. Konkreter ist die Aussage in einer Urkunde vom 24. September – Herbstruperti – 925, bei der es um ein Tauschgeschäft ging. Der Erzbischof empfing von einem Priester verschiedene Güter und übergab an diesen zwei Lehen in Perach und Lohen sowie „die Mühle an dem vom Sala-Fluß abgeleiten Bach" (*… molinae locum in rivolo de fluvio Sala derivat …*)[25]. Dabei dürfte es sich um die heute noch bestehende Aumühle handeln, auch wenn der Mühlbach damals sicherlich mehrere Mühlen angetrieben hat. Der Mühlbach zweigt südlich von Hammerau am Fuße des Auhögls von der Saalach ab und fließt in diese kurz vor ihrer Einmündung in die Salzach zurück. Schon eine Karte von 1666, die in der *Saltzburgischen Chronica* von Franz Dückher enthalten ist, zeigt den parallel zum *Salflus* fließenden Mühlbach (Abb. 19). Zum Zeitpunkt der Herausgabe der genannten Chronik war der Autor, dessen voller Name *Franz Dückher von Hasslau zu Winckl* lautet, Eigentümer des Oedhofs in Freilassing (vgl. Am Oedhof und Oedhofallee).

Dückher

Abb. 19: Diese Karte von 1666, die nicht nach Norden ausgerichtet ist, zeigt parallel zum *Salflus* den Aumühlbach von *Pichel* (Bicheln) bei Hammerau bis zu seinem Ende bei der Mündung der Saalach in die Salzach.

Am Ende der grundherrschaftlichen Zeit stand die Aumühle im Eigentum des Salzburger Domkapitels. Das *Gut Mühlpach* verfügte damals über eine *reale Mahlmühl-, Säge- und Ölstampfgerechtigkeit*[26]. Das waren drei mit dem Anwesen verbundene Gewerbeberechtigungen, die vom erzbischöflichen Hof gegen laufende Zahlungen gewährt worden waren. Das Anwesen kam nach der Säkularisation an den bayerischen Staat, der im 19. Jahrhundert dem auf der Aumühle ansitzenden Grunduntertanen den Erwerb des Eigentumsrechts angeboten hat. So wurde der Aumüller durch gewisse Geldzahlungen Eigentümer seiner Mühle. Von den drei einstigen Betriebszweigen Getreidemühle (Abb. 20), Sägewerk und Ölpresse hat am längsten das Sägewerk überlebt. Es wurde erst zu Beginn der 1980er-Jahre eingestellt[27].

Dem schnell fließenden Mühlbach, der sich zwischen dem mächtigen Wohnhaus und der alten Sägerei hindurchzwängt, traut man es zu, dass er einmal verschiedene Mühlräder kraftvoll angetrieben hat. Diese wertvolle Energiequelle sowie der umfangreiche Gebäudekomplex lassen auch heute noch erahnen, dass die Aumühle einmal von großer wirtschaftlicher Bedeutung war.

Abb. 20: Getreide zu mahlen war über Jahrhunderte eine Hauptaufgabe der Aumühle. Daran erinnert ein Wandbild (ohne Signatur) über dem Haupteingang des Gebäudes.

Aurikelstraße

Stadtplan: D 2 = von der Eibenstraße zum Wacholderweg.

Die Aurikel *(Primula auricula)* zählt zur Gattung Schlüsselblume, wird 5 bis 25 Zentimeter hoch, blüht gelb, wächst an Felsen (Abb. 21) sowie auf steinigen Bergwiesen und wird deshalb auch Gamsblume genannt. Sie ist geschützt.

Abb. 21: Die Aurikel *(Primula auricula)* begnügt sich im Extremfall mit einem kleinen Spalt im Felsen.

Bahnhofstraße

Stadtplan: D 3 = südlich des Bahnhofs von der Reichenhaller Straße zur Georg-Wrede-Straße.

Dieser Straßenname sollte daran erinnern, dass der Bahnhof – früher sagte man Bahnstation – an der 1860 eröffneten Eisenbahnlinie von München nach Salzburg die Freilassinger Ortsentwicklung entscheidend geprägt hat. Der Weiler Freilassing war zu dieser Zeit ein Ortsteil der Gemeinde Salzburghofen und bestand nur aus einigen Bauernhöfen. Mit der Bahnstation an der bayerisch-österreichischen Grenze begann für Freilassing der Aufstieg von der Bedeutungslosigkeit hin zu einer Stadt mit der nunmehr stärksten Wirtschaftskraft des Landkreises Berchtesgadener Land.

Die Bahnstation hatte damals zwei Wartesäle: Einer war für die erste und zweite Klasse, ein weiterer für die dritte Klasse. Heutzutage gibt es nur noch zwei Klassen, und alle Reisenden dürfen gemeinsam warten. Warum das Bahnhofsgebäude auf der Südseite der Gleisanlagen gebaut wurde, obwohl der Schwerpunkt der Gemeinde Salzburghofen auf der Nordseite lag, kann nicht ergründet werden. Selbst ein Antrag des Gemeinderats, den Wiederaufbau des durch den Bombenangriff 1945 zerstörten Bahnhofs auf der Nordseite der Gleise durchzuführen und ihn damit näher an die Orts-

Abb. 22: Bürgermeister Josef Flatscher bei seiner Festansprache zur Weihe des ICE auf den Namen „Freilassing" am 4. September 2004 am Bahnhof Freilassing.

mitte von Freilassing zu verlegen, wurde von der Bahn ignoriert[28]. Als Trost erhielt Freilassing rund fünfzig Jahre später, genau 1992, eine Bahnunterführung für Fußgänger und Radfahrer, die den Bahnhof mit der Lindenstraße im Stadtzentrum verbindet. Damit rückt der Süden von Freilassing, der hauptsächlich aus dem durch den Bahnbau entstandenen Stadtteil Neuhofham besteht, näher an den dominierenden Nordteil der Stadt.

Ein Höhepunkt in der wechselvollen Geschichte der Freilassinger Bahnstation war das dortige Zusammentreffen des österreichischen Kaisers Franz Joseph I. mit seiner Gattin Elisabeth, genannt Sissi. Die Kaiserin fuhr im August 1862, nachdem sie sich bei ihren Eltern in Possenhofen vom anstrengenden Wiener Hof erholt hatte, zum 32. Geburtstag des Kaisers nach Wien zurück. Der Kaiser, von der Rückkehr seiner Gattin hoch erfreut, fuhr ihr bis Freilassing entgegen, um dann gemeinsam mit der Kaiserin nach Wien zurückzukehren[29]. Nicht ganz so spektakulär, aber dennoch von Bedeutung war am Bahnhof Freilassing die Taufe eines InterCity-Express (ICE) auf den Namen *Freilassing*. Der Hochgeschwindigkeitszug wird durch einen Triebwagen anstatt einer Lok bewegt und verfügt über je einen solchen Triebwagen am Zuganfang und -ende. Die Taufe erfolgte im September 2004 anlässlich des 50-jährigen Jubiläums der Stadterhebung (Abb. 22).

Kaiser Franz Joseph I. und Sissi

Banater Straße

Stadtplan: B 2 = von der Eichendorff- zur Donauschwabenstraße.

Das Banat ist eine Region an der heutigen Grenze zwischen Serbien und Rumänien zwischen Donau, Theiß und Maros (s. Karte S. 19). Die wirtschaftliche Grundlage bilden im fruchtbaren Tiefland Weizen-, Mais- und Weinanbau sowie im Banater Gebirge Kohle- und Erzbergbau.

Das Banat gehörte etwa ab der ersten Jahrtausendwende zum Königreich Ungarn und verödete während der Türkenherrschaft im 16. und 17. Jahrhundert. Das Land fiel zu Beginn des 18. Jahrhunderts an Österreich, das den Wiederaufbau förderte und dazu vor allem deutsche Bauern und Handwerker ins Land holte. Ihren Leistungen ist es zu verdanken, dass sich das Banat zur Kornkammer des österreichischen Kaiserreichs entwickelte (Abb. 23 u. 24). Die neuen Siedler kamen in mehreren Zuwanderungswellen und erhielten – unabhängig von ihrer Herkunft – den Namen *Banater Schwaben*. Sie werden mit anderen deutschsprachigen Volksgruppen unter dem Sammelbegriff *Donauschwaben* zusammengefasst (vgl. Donauschwabenstraße). Nach dem Ersten Weltkrieg kam es zur Aufteilung des Gebietes zwischen Jugoslawien und Rumänien. Im Zweiten Weltkrieg war der jugoslawische Landesteil von der deutschen Wehr-

Abb. 23   Abb. 24

macht besetzt, mit der Folge, dass mit Kriegsende nach dem Einmarsch der russischen Armee die deutsche Bevölkerung in Arbeitslager deportiert, vertrieben oder exekutiert wurde. Im rumänischen Teil blieb dies der deutschen Bevölkerung erspart; sie ist dagegen vor allem durch Aussiedlung in den 1980er- und 1990er-Jahren stark zurückgegangen. Von der einstigen deutschen Gesamtbevölkerung von etwa 450.000 Einwohnern lebt heute nur noch ein geringer Anteil im Banat.

Barbarossastraße

Stadtplan: C 3 – 4 = vom Petersweg nordöstlich abzweigend.

Barbarossa ist ein italienisches Wort, heißt *Rotbart* und ist der Beiname von Kaiser Friedrich I., der diese Bezeichnung wegen seines rötlich schimmernden Bartes erhalten hat. Er stammte aus dem Adelsgeschlecht der Staufer, war ab 1152 deutscher König und von 1155 bis 1190 Kaiser des Heiligen Römischen Reiches (Abb. 25). Die Straßenbenennung erinnert insbesondere daran, dass der Herrscher 1169 in Salzburghofen war.

Daneben gibt es eine weitere – rein zufällige – Beziehung zwischen dem Kaiser und Salzburghofen: Er wurde um 1122 wahrscheinlich in Waiblingen geboren. Der Ort in Baden-Württemberg wurde als karolingische Pfalz erstmals 885 erwähnt und entwickelte sich später zum Machtzentrum der Staufer. Und in dieser Pfalz zu Waiblingen war mehr als zweihundert Jahre zuvor, am 17. Dezember 908, durch die Unterzeichnung einer Schenkungsurkunde die Übertragung von Salzburghofen an den Salzburger Erzbischof namens Pilgrim erfolgt (vgl. Pilgrimstraße).

Zum Besuch des Kaisers in Salzburghofen: Barbarossa widersprach bald nach seiner Kaiserkrönung in Rom dem Anspruch des Papstes auf die Oberherrschaft und begründete seinen Standpunkt mit seiner Wahl durch die Fürsten. Im Zusammenhang mit dieser Auseinandersetzung zwischen Kaiser und Papst verlangte Barbarossa vom Salzburger Erzbischof die Anerkennung des von ihm eingesetzten Gegenpapstes. Da aber sowohl der Salzburger Oberhirte, der sogar mit Friedrich Barbarossa verwandt war, als auch dessen Nachfolger treu zu dem in Rom gewählten Papst hielten, kam es so weit, dass über das Erzstift die Reichsacht verhängt und 1167 die Stadt niedergebrannt wurde (vgl. Plainweg). 1169 kam der Kaiser nach Salzburg und schlug mit seinem Heer vor den Toren der Stadt in Salzburghofen sein Lager auf, um damit dem Erzbischof vor Augen zu führen, dass er seine Forderung mit Gewalt durchsetzen werde. Der Kaiser ent-

Abb. 25: Kaiser Friedrich I. Barbarossa (Wandgemälde an der Fassade des Alten Rathauses in Bad Reichenhall).

machtete danach den Erzbischof und übernahm in Salzburg selbst die weltliche Regierung[30]. 1177 erfolgte schließlich eine Einigung zwischen Kaiser und Papst sowie eine Friedensregelung im Erzstift. Unabhängig von den Auseinandersetzungen in Salzburg galt der Kaiser seinen Zeitgenossen als Verkörperung ritterlicher Ideale und Erneuerer des Reichs. Bei einem Kreuzzug ins Heilige Land kam er im Jahr 1190 bei einer Flussüberquerung ums Leben.

Batschkastraße

Stadtplan: B – C 2 = vom Stettenweg zur Neusatzer Straße (Abb. 26).

Die Batschka ist eine Region im heutigen Serbien mit einem kleinen Anteil in Ungarn zwischen Donau und Theiß (s. Karte S. 19). Ihre wirtschaftliche Grundlage sind Landwirtschaft und Viehzucht.

Das Gebiet gehörte einst zum Königreich Ungarn, verödete während der Türkenherrschaft im 16. und 17. Jahrhundert und fiel Anfang des 18. Jahrhunderts an Österreich, das die Besiedlung des weitgehend entvölkerten Landes vorantrieb. Es kamen viele deutsche Bauern und Handwerker, die unabhängig von ihrer Herkunft zusammen mit anderen deutschsprachigen Volksgruppen *Donauschwaben* genannt werden. Ihnen folgten später Ungarn, Serben und Slowaken. Nach dem Ersten Weltkrieg kam der größte Teil des Landes zu Jugoslawien. Im Zweiten Weltkrieg wurde dieser jugoslawische Landesteil von der deutschen Wehrmacht besetzt, mit der Folge, dass mit Kriegsende, nachdem sich das Blatt gewendet hatte, die deutsche Bevölkerung mit etwa 200.000 Einwohnern in russische Arbeitslager deportiert, vertrieben oder exekutiert wurde. Jugoslawien wurde inzwischen in Einzelstaaten aufgeteilt, darunter Serbien (vgl. Donauschwabenstraße).

Abb. 26: Gepflegte Wohnhäuser an der Batschkastraße im Ortsteil Stetten.

Beethovenstraße

Stadtplan: C 3 = von der Oberen Feld- zur Richard-Strauß-Straße.

Der Komponist Ludwig van Beethoven (getauft 17. 12. 1770 in Bonn, † 26. 3. 1827 in Wien) entstammte einer Musikerfamilie, wurde schon 1784 Mitglied des kurfürstlichen Orchesters in Bonn, zog 1792 nach Wien und wurde Schüler von Joseph Haydn. 1795 trat er erstmals als Pianist auf und veröffentlichte erste Werke. Schon vor 1800 machte sich bei ihm ein schweres Gehörleiden bemerkbar, das um 1819 zur völligen Taubheit führte und Beethoven vereinsamen ließ. Er hat der Nachwelt bedeutende Werke hinterlassen: die Oper Fidelio, neun Symphonien, Klavierkonzerte, zahlreiche Klavier- sowie Violinsonaten, Streichquartette, Messen und weitere musikalische Glanzlichter.

Abb. 27: Ludwig van Beethoven.

Bergstraße

Stadtplan: C 2 = von der Wasserburger Straße zur Talstraße.

Die Bergstraße erhielt ihren Namen – genauso wie die Talstraße – in der Stadtratssitzung Ende September 1954, bei der die Räte offenbar noch ganz in Gedanken bei ihrem Aufstieg von Gemeinde- zu Stadträten waren, denn die Stadterhebung hatte erst zum Monatsanfang stattgefunden. Die Räte – es waren nur Männer – hatten bei der Namensgebung keinen speziellen Berg ausgewählt, sondern nur den Berg im Allgemeinen. Der stellt allerdings ein unerschöpfliches Thema dar: Angefangen vom Berg Sinai, auf dem der Allmächtige an Moses die beiden Gesetzestafeln übergab, bis zum höchsten Berg unserer Erde, dem 8.850 m hohen Mount Everest, und dem Wahrzeichen der Berchtesgadener Alpen, dem Watzmann (Abb. 28). Von welchem Berg wohl die Stadtväter damals ihre Inspiration erhielten?

Abb. 28: Der Watzmann ist *der* Berg in den Berchtesgadener Alpen.

Birkenweg

Stadtplan: C 3 = von der Bräuhausstraße zur Laufener Straße.

Zur Gattung Birke gehören etwa 60 Arten, darunter die bei uns vorkommende Weiß- oder Hängebirke (*Betula pendula*). Sie hat in jungen Jahren einen weißen und glatten Stamm sowie lange und herunterhängende Zweige (Abb. 29), wird mehr als 30 Meter hoch und erreicht ein Alter von

Abb. 29: Die Weiß- oder Hängebirke *(Betula pendula)* im Ainringer Moos.

100 Jahren und mehr. Ältere Bäume können im April 2 bis 5 Zentimeter tief angebohrt werden, um dann aus dem reichlich herausfließenden Birkensaft nach dessen Vergärung Birkenwein zu gewinnen. Das gelblichweiße Holz mit gleichmäßiger Struktur schätzen Handwerker wie Wagner, Schreiner und Drechsler für die Herstellung von Deichseln, Fassreifen, Leitern, Tischen, Stühlen und verschiedenen Drechslerwaren[31].

Böhmerwaldstraße

Stadtplan: C 2 – 3 = von der Industrie- zur Eichetstraße.

Der Böhmerwald ist eine etwa 250 Kilometer lange Mittelgebirgskette, auf deren Gesamtlänge die Staatsgrenze Tschechiens zu Bayern und im Südosten zu Österreich verläuft (s. Karte S. 18, Abb. 30). Der Berganteil auf der bayerischen Seite wird auch Bayerischer Wald genannt. Das Gebirge bildet die Wasserscheide zwischen Donau und Moldau. Die höchste Erhebung ist der auf bayerischer Seite gelegene Große Arber mit 1.457 Metern.

Abb. 30: Ausblick zum Böhmerwald und zum Hügelland des Mühlviertels, das auch zur Ferienregion Böhmerwald gerechnet wird. Im Vordergrund der Aussichtsplatz Hemmerau im österreichischen Mühlviertel.

Das Gebiet wurde im 12. Jahrhundert von deutschen Siedlern durch Rodung erschlossen. Haupterwerbszweige sind seit dem Mittelalter die Glasindustrie und die Holznutzung sowie neuerdings der Fremdenverkehr. Die Bewohner des Böhmerwaldes zählen zur Volksgruppe der Sudetendeutschen, die nach dem Zweiten Weltkrieg 1945 vertrieben und zum Großteil in Bayern aufgenommen wurden (vgl. Sudetenplatz und Sudetenstraße). Das wenig dicht besiedelte Gebiet des Böhmerwaldes wurde durch Vertreibung und Zerstörung grenznaher Orte weiter entvölkert, so dass die Natur wieder Terrain zurückgewinnen kann.

In jüngster Zeit hat sich die Drei-Länder-Region mit rund 1,3 Millionen Einwohnern zur gemeinsamen „EuRegio Bayerischer Wald – Böhmerwald" zusammengeschlossen. Sie befasst sich mit grenzüberschreitender Zusammenarbeit. Große Teile des Böhmerwaldes auf der tschechischen Seite wurden zum Nationalpark *Šumava* (= Böhmerwald) erklärt.

Brahmsstraße

Stadtplan: C 3 = von der Vinzentius- zur Kreuzederstraße.

Johannes Brahms (* 7. 5. 1833 in Hamburg, † 3. 4. 1897 in Wien) wirkte ab 1862 in Wien als freischaffender Komponist. Er sammelte und bearbeitete zeitlebens Volkslieder. Sein Werk besteht aus vier Symphonien, zwei Serenaden, Klavier- und Violinkonzerten, Sonaten sowie zahlreichen anderen Kompositionen.

Abb. 31: Johannes Brahms.

Bräuhausstraße

Stadtplan: C – D 3 = von der Münchener Straße zur Schulstraße.

Die Bräuhausstraße im Stadtzentrum verweist mit ihrem Namen auf die dortige Weißbierbrauerei, die kurz und bündig *Weißbräu* genannt wird. Das Brauereigebäude mit Wirtshaus entstand 1910 und hat seine äußere Form bis in die Gegenwart erhalten. Der Bauherr vor einem Jahrhundert war *Herr Privatier Sebastian Windl*, der zuvor die Wirtschaft in Brodhausen geführt hatte. Die Bauausführung lag beim Freilassinger *Baugeschäft Matthias Wannersdorfer*[32], das inzwischen seine Tätigkeit eingestellt hat.

Abb. 32: Braumeister Bernhard Kuhn kontrolliert mit Hilfe einer Handlampe eine dem Sudkessel entnommene Probe der *Vorderwürze*. Aus ihr wird nach vielen Arbeitsgängen die Hausmarke *Edelweizen* hergestellt.

Besonders geschätzt wird nach wie vor der schattige Biergarten unter Kastanien, in dem die eigenen Produkte des Hauses in vollen Zügen genossen werden können. Das sind die drei Sorten *Edelweizen, Dunkles Weizen* und *Schlankes Weizen.* Sie werden von der Familie Kuhn, der heutigen Eigentümerin von Brauerei und Gasthof, gebraut (Abb. 32).

Breslauer Straße

Stadtplan: B – C 2 = in Stetten parallel zur Bahnlinie nach Laufen sowie dem dortigen Industriegleis.

Breslau (Abb. 33), einst Landeshauptstadt sowie kultureller und wirtschaftlicher Mittelpunkt von Schlesien, gehört zu Polen und ist Hauptstadt des polnischen Verwaltungsbezirks Niederschlesien (s. Karte S. 18). Die Stadt hat etwa 630.000 Einwohner, ist Verkehrsknotenpunkt sowie Sitz verschiedener Hochschulen, Theater und Museen. Sie liegt inmitten einer

Abb. 33: Das Rathaus von Breslau, der einstigen Landeshauptstadt von Schlesien.

ertragreichen Landwirtschafts- und Bergbauregion und verfügt über bedeutende Industriezweige. Der polnische Name der Stadt lautet *Wroclaw*.

Die Stadtgründung erfolgte um das Jahr 900 an der Kreuzung zweier bedeutender Straßen an einem Oderübergang. Breslau gehörte im Laufe seiner reichen Geschichte verschiedenen Landesherren (vgl. Schlesierstraße). Gegen Ende des Zweiten Weltkriegs 1945 wurde die Stadt, die über viele gotische und barocke Bauwerke verfügte, zu etwa drei Viertel zerstört. Dabei verloren etwa 80.000 Zivilisten ihr Leben. Nach dem Krieg wurden die zirka 300.000 deutschen Einwohner von Breslau enteignet und vertrieben, wobei tausende zu Tode kamen. Die Verwaltungshoheit wurde damals von der Sowjetunion an Polen übertragen.

Inzwischen ist ein Großteil der zerstörten Baudenkmäler der Stadt und damit auch ursprünglich deutsches Kulturgut wieder errichtet worden. Die Zugehörigkeit Breslaus zu Polen wurde durch den Deutsch-Polnischen Grenzvertrag von 1990 endgültig anerkannt.

Abb. 34: Der Wirt von Brodhausen am westlichen Ortsende der heutigen Stadt Freilassing sah vor längerer Zeit zahlreiche Fuhrleute – als Gäste oder Passanten – mit ihrer wertvollen Fracht, dem Salz, und später öfter Kutscher, darunter einen mit einem namhaften Gast, mit Wolfgang Amadeus Mozart.

Brodhausen und Brodhauser Straße

Stadtplan: Brodhausen: C 1 = am westlichen Stadtrand; Brodhauser Straße[33] : C 2 = von der Jäger- zur Lohenstraße.

Der heutige Stadtteil Brodhausen war Ende des 18. Jahrhunderts ein Dorf mit sechs Anwesen, das zum Viertel Haberland gehörte[34]. Der Ursprung des ersten Wortteils *Brod* hat nichts mit Brot zu tun, das mundartlich *Brout* heißt. Er kommt vielmehr vom italienischen *brodo* (Brühe) und bedeutet Trank oder gesottenes Vieh- und besonders Schweinefutter[35]. Der zweite Wortteil *Hausen* ist ein in Bayern sehr häufig vorkommender Ortsname, sei es, dass er alleine steht oder mit anderen Begriffen verbunden ist[36]. Brodhausen hat offenbar seinen Namen von einem landwirtschaftlichen Betrieb mit Schwerpunkt Schweinezucht. Heutzutage ist der Schwerpunkt von Brodhausen ein modernes Hotel, ein Zeichen für den steilen Aufstieg dieses Stadtteils im Freilassinger Westen an der früheren Salzhandelsroute nach Wasserburg, München und Augsburg (Abb. 34).

Brucknerstraße

Stadtplan: C 3 = von der Korbinian- zur Beethovenstraße.

Der österreichische Komponist Anton Bruckner (* 4. 9. 1824 in Ansfelden bei Linz, † 11. 10. 1896 in Wien) war ab 1850 Organist am Stift St. Florian bei Linz und ab 1868 Professor am Konservatorium in Wien. Er schuf monumentale Symphonien, Messen und viele große Motetten. Das Grab von Bruckner befindet sich an seiner einstigen Wirkungsstätte im Stift St. Florian, in dem auch die dortige Bruckner-Orgel an ihn erinnert (vgl. Florianigasse).

Abb. 35: Anton Bruckner.

Dachsteinstraße

Stadtplan: E 3 = von der Reichenhaller Straße zur Predigtstuhlstraße.

Der Dachstein ist ein verkarstetes Hochplateau in den Nördlichen Kalkalpen an der Grenze zwischen den drei österreichischen Bundesländern Salzburg, Oberösterreich und Steiermark. Der Hauptgipfel, der Hohe Dachstein, ist 2.995 Meter hoch. Der Gebirgsstock ist auf seiner Nordseite mit drei Gletschern bedeckt, birgt Höhlensysteme und bietet für Bergsteiger viele Touren bis hin zu extremen Kletterrouten (Abb. 36).

Abb. 36: Blick von der Stuhlalm zum Gosaukamm im Dachsteingebirge mit der 2.458 Meter hohen Bischofsmütze (rechts).

Donauschwabenstraße

Stadtplan: B – C 2 = von der Siebenbürger Straße zur Schlesierstraße.

Unter Donauschwaben versteht man deutsche Siedler, die im 18. Jahrhundert beiderseits der mittleren Donau in die heutigen Länder Ungarn, Kroatien, Serbien und Rumänien zugewandert sind (s. Karte S. 19). Der Name ist erst nach dem Ersten Weltkrieg entstanden. Er leitet sich davon ab, dass am Anfang die schwäbischen Zuwanderer überwogen, gilt inzwischen aber auch für alle anderen deutschen Siedler.

Abb. 37 und 38: Die im 18. Jahrhundert von der Wiener Hofkammer geplanten Dörfer wurden schachbrettartig angelegt. Typisch dafür waren gerade Straßen mit einer breiten Fahrspur, einem Wassergraben und einem beidseitigen durch Bäume abgetrennten Fußweg.

Die deutschen Zuwanderer – vor allem Bauern und Handwerker – kamen auf Einladung von Österreich, das ab etwa 1700 für das durch die Türkenkriege weitgehend entvölkerte Land neue Bewohner und damit auch Steuerzahler suchte. Die Siedler, denen über die Wiener Hofkammer erhebliche Unterstützungen gewährt wurden, kamen in mehreren Wellen, den so genannten Schwabenzügen, ins Land. Sie schufen in harter Arbeit aus einer Öde ein blühendes Land (Abb. 37 u. 38). Später gehörte das Gebiet zu Österreich-Ungarn und wurde nach dem Ersten Weltkrieg 1918 aufgeteilt unter Ungarn, Rumänien und dem neu gebildeten Bundesstaat Jugoslawien. Damals verließen viele Donauschwaben – die Gesamtzahl betrug zu dieser Zeit etwa 1,5 Millionen – ihre Heimat und wanderten nach Übersee aus. Im Zweiten Weltkrieg war Jugoslawien von deutschen Truppen besetzt, mit denen viele Donauschwaben zusammenarbeiteten. Die Folge war, dass dort als Racheaktion gegen Kriegsende nach dem Zurückweichen der deutschen Ostfront und dem Einmarsch russischer Truppen zahlreiche Deutsche, sofern sie nicht geflohen waren, ermordet, andere in Arbeitslager deportiert oder nach Deutschland oder Österreich vertrieben wurden. Jugoslawien ist inzwischen in Einzelstaaten zerfallen, darunter Kroatien und Serbien. In Rumänien wurden die Deutschen nicht vertrieben, aber innerhalb des eigenen Landes deportiert. Sie verließen vielfach Rumänien in den Jahren bis 1990 und kamen als Spätaussiedler nach Deutschland.

Edelweißweg

Stadtplan: D – E 2 = von der Enzian- zur Hochkönigstraße.

Das Edelweiß ist eine Blumengattung, die zur Familie der Korbblütler gehört und etwa 40 verschiedene Arten kennt. Das bekannte Alpenedelweiß *(Leontopodium alpinum)* wird 5 bis 15 Zentimeter hoch, blüht weiß, wächst in großer Höhe an Felsen und auf Bergwiesen, kommt selten vor und ist deshalb geschützt (Abb. 39).

Abb. 39: Das Alpenedelweiß *(Leontopodium alpinum)* wächst in den Alpen ab einer Höhe von 1.700 Metern und steht unter Naturschutz.

Abb. 40: Der *Edinger*, der unweit der Hauptstraße im Stadtzentrum liegt, hat bis um 1970 die Landwirtschaft betrieben.

Edingerweg

Stadtplan: D 3 = von der Hauptstraße zur Ludwig-Zeller-Straße.

Der *Edinger*, der in alten Urkunden *Echtinger* genannt wird, ist einer der acht Bauernhöfe, die gemeinsam mit ein paar Zuhäusern in der Zeit von 1300 bis 1800 den Weiler Freilassing bildeten. Der älteste Hinweis auf den Hofnamen stammt aus dem Jahr 1460, in dem ein *Christian Echtinger* bei einem Grundstücksgeschäft als Zeuge auftrat[37]. Die Landwirtschaft, die viele Jahrhunderte die Lebensgrundlage gebildet hat, wurde Anfang der 1970er-Jahre eingestellt. Dagegen steht das Bauernhaus (Abb. 40) unverändert an dem Weg, der den eigenen Namen trägt: am Edingerweg.

Egerländer Straße

Stadtplan: C 2 = von der Industriestraße zur Gablonzer Straße.

Das Egerland liegt im Westen von Tschechien, wobei im weiteren Sinn auch angrenzende Gebiete in den bayerischen Regierungsbezirken Oberfranken und Oberpfalz dazugerechnet werden. Mittelpunkt des Egerlan-

Abb. 41: Egerländer Vierseithof im Dorf Stabnitz zehn Kilometer südöstlich von Eger. Die Giebelseite des Wohnhauses zeigt das typische Fachwerk des Egerlandes (Aufn. um 1930).

des ist die Stadt Eger (s. Karte S. 18), die rund 30.000 Einwohner zählt und auf eine tausendjährige Geschichte zurückblicken kann. Sie leitet ihren Namen vom Fluss Eger ab, der im Fichtelgebirge entspringt und bei Theresienstadt in die Elbe mündet. Wirtschaftliche Schwerpunkte des Egerlandes waren der Bergbau, Porzellan-Manufakturen sowie weltberühmte Kur- und Heilbäder. So liegt im Egerland das so genannte Bäderdreieck mit den bekannten Kurorten Karlsbad, Marienbad und Franzensbad. Typisch für das Egerland sind die stattlichen Fachwerkhöfe der bäuerlichen Bevölkerung (Abb. 41).

Das Egerland wurde nach Auflösung der österreichischen Donaumonarchie am Ende des Ersten Weltkriegs 1918 Teil der Tschechoslowakei und kam nach dem Einmarsch deutscher Truppen 1938 als *Regierungsbezirk Eger* zum Deutschen Reich. Zu dieser Zeit war das Land mit etwa 800.000 Einwohnern fast ausschließlich von Sudetendeutschen besiedelt (vgl. Sudetenplatz und Sudetenstraße). Nach dem Ende des Zweiten Weltkriegs im Jahr 1945 kam das Egerland wieder zur Tschechoslowakei, und die deutsche Bevölkerung wurde vertrieben. Sie fand zum Großteil in Bayern Aufnahme. Seit der Teilung der Tschechoslowakei in zwei Staaten 1993 gehört das Egerland zu Tschechien.

Abb. 42: Die Südseite vom *Moar z' Eham* wurde beim Bau vor mehr als 150 Jahren besonders harmonisch gestaltet. Sie besticht durch schöne Fensterumrahmungen und ein eindrucksvolles Kruzifix über dem Haupteingang. Dazu kommt noch üppiger Blumenschmuck, der täglicher Pflege bedarf. All das wird beschützt von einem weit ausladenden Satteldach, das sich seit alters her bewährt.

Eham und Ehamer Straße

Stadtplan: Eham: A – B 3 = nördlich von Salzburghofen; Ehamer Straße: B 3 – 4 = von der Laufener Straße nach Eham.

Eham liegt oberhalb der Hangkante des früheren Flussbettes der Salzach und war deshalb vor eineinhalb Jahrtausenden auch ein bevorzugter Platz für eine bayerische Siedlungsgründung. Die Namensendung -*ham* ist ein Indiz für eine solche Gründung der frühen Bajuwarenzeit ab dem 6. Jahrhundert[38]. Ende des 18. Jahrhunderts war Eham ein Dorf mit sechs Anwesen im Viertel Haberland[39]. Das waren vier Bauernhöfe mit den Hausnamen Schmied (vgl. Kreuzederstraße), Wieser, Stuben und Mayr, dazu das Hansengütl und beim Mayr ein Zuhaus[40]. Gegenwärtig betreiben noch zwei die Landwirtschaft: der Mayr und der Schmied. Der Mayrbauer oder, wie die Einheimischen sagen: der *Moar z' Eham*, ist der älteste Hof im Ort. Das besagt sein Name. Das stattliche Bauernhaus wurde 1845 gebaut und hat den aus Holz erstellten Altbau abgelöst[41]. Viele

Bauernhöfe wurden in der Mitte des 19. Jahrhunderts erstmals aus Stein oder Ziegel errichtet, während sie zuvor aus Holz bestanden und immer wieder aus diesem Material erneuert worden waren. Vom Altbau stammt noch das Kruzifix, das sich über dem Haupteingang mit Rundbogen und Sterntüre befindet (Abb. 42).

Eibenstraße

Stadtplan: D 2 = von der Salzstraße zur Waginger Straße.

Von der Gattung Eibe gibt es in Europa nur eine einzige Art: die (Gemeine) Eibe *(Taxus baccata)*. Der immergrüne Nadelholzbaum wird bis zu 20 Meter hoch, wächst sehr langsam und kann ein Alter von tausend Jahren und mehr erreichen. Zweige und Rinde enthalten ein starkes Gift, das auch schon Pferden das Leben gekostet hat, die davon gefressen haben. Als einziger Teil der ganzen Pflanze sind die Samen frei von Gift. Sie sind von einer roten und fleischigen, süß schmeckenden Hülle umgeben, die im Herbst die Vögel anlockt. Mit diesen so genannten Scheinblüten – einem besonderen Trick der Natur – wird für die Samenausbreitung gesorgt[42]. Auf diese Blüten weist schon der lateinische Namensteil *baccata* hin, der so viel heißt wie „Beeren tragend" (Abb. 43). Das harte und elastische Holz wurde früher hauptsächlich für Bögen und Armbrüste verwendet und dient nun für künstlerische Arbeiten.

Abb. 43: Eibe *(Taxus baccata)* mit roten Scheinfrüchten, dem einzigen Teil der ganzen Pflanze, der frei von Gift ist.

Eichendorffstraße

Stadtplan: B – C 2 = von der Siebenbürger zur Görlitzer Straße.

Der schlesische Dichter Joseph Freiherr von Eichendorff (* 10. 3. 1788 in Schloss Lubowitz/Schlesien, † 26. 11. 1857 in Neisse) war als Regierungsbeamter in preußischen Staatsdiensten tätig. Er gilt als Dichter des deutschen Waldes, schuf Novellen, Erzählungen, Schauspiele, literaturgeschichtliche Werke und vor allem schlichte Lyrik der Romantik.

Abb. 44: Joseph Freiherr von Eichendorff.

Eichetstraße

Stadtplan: C 2 – 3 = von der Vinzentiusstraße zum Sudetenplatz.

Das Eichet ist – wie es der Name schon vermuten lässt – ein Wald mit Eichen. Er liegt im Norden von Freilassing nahe von Ober- und Untereichet. Ende des 18. Jahrhunderts waren das zwei Weiler, die zu unterschiedlichen Vierteln gehörten: Obereichet – am südlichen Waldrand gelegen – gehörte zum Viertel Salzburghofen und Untereichet – weiter nördlich am Westrand des Forstes – zum Viertel Haberland[43]. Im heutigen Staatswalddistrikt Eichet, der eine Größe von rund 70 Hektar hat, findet sich eine kleine Fläche mit mehr als 200 Jahre alten Stieleichen *(Quercus robur)* von besonders hoher Qualität. Sie liefern alljährlich wertvolle Samen. Dieser Bestand im *Saltzburghofer Eichet* wurde 1788 von der Hochfürstlichen Oberwaldmeisterei[44] unter Erzbischof Hieronymus Graf Colloredo angelegt, dem letzten geistlichen Fürsten des Erzstifts Salzburg. Damals wurde erkannt, dass die dortigen Klima- und Bodenbedingungen für die Eichen besonders günstig sind. Sie wurden zusammen mit anderen Laubbäumen gepflanzt, eine Methode, die sich viel besser bewährt hat als Monokulturen (Abb. 45).

Von der Gattung Eiche *(Quercus)* gibt es einige Arten, darunter die im Eichet vorkommende Stieleiche *(Quercus robur)*. Bei den Früchten spricht man von Eicheln. Aus ihnen wurde in schlechten Zeiten Eichelkaffee hergestellt. Dazu wurden die Früchte gekocht, später geröstet und schließlich gemahlen. Das sehr harte Eichenholz dient vor allem zur Herstellung von Fässern sowie für Fußböden und Furniere. In der Volkskunde stellt die Eiche das Sinnbild für Freiheit und Kraft dar.

Abb. 45: Das *Salzburghofer Eichet* geht auf eine Gründung durch die Hochfürstliche Oberwaldmeisterei unter Erzbischof Hieronymus Graf Colloredo 1788 zurück.

Eisenpointweg

Stadtplan: D 3 – 4 = am östlichen Ende der Ludwig-Zeller-Straße vor der B 20.

Der Name leitet sich vom dortigen Flurnamen ab. Unter *Point* versteht man ein eingezäuntes Grundstück mit einer besonderen Verwendung[45]. Die landwirtschaftlich genutzten Flächen im ehemaligen Flussbett der Saalach tragen mehrfach Flurnamen mit der Endung *-point*, so *Eisenpoint* und auch *Aupoint, Daxetpoint, Fischerpoint, Mühlpoint* und *Wagnerpoint* (vgl. Abb. bei Prielweg)[46]. Wo aber kommt der erste Namensteil *Eisen* her? Der Abbau von Eisenerz scheidet aus. Vielleicht wurde einmal aus dem dort vorbeifließenden Mühlbach in eine Senke Wasser abgeleitet und daraus im Winter Eis gewonnen, denn bei dieser Tätigkeit ist von *eisen* die Rede. Das Eis diente dazu, dem Bierlager eine kühle Temperatur zu sichern. Diese Art Eis zu gewinnen, war sicher einfacher als die bis in die 1940er-Jahre praktizierte Methode, Wasser an Frosttagen über ein Holzgestell zu spritzen und dann die entstandenen Eiszapfen einzulagern. Ein solches Holzgerüst stand bis zum Zweiten Weltkrieg mitten in Freilassing im Wirtsgarten an der Ecke Laufener Straße/Birkenweg neben dem Zentralschulhaus.

All die genannten *Point*-Grundstücke wurden erst mit der Regulierung und Begradigung von Saalach und Salzach gewonnen und für die Landwirtschaft nutzbar gemacht. Das war nach der Grenzziehung zwischen Bayern und Österreich 1816. Damals haben die Grundstücke auch ihre Namen erhalten. Zuvor waren sie im Frühjahr nach der Schneeschmelze überschwemmt und für die Bauern nur eingeschränkt brauchbar gewesen. Neben den genannten Namen im ehemaligen Flussbett gibt es noch drei *Point*-Namen im Stadtgebiet: *Flinspoint* bei Hofham, *Kesselpoint* bei Klebing und auch noch bei Eham einen *Point* ohne jeden weiteren Zusatz[47].

Abb. 46: Der Stengellose Enzian *(Gentiana acaulis)* blüht dunkelblau, wird bis zu zehn Zentimeter hoch und kommt auch in unseren heimischen Bergen vor.

Enzianstraße

Stadtplan: D 2 = von der Westendstraße zum Edelweißweg.

Die Blumengattung Enzian umfasst 450 Arten in unterschiedlichen Farben, Formen und Größen, darunter befinden sich der Stengellose Enzian *(Gentiana acaulis)* – (Abb. 46) – und der etwas kleinere Alpen-Enzian *(Gentiana alpina)*. Die in unseren Bergen vorkommenden Arten sind geschützt.

Farnweg

Stadtplan: D 2 = von der Waginger Straße östlich abzweigend.

Es gibt viele Farngattungen mit insgesamt rund 10.000 Arten. Das in unseren Wäldern besonders an schattigen und feuchten Standorten vorkommende Farnkraut (Abb. 47) heißt genauer: Gewöhnlicher Wurmfarn *(Dryopteris filix-mas)*.

Das Farnkraut wird – so wie auch andere Farnarten – zu den so genannten Zauber- oder Hexenpflanzen gezählt. Das hängt damit zusammen, dass man sich früher deren Fortpflanzung nicht erklären konnte, weil weder Samen noch Keimlinge zu finden sind. Deshalb wurde vermutet, dass das

Abb. 47: Gewöhnlicher Wurmfarn *(Dryopteris filix-mas)*, der noch mehr Namen trägt, darunter Farnkraut, Waldfarn, Wanzenwurz oder Hexenkraut.

Shakespeare

Farnkraut nur in der Nacht der Sommersonnenwende blüht und dann sofort den Samen abwirft. Wer ihn findet, so wurde geglaubt, hat Glück. Er ist zudem geschützt vor Hexerei sowie Unwetter und kann sich mit dem Farnsamen sogar unsichtbar machen. Davon berichtet auch Shakespeare in seinem Drama „Heinrich IV". Dort heißt es: *Wir gehen unsichtbar, denn wir haben Farnsamen bekommen.* Der Glaube an *Hexen* und *Zauberer* war, besonders vor dem Zeitalter der Aufklärung, ein weit verbreiteter Wahn. Seine Ursache war nicht zuletzt die dem Großteil der Bevölkerung vorenthaltene Schulbildung. So ist es gut vorstellbar, dass vor allem die in sozialer Not lebenden Bettler und Landstreicher für Zaubermittel zu begeistern waren, mit denen sie sich vermeintlich unsichtbar machen konnten. War es einmal der Farnsamen, der dies bewirkte, so dienten ein anderes Mal Pulver oder Salben als Verwandlungsmittel, die an bestimmten Körperstellen aufzutragen waren[48]. Das erklärten in den Jahren 1678 bis 1681 Hexen und Zauberer im Rahmen eines großen Prozesses im Erzstift Salzburg, der europaweit Aufsehen und Abscheu erregte. Damals waren an die 200 Verdächtige festgenommen und durch Folter zu Geständnissen gezwungen worden. Von ihnen wurden dann innerhalb von sechs Jahren 133 hingerichtet, von denen zwei Drittel noch Kinder und Jugendliche waren[49]. Unter den Opfern befanden sich auch zwei junge Burschen aus Salzburghofen: Georg Eder, der auch *Maister Hämerl* genannt wurde, und Johann Mayr[50].

Mitte des 19. Jahrhunderts kam ein Botaniker auf die Spur der geheimnisvollen Vermehrung der Farne. Er fand heraus, dass die kleinen braunen Flecken auf der Unterseite der Farnwedel – das sind die großen und gefiederten Blätter – besondere Sporen enthalten. Auf ihnen entwickeln sich Vorkeime mit männlichen sowie weiblichen Geschlechtsorganen, und schließlich erfolgt die Befruchtung mit Hilfe von Tau oder Regentropfen. Mit dieser Erkenntnis wurde zwar der Aberglaube eingedämmt, doch gibt es für das Farnkraut auch heutzutage noch so geheimnisvolle Namen wie Hexenkraut oder Teufelswisch.

Fichtenstraße

Stadtplan: D 2 = von der Salzstraße zur Waginger Straße.

Von der Gattung Fichte, die zur Familie der Kieferngewächse gehört, gibt es mehr als 40 Arten. Die bei uns dominierende Gemeine Fichte oder Rottanne *(Picea abies)* ist der bedeutendste Nadelbaum in Mitteleuropa und wird bis zu 60 Meter hoch (Abb. 48). Das Holz findet vielfältige Verwendung.

Schon ab dem 8. Jahrhundert wurden Fichten sowie Tannen als Energielieferant für die Sudpfannen der Reichenhaller Saline genutzt. Sie wurden gegenüber anderen Baumarten bevorzugt, weil sie beim Verbrennen eine gleichmäßige Hitze erzeugen. Ferner schwimmt das leichte Holz gut und war damit für die Trift besonders geeignet[51]. Um diese Baumarten auch in größerer Entfernung nutzen und gleichzeitig den schwierigen Holztransport nach Reichenhall einsparen zu können, wurde Anfang des 17. Jahrhunderts in Traunstein eine Saline gebaut und der Transport der Reichenhaller Sole über eine viel bewunderte Rohrleitung bewerkstelligt. Zweihundert Jahre später wurde sogar noch in Rosenheim eine weitere Saline gebaut und die Soleleitung bis dorthin verlängert. Inzwischen hat die Saline Reichenhall auf eine andere Energiequelle umgestellt, und die Anlagen in Traunstein und Rosenheim wurden stillgelegt. Die Fichten wachsen nunmehr im Rahmen einer modernen Waldwirtschaft, welche Monokulturen vermeidet und auf Mischwald setzt.

Abb. 48: Freistehende Fichte auf 1.600 Metern Seehöhe.

Finkenstraße

Stadtplan: D 2 = vom Fürstenweg zum Sonnenfeld.

Finken sind Singvögel, die fast auf der ganzen Welt anzutreffen sind. Alle haben einen kegelförmigen, unterschiedlich dicken Schnabel. Zu ihnen zählen Buchfink, Distelfink oder Stiglitz, Dompfaff oder Gimpel, Zeisig und andere Körnerfresser. Auch der Kanarienvogel, der sich regelrecht zum Haustier entwickelt hat, zählt zu den Finken.

Im Bereich der Finkenstraße gab es bis in die frühen 1950er-Jahre nur einen Weg, welcher – ähnlich wie der nahe Naglerwald – Naglerweg genannt wurde. Mit der Aufschließung als Baugebiet entstand die Finkenstraße. Sie dürfte ihren Namen von den vielen Finken haben, die einmal im dortigen Vogelgarten von Karl Grannersberger zu sehen waren (Abb. 49). Der Vogelliebhaber war 1916 in Maxglan geboren worden, war Kriegsversehrter, baute nach dem Zweiten Weltkrieg an der Finkenstraße ein Wohnhaus und pflegte dort sein Leben lang sein Steckenpferd: die Vogelzucht. Eine Spezialität waren ausländische Finken und Prachtfinkenarten, für die er im Garten artgerechte Quartiere eingerichtet hat. Die Tierliebe lag in der Familie, denn im Nachbargrundstück betrieb sein Bruder Wilhelm Grannersberger einen kleinen Zoo, in dem es Affen und Waschbären gab, ferner ein Lama sowie Fuchs, Dachs und Pfau. Der Vogelgarten wurde 1987 nach dem Tod von Wilhelm Grannersberger aufgegeben und der öffentlich zugängliche Zoo Mitte der 1990er-Jahre eingestellt[52].

Abb. 49

Abb. 50: Die in den Jahren um 1700 von Fischer von Erlach erbaute Universitäts- oder Kollegienkirche sollte mit dem Dom konkurrieren, ihn aber nicht übertreffen.

Fischer-von-Erlach-Straße

Stadtplan: C 3 = von der Kreuzederstraße zur Martin-Luther-Straße.

Der Baumeister und Hofarchitekt Johann Bernhard Fischer von Erlach (* 20. 7. 1656 in Graz, † 5. 4. 1723 in Wien) gilt als Hauptvertreter des österreichischen Hochbarock. Er erreichte hohe Bedeutung in der europäischen Architekturgeschichte. In seinen Bauten vereinigte er Formelemente des italienischen Hochbarock, der französischen Klassik und der Spätantike zu einem neuen, eigenen Stil. Besondere Höhepunkte seiner Arbeiten in Wien sind die Karlskirche und das Schloss Schönbrunn. Mit seinem „Entwurf einer Historischen Architektur" veröffentlichte er die erste universale Geschichte seines Faches.

In Salzburg schuf Johann Bernhard Fischer von Erlach die Dreifaltigkeitskirche, die St.-Johanns-Spital-Kirche, die Ursulinenkirche, Schloss Klessheim und als besonderen Glanzpunkt in den Jahren 1696 bis 1709 die Kollegien- oder Universitätskirche (Abb. 50). Schon 1690 hatte der damalige Fürsterzbischof Johann Ernst Graf Thun (1687 bis 1709) seinen Landsmann – beide waren in Graz gebürtig – als seinen Hofarchitekten nach Salzburg geholt. Der Erzbischof entschied sich damit gegen die von seinen Vorgängern bevorzugten italienischen Architekten. Vier Jahre später wurde der Bau einer eigenen Kirche für die 1620 eröffnete Benediktineruniversität entschieden, 1696 die Grundsteinlegung durchgeführt und das Werk nach gut zehnjähriger Bauzeit 1709 vollendet. Der mächtige Kirchenbau beeindruckte nicht zuletzt die Studenten an der angrenzenden Universität, die später in ihrer Heimat wichtige Positionen einnahmen und dort dem barocken Vorbild in Salzburg nacheiferten. Nach nunmehr dreihundert Jahren ihres Bestehens bedarf die Kollegienkirche inzwischen einer umfangreichen Sanierung, die bereits in Angriff genommen wurde und diesem Juwel des Hochbarock den alten Glanz verleihen soll[53].

Ein weniger bekanntes Werk Fischers ist die am Anfang seiner Tätigkeit in Salzburg zwischen 1694 und 1697 entstandene Schneckenstiege im Nordturm des Salzburger Doms. Sie hat gerade für unsere Region eine besondere Bedeutung, weil sie aus Högler Sandstein angefertigt wurde. Die Rund- oder Wendeltreppe verbindet die hochfürstliche Residenz über dem nördlichen Dombogen mit dem Dom und hatte deshalb auch eine repräsentative Funktion[54]. Das Baumaterial in Form von *Staffeln und Platten* kam vom ersten in Ulrichshögl nachweisbaren Steinmetz- und Maurermeister Joseph Höglauer[55].

Florianigasse

Stadtplan: D 3 = von der Haupt- zur Lindenstraße.

Florian war ein hoher Verwaltungsbeamter in der römischer Provinz *Noricum Ripense* (Ufernoricum). So wurde in der Spätphase der Römischen Kaiserzeit die frühere Provinz *Noricum* genannt, zu der auch unser kleines Gebiet gehörte. Es war das Randgebiet des römischen Weltreichs. Florian war zum Christentum übergetreten und lebte nach seiner Pensionierung im heutigen St. Pölten, der Landeshauptstadt von Niederösterreich. Während der Christenverfolgung unter Kaiser *Diokletian* (284 bis 305) wollte er Glaubensbrüdern helfen, wurde selbst verhaftet, zum Tode verurteilt und im Jahr 304 mit einem Stein um den Hals in die Enns gestürzt. Über Florians Grab entstand später das Augustiner-Chorherrenstift St. Florian bei Linz in Oberösterreich (vgl. Brucknerstraße).

Der Heilige (Abb. 51) zählt zu den 14 Nothelfern. Zu seinen Ehren gibt es zahlreiche Kirchen, vor allem in Österreich, Bayern, Südtirol und Böhmen. Er wird als „Wasserheiliger" verehrt und gilt deshalb als Patron gegen Feuersgefahr. Aus diesem Grund führt auch in Freilassing die Florianigasse am Alten Feuerwehrhaus vorbei, das allerdings inzwischen nicht mehr die Feuerwehr beherbergt, sondern seit 1993 das Stadtmuseum.

Abb. 51: Der heilige Florian in der Marienkirche Salzburghofen ist eine Arbeit aus dem Jahr 1775 von Martin Plasisganig, Bildhauer und Schreiner in Petting.

Franz-Lehár-Straße

Stadtplan: C 3 = von und zur Jacques-Offenbach-Straße.

Der österreichische Komponist Franz Lehár (* 30. 4. 1870 in Komorn, † 24. 10. 1948 in Bad Ischl) stieg vom Orchestergeiger und Militärkapellmeister zu einem sehr erfolgreichen Schöpfer Wiener Operetten auf. Zu seinen bekanntesten Werken zählen: Die lustige Witwe; Der Graf von Luxemburg; Der Zarewitsch; Das Land des Lächelns.

Abb. 52: Franz Lehár.

Freimannstraße

Stadtplan: D – E 3 = Parallelstraße zu „Am Hang".

Unter Freimann verstand man einst den Scharfrichter, der Urteile zu vollstrecken hatte. Dazu gehörten *Executionen durch Hinrichtung der Delinquenten, dann Vornehmung der Torturen … und Prangerstellen*[56]. Im 16. Jahrhundert war Salzburghofen der so genannte Schrannenort des Gerichtsbezirks Unterplain. Deshalb fanden dort in der Ortsmitte auf dem Schrannenplatz regelmäßig *alle Jar zweÿmal* Gerichtsversammlungen statt. Dabei wurden sowohl die rechtlichen Vorschriften verlesen als auch Recht gesprochen[57]. Bei diesen Versammlungen entschied die *landtgerichtliche Oberigkhait der Graffschaft Plain bei Mords, Prands, Diebstall, Nothzwang und dergleichen Sachen, die das Leben verwarcht und den Todt verschult haben*[58]. Nicht allzu weit vom Schrannenplatz gab es auch die Richtstatt mit dem Galgen, die auch Hochgericht genannt wurde. Sie befand sich gen *FreÿIassen auf der HaÿIden*[59] (vgl. Heideweg). Dort waltete der *FreÿIman* seines Amtes und beförderte Verurteilte vom Leben zum Tode. Der Standort des Galgens war mit Bedacht gewählt: Die Richtstätte sollte abschreckend wirken und wurde deshalb an einer verkehrsreichen Straße vor dem Ortseingang angelegt. Das war unweit der wichtigen Straßenverbindung, die von der Landeshauptstadt Salzburg über die Saalbrücke nach Freilassing hereinführte und dort Abzweigungen in verschiedene Richtungen bot. Die Richtstatt auf der Heide war ursprünglich auch die Richtstatt für Oberplain. Später sind Ober- und Unterplain mit dem Gericht Stauffeneck zusammengelegt und alle

Kompetenzen an den Pfleger in Staufeneck übertragen worden. Wenn der Freimann nach *Frejlassen auf die Hajden* gerufen wurde, benutzte er vielleicht in der Nähe der Richtstatt eine Unterkunft, aus der sich mit der Zeit die Ortsbezeichnung Freimann gebildet hat. Sie befand sich unterhalb der Hangkante des einstigen Flussbettes der Saalach und damit außerhalb der dörflichen Gemeinschaft, die einen Mann wie den Scharfrichter in ihrer Mitte nicht akzeptierte.

Über einen *Frejmann*, der sein Amt im Erzstift Salzburg in den letzten Jahrzehnten vor der Auflösung dieses Fürstentums und sogar noch darüber hinaus ausübte, gibt es umfangreiche Informationen. Er trug den Namen Franz Joseph Wohlmueth (Abb. 53) und hat in seinem *Executions Einschreib Buch die verrichteten Executionen* in der Zeit vom 20. April 1757 bis

Abb. 53: Der Freimann oder Scharfrichter *Franz Joseph Wohlmueth* 1786 im Alter von 47 Jahren. Er war des Lesens und Schreibens kundig, verfügte über ein eigenes Wappen und zählte – wie auch seine gute Kleidung vermuten lässt – zu den Wohlhabenden.

12. September 1817 aufgeschrieben. Danach hat er in seiner 60-jährigen Dienstzeit – neben verschiedenen anderen Tätigkeiten – 92 Menschen hingerichtet, davon 74 Männer und 3 Frauen mit dem Schwert sowie 15 Männer durch den Strang[60]. Er war sowohl in der Landeshauptstadt tätig als auch auf dem Land, unter anderem in den später an Bayern gefallenen Pfleggerichten Laufen, Staufeneck, Teisendorf, Tittmoning und Waging, ferner im *Hochfürstlichen freyen Reichs Stüft Berchtesgaden*[61]. Hatten schon die Prozesse in Salzburg gegen Hexen und Zauberer im 17. Jahrhundert, denen auch zahlreiche Kinder und Jugendliche zum Opfer gefallen waren, europaweit Abscheu erregt (vgl. Farnweg), so zeigen die Aufzeichnungen des Freimanns Wohlmueth, dass auf diesem Gebiet der Geist der Aufklärung selbst ein Jahrhundert später in das Erzstift kaum eindringen konnte. Der Freimann berichtet davon, dass Foltermethoden in Ermittlungsverfahren nach wie vor eingesetzt wurden oder dass zum Beispiel der Kopf eines Enthaupteten auf einer Stange aufgesteckt lange Zeit als abschreckendes Beispiel öffentlich und im wahren Sinn des Wortes vogelfrei zur Schau gestellt wurde. Die Folter wurde erst 1801 abgeschafft, zwei Jahre bevor das Erzstift durch die Säkularisation ihr eigenes Ende fand. Auf das verklärte Bild des geistlichen Staates, in dem zu dieser Zeit in der fürsterzbischöflichen Haupt- und Residenzstadt Mozart geboren wurde und die Welt mit seiner Musik beglückte, fallen damit dunkle Schatten. Aber auch die nachfolgenden Landesherren setzten die Tradition noch fort. Der letzte Eintrag in Wohlmuths Buch, das über seine verschiedenen Tätigkeiten Auskunft gibt, stammt aus dem Jahr 1817, in dem die Stadt Salzburg schon zu Österreich gehörte. Wohlmueth notierte in seinem *Executions Einschreib Buch* unter anderem:

20. Apr. 1757: *Erstlich hab ich Franz Joseph Wohlmueth, gebürtiger Scharfrichterssohn von Salzburg, mein Meisterstück mit dem Schwerdt gemacht und ... den Martin Geiger mit dem Schwerdt hingerichtet ...*[62]

8. Jan. 1761: *... hab ich in Salzburg die Margareta Eisslin auf den Pranger gestellt ... und ausgehaut ... ist dann des Landes auf ewig verwiesen worden ...*[63]

3. Aug. 1765: *... hab ich ... in Mittersill den Wolfgang Pacher mit dem Schwerdt hingericht, ... dessen Körper auf das Rad geflochten, den Kopf auf die Stang genagelt und samt dem Rad aufgestellt ...*[64]

30. Juli 1768: *... ist mir anbefohlen worden, zu Mühldorff ... den zum Umfallen geneigten Galgen umzuhacken und hernach die 2 noch darauf gesteckten Köpfe abzunehmen und einzugraben ...*[65]

19. Jan. 1769: … hab ich in Staufeneck … den auf den Zellberg unweit des Kerschaller Steinbruchs … sich selbst erhengten unbekanten fremden Mannsbild … mit umgekehrten Angesicht vergraben …[66]

26. Juli 1771: … ist in Raschenberg oder Deisendorff der Körper des dort … mit dem Strang hingerichteten Benedict Trompeter vom Galgen herabgefallen …, ist mir anbefohlen worden, diesen vermorschten Körper … zu vergraben[67].

21. Nov. 1778: … ist der in Verhaft gelegene Johann Ziegler scharf auf die Torturbank aufgebunden worden und hab ich demselben 36 Spitzgärtten Streich (Hiebe mit Rutenbündel, Peitschen etc.) versetzen müssen, wo er aber nichts eingestanden hat, am 23. Nov. dito … wiederum scharf auf die Torturbank aufgebunden und mit dem Hauen … angefangen …[68]

20. Dez. 1793: … hab ich in Berchtesgaden die Anna Maria Prantnerin mit dem Schwert vom Leben zum Tod hingerichtet, … ist diese arme Sünderin auf den Wagen nicht aufgesessen, sondern zur Richtstadt gegangen …[69]

23. May 1800: … in Laufen … ist die in Verhaft gelegene Margarethe Plezingerin auf den Pranger gestellt und hernach mit dem Buchstaben S gebrandmarkt worden …[70]

12. Sept. 1817: … ist der in hiesiger Hauptfronfeste in Verhaft gelegene Johann Mejxner wegen Raub Meuchel respective Mutter Mordes … durch mich mit dem Schwert glücklich und geschwind hingerichtet worden …[71]

Fröbelstraße

Stadtplan: C 3 = von der Kreuzederstraße westlich abzweigend.

Der Pädagoge Friedrich Fröbel (* 21. 4. 1782 in Thüringen, † 21. 6. 1852 in Marienthal) gründete Kindererziehungsheime und war Initiator der Kindergärten. Sein Anliegen war es, den kindlichen Spieltrieb, die Selbstständigkeit der Kinder und deren Sinn für die Gemeinschaft zu fördern.
Abb. 54: Friedrich Fröbel.

Dabei setzte er auf das Erleben von Heimat und Natur, Gartenbau und Tierpflege, Sport und Spiel sowie persönliches Zusammenleben. Fröbel gilt als Begründer des ganzheitlichen Denkens in der Pädagogik.

Fürstenweg

Stadtplan: D 2 – 3 = von der Hauptstraße zur Oedhofallee.

Im einstigen Erzstift Salzburg gab es vor allem im 18. Jahrhundert zahlreiche Fürstenwege. Sie waren parallel zu Landstraßen angelegt worden und dienten den Kutschenfahrten des Landesfürsten und Erzbischofs sowie anderer prominenter Persönlichkeiten. Schon im 17. Jahrhundert war es üblich geworden, statt zu reiten mit Kutschen zu fahren. Die bestehenden Landstraßen waren aber durch den Frachtverkehr besonders starker Abnützung ausgesetzt und deshalb zumeist in einem erbärmlichen Zustand. Dafür gab es verschiedene Gründe: Zum einen war die Straßenunterhaltung nicht zentral geregelt, und zum anderen scheuten die Zuständigen kostspielige Reparaturen. Schwere Waren konnten vielfach sogar nur im Winter auf Schlitten befördert werden. Deshalb wurden auf vielen wichtigen Strecken zusätzliche Wege angelegt, deren Benutzung nur einer privilegierten Oberschicht vorbehalten war. Die Einfahrten zu diesen Wegen, den so genannten Fürstenwegen, waren mit Schranken versehen, die mit Schlössern abgesperrt waren. Die Schlüssel dazu wurden vom erzbischöflichen Hof an die Berechtigten ausgegeben. Dennoch gab es immer wieder Fälle von unberechtigter Benutzung. Ähnlich war es bei den Mautstraßen, die an den Mautstationen gerne umfahren wurden, um die Gebühren einzusparen.

So wie viele Landstraßen des Flachlandes im Erzstift Salzburg von Fürstenwegen begleitet waren, war es auch bei der bedeutenden Fernstraße von der Landeshauptstadt in Richtung Westen mit dem Fernziel München. Sie führte über die Saalbrücke nach Freilassing und dann weiter über Brodhausen, Schönram und Waging zur dortigen Grenze ins Nachbarland Bayern. Die weiteren Zielorte waren Wasserburg, München, Augsburg und andere Städte im Westen und Norden. Fast auf der gesamten Strecke bis zur Grenze gab es zusätzlich zur Landstraße einen Fürstenweg. Er wurde beim Straßenausbau im 18. Jahrhundert zum Teil in eine neue Streckenführung einbezogen und zum anderen Teil aufgelassen[72].

Ein Relikt aus dieser Zeit ist der Fürstenweg von der Freilassinger Hauptstraße nach Westen bis zur Oedhofallee. Der Weg verläuft parallel zur heu-

Abb. 55: Der Fürstenweg mit Blick auf den Gaisberg und die Eisenbahnerkolonie an der Rupertusstraße.

tigen Münchener Straße, die – so wie auch schon früher – nach Waging, Wasserburg und München führt. In der Karte der Landvermessung von der Mitte des 19. Jahrhunderts ist der Name *Langer Weg* vermerkt[73]. Der Fürstenweg im heutigen Stadtbereich ist tatsächlich „lang", nämlich etwas mehr als einen Kilometer und dazu noch kerzengerade. Er ist sowohl Geschäftsstraße im Fußgängerbereich als auch Fahrstraße und sogar Feldweg zwischen landwirtschaftlich genutzten Langstreifenfluren. Dieser Abschnitt verläuft im westlichen Teil von der Augustinerstraße bis zur Lerchenstraße und bietet dort ein paar Ruhebänke, die von Fußgängern und Radfahrern gerne angenommen werden (Abb. 55).

Gablonzer Straße

Stadtplan: C 3 = von der Eichetstraße zur Egerländer Straße.

Die einst von Sudetendeutschen (vgl. Sudetenplatz und Sudetenstraße) bewohnte Stadt Gablonz (Abb. 56) liegt im Norden der Tschechischen Republik unweit des Dreiländerecks mit Deutschland und dem heutigen Polen. Sie befindet sich an der Lausitzer Neiße und hat etwas mehr als 45.000 Einwohner (s. Karte S. 18). Ihr tschechischer Name lautet *Jablonec*.

Die im 14. Jahrhundert erstmals erwähnte Stadt verdankt ihren wirtschaftlichen Aufstieg und ihre Bedeutung der Glas- sowie der Bijouterie- oder Schmuckwarenherstellung, der so genannten Gablonzer Industrie. 1938 gab es in Gablonz und Umgebung rund 4.000 derartiger Betriebe. Dieser erfolgreiche Erwerbszweig wurde nach dem Zweiten Weltkrieg neu aufgebaut, nachdem Gablonz wieder der Tschechoslowakei – inzwischen geteilt in Tschechien und Slowakei – zugeordnet und die deutsche Bevölkerung vertrieben worden war. Dies geschah durch sudetendeutsche Heimatvertriebene in Neugablonz, einem Stadtteil von Kaufbeuren in Schwaben. Eine ähnliche Neugründung erfolgte in Enns in Oberösterreich.

Abb. 56: Das im 19. Jahrhundert als Industriestadt groß gewordene Gablonz an der Neiße (Aufn. um 1930).

Abb. 57: Im Hintergrund von Salzburghofen sind zu sehen: der Heuberg, 901 Meter (links vom Kirchturm), Maria Plain (rechts davon), die felsige Spitze des Nocksteins, 1.043 Meter, und der Gaisberg, 1.287 Meter.

Gaisbergstraße

Stadtplan: E 3 = von der Watzmann- zur Nocksteinstraße.

Der Berg (Abb. 57) hat seinen Namen von Geißen – auch Ziegen genannt –, die schon um das Jahr 700 erwähnt werden, auf dem Berg ihre Weiden hatten und den Anrainern gehörten[74]. Der Gaisberg mit seiner Höhe von 1.287 Metern ist der Hausberg der Salzburger. Als es im letzten Viertel des 18. Jahrhunderts Mode wurde, Berge zu besteigen und besonders auf einem Gipfel den Sonnenaufgang zu erleben, bot sich dafür der unmittelbar an der Stadtgrenze liegende Gaisberg besonders an. Dabei trotzten die Salzburger bei ihren Ausflügen der nächtlichen Kälte mit Lagerfeuern, die kleine und auch größere Waldbrände verursachten, weshalb 1793 derartige Nachtwanderungen verboten wurden[75]. Ein Jahrhundert später, 1873, wurde ein Wanderweg angelegt, der in Serpentinen auf die Gaisbergspitze führte. 1887 folgte der Bau einer Zahnradbahn, die mit einer Geschwindigkeit von 10 Kilometern pro Stunde den Gipfel bezwang und bis zu ihrer Betriebseinstellung 1928 zahlreichen Touristen ein besonderes Bergerlebnis bot[76]. 1929 wurde die Gaisbergstraße mit einem ersten Automobilrennen eröffnet. 1956 nahm die auf dem Gipfel gebaute große

Sendeanlage für das Fernsehen ihre Arbeit auf[77]. In den 1950er-Jahren war der Gaisberg auch für Skifahrer interessant, nicht zuletzt für Freilassinger, die mit dem Bus bis zur Haltestelle Parsch fahren, dann mit Muskelkraft zum Gipfel aufsteigen und schließlich wieder nach Parsch abfahren konnten. Inzwischen ist das Vergangenheit, und Touristen sowie Einheimische bezwingen den Gaisberg vor allem mit dem Auto, um den Ausblick zu genießen auf die Landeshauptstadt Salzburg und das großartige Alpenpanorama. Dazu ist allerdings das Auto nicht zwingend notwendig, denn die Höhendifferenz zwischen Stadt und Berggipfel von rund 850 Metern lässt sich nach wie vor auch auf Wanderwegen überwinden.

Gartenstraße

Stadtplan: B 3 – 4 = von der Laufener Straße zur Wiesenstraße.

Unter einem Garten verstand man früher ein mit Gerten eingefriedetes Gelände zum Anbau von Nutzpflanzen (Nutzgarten) oder von Zierpflanzen (Ziergarten). Gartenkunst gab es in allen alten Hochkulturen. Als eines der sieben Weltwunder der Antike galten die Hängenden Gärten der Semiramis in Babylon. Damit waren Terrassenanlagen gemeint. Im Mittelalter gab es in Mitteleuropa neben den Nutzgärten bei Burgen und Klöstern auch kleine Ziergärten. In der Renaissance wurden antike Traditionen aufgegriffen und Wasserspiele, Terrassen, Treppen und Skulpturen hinzugefügt.

Abb. 58: An Blumenpracht kaum zu überbieten ist der Botanische Garten in München im Stadtteil Nymphenburg. Er zählt wegen der Vielfalt der Pflanzen und der künstlerischen Gestaltung zu den schönsten Gärten in Europa.

Während der Barockzeit wurde all dieses noch gesteigert. Im 18. Jahrhundert entwickelte sich der Englische Garten mit großen Rasenflächen und natürlichen Baumgruppen, der auch in Deutschland übernommen wurde. Heutzutage dienen Gärten nicht zuletzt der Stadtdurchgrünung. Das zeugt davon, dass sich die Menschen nach Gärten sehnen, sei es ein kleiner Privatgarten, ein großer Stadtpark oder gar ein mit ungezählten Blumen und Bäumen geschmückter Botanischer Garten (Abb. 58). Vielleicht hängt das damit zusammen, dass der Mensch seinen Ursprung in einem Garten fand. So berichtet das Alte Testament im Buch Genesis: *Gott der Herr pflanzte einen Garten in Eden und setzte den Menschen hinein* (1. Mos. 2,8).

Abb. 59: Georg Wrede in seinem Arbeitszimmer (Aufnahme um 1911).

Georg-Wrede-Platz und Georg-Wrede-Straße

Stadtplan: Georg-Wrede-Platz: C 3 – 4 = vor dem Zentralschulhaus an der Laufener Straße; Georg-Wrede-Straße: D 2 – 3 = zwischen Bahnhof- und Schlenkenstraße.

Georg Wrede (* 12. 6. 1864 in Mergentheim, † 5. 5. 1927 in Freilassing) war nach seinem Ingenieurstudium bei verschiedenen Parkettfabriken im In- und Ausland tätig und gründete im Alter von 28 Jahren ein eigenes Parkettgeschäft in Regensburg. Vier Jahre später, im Herbst 1896, bewogen ihn seine Erfahrungen in Produktion und Verkauf dazu, in Freilassing nahe dem Bahnhof – an der heutigen Georg-Wrede-Straße – ein Gelände von 8.500 Quadratmetern zu erwerben und eine Parkettfabrik zu gründen. Der Standort war dafür geeignet, das benötigte Holz aus östlichen Ländern per Bahn importieren und die fertigen Produkte wieder über die Schiene in ganz Deutschland und darüber hinaus in Europa vertreiben zu können. 15 Jahre nach der Firmengründung wurden mit 200 Mitarbeitern mehr als 300.000 Quadratmeter Fußbodenfläche hergestellt. Damit war der Betrieb die größte Parkettfabrik Deutschlands. Der Firmeninhaber (Abb. 59) gewährte seinen Mitarbeitern besondere und damals noch nicht übliche soziale Leistungen wie zum Beispiel Erholungsurlaub, Unterstützung bei Krankheit von Familienangehörigen, preisgünstige Kantine oder finanzielle Hilfe beim Erwerb eines eigenen Wohnhauses. 1922 – vier Jahre nach dem Ende des Ersten Weltkriegs und ein Jahr vor der Inflation 1923 – wurde mit einem deutlich reduzierten Personalstand das 25-jährige Firmenjubiläum gefeiert (Abb. 60). Dabei wurden erneut soziale Zuwendungen an

Abb. 60: Belegschaft der Parkettfabrik Georg Wrede im Jahr 1922 anlässlich des 25-jährigen Firmenjubiläums mit dem Firmengründer in der ersten Reihe (7. von rechts).

Abb. 61: Die einstige Privatvilla von Georg Wrede an der heutigen Georg-Wrede-Straße im Jahr 2009. Sie wurde kürzlich renoviert und beherbergt unter anderem den Waldorf-Kindergarten.

Mitarbeiter und *für die Gemeindearmen zur Beschaffung von Kleidung und Nahrung*[78] gegeben. Am 25. April 1945 wurde die nahe dem Bahnhof gelegene Parkettfabrik durch den Bombenangriff zerstört und nicht wieder aufgebaut. Dagegen existiert noch die in Fabriknähe gebaute einstige Privatvilla des Firmeninhabers (Abb. 61).

Von 1906 bis 1911 bekleidete Wrede das Amt des Beigeordneten der Gemeinde Salzburghofen – so hieß damals der Zweite Bürgermeister. In diesen Jahren wurden das Zentralschulhaus und die Wasserleitung von Patting nach Salzburghofen gebaut, zwei Projekte, um die sich Georg Wrede besondere Verdienste erwarb. Als Anerkennung wurde er 1922 Ehrenbürger der Gemeinde Salzburghofen, die Anfang 1923 in Gemeinde Freilassing umbenannt wurde. Er verstarb 1927 in Freilassing und fand seine letzte Ruhestätte am Friedhof Salzburghofen[79].

Abb. 62: Dichtes Gedränge herrscht alljährlich an den Verkaufsständen des Kirchweihmarktes im Stadtzentrum: in der Haupt- und Lindenstraße, im Fürstenweg und – hier abgebildet – in der Gewerbegasse.

Gewerbegasse

Stadtplan: D 3 = von der Haupt- zur Lindenstraße.

Unter Gewerbe versteht man eine Wirtschaftstätigkeit, die in eigener Verantwortung, auf eigenes Risiko sowie eigene Rechnung erfolgt und auf Gewinn ausgerichtet ist. Die Hauptsäulen der gewerblichen Wirtschaft sind Industrie und Handwerk. Die so genannte Gewerbefreiheit sichert heutzutage dem Einzelnen zu, ein Gewerbe im Rahmen der gesetzlichen Bestimmungen zu betreiben. Dieses Recht entwickelte sich nach der Beseitigung des früher geltenden Zunftzwangs zur gegenwärtig liberalen Form.

Im Gegensatz zu verschiedenen anderen Gemeinden im hiesigen Landkreis, die ihren Schwerpunkt im Fremdenverkehr haben, war Freilassing stets auf die Förderung des Gewerbes ausgerichtet. Dabei waren die Lage an der Grenze und die Eröffnung der Bahnlinie von München nach Salzburg ausschlaggebend. 1924, ein Jahr nach der Umbenennung der Gemeinde Salzburghofen in Gemeinde Freilassing, wurde vom damaligen Gewerbe- und Handelsverein im Zentralschulhaus eine viel beachtete Gewerbeausstellung veranstaltet. Und auch nach dem Zweiten Weltkrieg, 1951, folgte eine Gewerbe- und Handelsausstellung, ebenfalls im Zentralschulhaus. In diesem Stil wurde auf verschiedenen Ebenen bis in die Gegenwart weitergearbeitet, nicht zuletzt von dem für diesen Zweck gegründeten Wirtschaftsforum. Es berücksichtigt neben Industrie und Handwerk (= Gewerbe) auch Handel (Abb. 62), freie Berufe, Dienstleister und Gastronomie. Der Erfolg der gemeinsamen Anstrengungen blieb nicht aus: Freilassing ist inzwischen die wirtschaftsstärkste Gemeinde des Landkreises Berchtesgadener Land, verfügt über einen soliden Haushalt und kann über den Finanzausgleich andere Gemeinden finanziell unterstützen.

Abb. 63: Die Minoritenkirche in der Kreisstadt Glatz in Niederschlesien.

Glatzer Straße

Stadtplan: B 2 = von der Eichendorffstraße zur Paul-Keller-Straße.

Glatz liegt an der Glatzer Neiße rund 80 Kilometer südwestlich von Breslau im polnischen Verwaltungsbezirk Niederschlesien. Das ist nahe der Grenze zu Tschechien (s. Karte S. 18). Die Kreisstadt (Abb. 63) ist Mittelpunkt des Glatzer Bergkessels mit rund 30.000 Einwohnern. Der polnische Name der Stadt lautet *Klodzko*.

Glatz wurde 981 gegründet und ist damit die älteste geschichtlich bezeugte Stadt Schlesiens[80]. In der Folge des Zweiten Weltkriegs fiel Glatz – wie ganz Schlesien – an Polen, und die deutsche Bevölkerung wurde vertrieben (vgl. Schlesierstraße).

Dem in Stadtnähe befindlichen Glatzer Schneegebirge, das bis 1.400 Meter ansteigt, entspringen drei Flüsse, die in verschiedene Meere fließen: Glatzer Neiße über die Oder in die Ostsee, Stille Adler über die Elbe in die Nordsee und March über die Donau in das Schwarze Meer. Man bezeichnet deshalb das Glatzer Schneegebirge als „Dreimeeresscheide"[81].

Goldschmiedgasse

Stadtplan: D 3 = von der Haupt- zur Lindenstraße.

An der Ecke Hauptstraße/Goldschmiedgasse stand bis zum Ende des Zweiten Weltkriegs das Wohn- und Geschäftshaus von Goldschmiedemeister Max Gastager, dessen Vater mit demselben Vornamen schon 1862 das Geschäft in Laufen gegründet hatte. Er siedelte bald nach der Jahrhundertwende nach Freilassing um und erwarb das genannte Haus, das in den späten 1920er-Jahren von Kunstmaler Josef Brendle mit einem Gemälde verschönert wurde. Es zeigte unter dem Dachgiebel das Portrait des Schutzpatrons der Goldschmiede, des heiligen Eligius, ferner auf Schriftbändern dessen Namen sowie den Namen des Firmeninhabers und das Gründungsjahr der Goldschmiede (Abb. 64). Das Haus wurde beim Bombenangriff am 25. April 1945 zerstört und später in veränderter Form neu gebaut[82]. Das Geschäft dagegen wurde einige Jahre später unweit des alten Standorts in der Hauptstraße von Sohn Roman Gastager

Seit 88 Jahren
Goldschmied Gastager
Freilassing

Dort finden Sie in reicher Auswahl wertbeständige
Weihnachtsgeschenke

Werkstätte für handgearbeiteten Schmuck
Umarbeitungen, Reparaturen, Neuanfertigungen

zusammen mit seinem Bruder weitergeführt (Abb. 65). Roman hat es 1981 seinem Sohn Bert übergeben, der es seither in der vierten Goldschmiedemeistergeneration namens Gastager betreibt. Zu Ehren des traditionsreichen Unternehmens wurde der am ursprünglichen Standort abzweigenden Gasse, die im Westen in die Lindenstraße einmündet, der Name Goldschmiedgasse verliehen.

Abb. 64: An der Ecke Hauptstraße/Goldschmiedgasse stand bis 1945 dieses Wohn- und Geschäftshaus mit einem Gemälde von Kunstmaler Josef Brendle. Es zeigte das Profil eines Bischofs sowie die Beschriftungen *Sankt Eligius, Patron der Goldschmiede* und *Max Gastager, gegr. 1862*.

Abb. 65 (linke Seite): Anzeige in der Freilassinger Volkszeitung vom 15. Dezember 1950.

Abb. 66: Der Hohe Göll und das Hohe Brett, links der Kehlstein und ganz rechts der Schneibstein.

Göllstraße

Stadtplan: E – F 3 = parallel zur B 20 von der Reichenhaller Straße bis zur Stadtgrenze bei Bruch.

Der Göll ist ein Gebirgsstock in den Berchtesgadener Alpen zwischen dem Salzachtal im Osten und Berchtesgaden sowie Königssee im Westen. Sein Hauptgipfel ist der Hohe Göll mit 2.522 Metern (Abb. 66). Weitere Gipfel des Göllmassivs sind das Hohe Brett (2.338 Meter), der mit einer Bergbahn erreichbare Jenner (1.874 Meter), der Kehlstein (1.834 Meter) mit dem Kehlsteinhaus sowie dem Aufzug im Berginneren, das Rossfeld (1.538 Meter), auf das die Rossfeldstraße führt, und auch noch der von Golling aus erreichbare Kleine Göll (1.753 Meter). Die Landesgrenze zwischen Bayern und Salzburg verläuft entlang des Hauptkamms vom Eckersattel nahe der Rossfeldstraße über die Hauptgipfel Hoher Göll, Archenköpfe und Hohes Brett bis zum Stahlhaus am Torrener Joch. Diese Grenze führt beim Purtschellerhaus mitten durch das Gebäude, weshalb es nach dem Zweiten Weltkrieg Treffpunkt von Familienangehörigen war, denen ein Grenzübertritt versagt wurde. Der Göllstock verfügt über ein reichhaltiges Angebot für alle Arten von Naturfreunden. Er bietet steile Wände für erfahrene Kletterer, ausgedehnte Touren für trittsichere Bergsteiger, gemütliche Runden für Wanderer und auch Auffahrten per Gondelbahn, Autobus, eigenes Auto oder Fahrrad.

Das Göllmassiv ist mit seinem Hauptgipfel von Salzburghofen aus gut sichtbar. Von dort zeigt es sich hinter dem östlichen Ausläufer des Untersbergs und verläuft weiter nach Osten bis zum angrenzenden Tennengebirge, das vom Göll durch das Salzachtal mit dem Pass Lueg getrennt ist.

Görlitzer Straße

Stadtplan: B 2 = von der Breslauer zur Laufener Straße (Kreisstraße BGL 2).

Görlitz (Abb. 67) liegt an der Lausitzer oder Görlitzer Neiße, dem Grenzfluss zwischen Sachsen und Niederschlesien, zwischen Deutschland und Polen (s. Karte S. 18). Etwa 90% der Bevölkerung leben in dem westlich des Flusses gelegenen deutschen Stadtteil, das sind rund 60.000 Einwohner. Die kreisfreie Stadt im Regierungsbezirk Dresden ist Sitz eines katholischen Bischofs, verfügt über Hochschulen, zahlreiche bedeutende Bauwerke sowie eine breit gefächerte Industrie. Der östlich der Neiße gelegene Stadtteil mit dem restlichen Bevölkerungsanteil von 10% gehört zu Polen[83]. Der Stadtname lautet auf polnisch *Zgorzelec*.

Die Geschichte der Stadt reicht bis in das 11. Jahrhundert zurück. Die Landeszugehörigkeit wechselte mehrfach (vgl. Schlesierstraße). Nach dem Zweiten Weltkrieg wurde Görlitz durch die Demarkationslinie an Oder

Abb. 67: Stadtansicht von Görlitz mit der Peterskirche und dem Vogtshof.

und Neiße geteilt. Die Westseite kam zur DDR, und die Ostseite wurde unter polnische Verwaltung gestellt. 1950 einigten sich die beiden Staaten auf Anerkennung dieser Oder-Neiße-Linie als „unantastbare Friedens- und Freundschaftsgrenze". Heute ist Görlitz Zentrum der Europa-Region Neiße und Europastadt mit der Bezeichnung Görlitz/*Zgorzelec*.

Der schmerzliche Grenzverlauf durch die Stadt Görlitz erinnert an das Schicksal der Freilassinger Nachbarstadt Laufen an der Salzach, die vor rund zweihundert Jahren eine ähnliche Teilung hinnehmen musste. Von der einstigen Schifferstadt, die ein Jahrtausend zum Erzstift Salzburg gehört hatte, kam 1816 der westlich der Salzach gelegene Ortsteil zu Bayern und der östliche – heute Oberndorf – zu Österreich.

Graf-Lodron-Straße

Stadtplan: C 4 = von der Salzburghofener Straße südlich abzweigend.

Diese Straßenbezeichnung[84] gilt dem Gedenken an Paris Graf Lodron (* 13. 2. 1586 in Südtirol, † 15. 12. 1653 in Salzburg), dem Salzburger Erzbischof und Landesfürsten, der während seiner Regierungszeit von 1619 bis 1653 erfolgreich das Erzstift aus dem Dreißigjährigen Krieg heraushalten konnte (Abb. 68). Er entstammte einem Südtiroler Geschlecht, das in den Reichsgrafenstand erhoben worden war, wurde nach Studien in Trient und Ingolstadt 1606 Mitglied des Salzburger Domkapitels und 1616 Dompropst sowie Präsident der Salzburger Hofkammer. Ende 1619, bald nach Beginn des Dreißigjährigen Krieges, wurde Paris Graf Lodron zum Erzbischof gewählt. Er organisierte das Heerwesen neu, schuf für Salzburg und seine Bevölkerung neue Verteidigungsanlagen und hielt durch umsichtige Politik alle Kriegshandlungen von seinem Fürstentum fern. Darüber hinaus gründete er – trotz der Kriegsnöte – die Salzburger Universität, stellte den Dom fertig, förderte Bergbau und Gewerbe sowie die Trockenlegung von Moorgebieten und ging gegen Pestepidemien vor. Er regierte bis zu seinem Tode 1653 und wurde im Dom beigesetzt. Es war ihm noch vergönnt, das Ende des Krieges 1648 und den Frieden im Römisch-Deutschen Reich zu erleben. Nicht zuletzt trug seine tolerante Haltung gegenüber den Evangelischen zu seiner besonderen Verehrung bei. Seine Büste steht unter denen der besonders verdienten Männer Deutschlands in der Walhalla in Regensburg[85].

Abb. 68: Erzbischof Paris Graf Lodron, der von 1619 bis zu seinem Tod 1653 regierte und das Erzstift aus den Kampfhandlungen des Dreißigjährigen Krieges heraushalten konnte (Gemälde eines unbekannten Künstlers von 1653 im Salzburg Museum).

Abb. 69: Der von Bergwanderern eroberte Grünstein. Im Hintergrund von links: Mannlgrat, Hoher Göll, Hohes Brett, Jenner und unmittelbar dahinter der Schneibstein.

Grünsteinstraße

Stadtplan: E 2 = von der Haunsbergstraße westlich abzweigend.

Der Grünstein ist ein kleiner, dem Watzmann nordöstlich vorgelagerter Gipfel mit 1.304 Metern Höhe. Er kann vom Ort Königssee in eineinhalb bis 2 Stunden unschwer erreicht werden und bietet eine prächtige Aussicht nach allen Seiten: nach Norden auf Berchtesgaden und Untersberg, nach Osten auf den Hohen Göll (Abb. 69), nach Süden auf Watzmann und Königssee sowie nach Westen auf die Ramsau und die Reiteralpe.

Hagenweg

Stadtplan: B – C 4 = von der Laufener Straße nach und durch Hagen.

Hagen ist ein Ortsteil der Stadt Freilassing, der sich östlich von Salzburghofen an und unterhalb der Hangkante des alten Flussbettes von Saalach und Salzach befindet (Abb. 70). Ende des 18. Jahrhunderts gab es dort sieben Bauernhöfe mit den Hausnamen Käfer, Krachl, Schindler, Hager,

Abb. 70: Vom Feldweg beim Hager in Hagen bietet sich ein schöner Blick auf die Kirchtürme der Rupertus- und der Peterskirche mit Staufen und Zwiesel im Hintergrund.

Weber, Nechl und Thanner sowie das Bindergütl[86]. Sie alle existieren noch, doch in vollem Umfang betreiben die Landwirtschaft nur noch der Krachl, der Weber und der Nechl, die anderen haben ihre Gründe an die Nachbarn verpachtet. Ein paar Schafe hält auch noch der Hager[87]. Er war ursprünglich allein und hat dem Ort seinen Namen gegeben.

Hainbuchenstraße

Stadtplan: D 2 = von der Waginger Straße zur Zirbenstraße.

Die Hainbuche leitet den ersten Teil ihres deutschen Namens von Umzäunung oder Einfriedung ab, da sie oft für diesen Zweck verwendet wird. Und der zweite Namensteil ist auf ihre Ähnlichkeit mit der Buche zurückzuführen, obwohl sie nicht zur Familie der Buchen-, sondern der Birkengewächse gehört. Von der Gattung Hainbuche gibt es mehrere Arten, in Deutschland aber nur eine einzige: die Hain-, Hage- oder Weißbuche *(Carpinus betulus)*. Sie wird bis 20 Meter hoch, wächst gerne am Waldrand und dient deshalb vielfach in Gartenanlagen und Parks als Abschlussstrauch oder Umzäunung, weil sie den Zuschnitt gut verträgt.

Abb. 71: Der Stamm der Hainbuche hat Wülste und eine graue Rinde mit senkrechten Streifen.
Abb. 72, rechts daneben: Dagegen ist der Stamm der Rotbuche säulenartig mit glatter und silbergrauer Rinde.

Der sommergrüne Baum ist gut an seiner grauen Rinde zu erkennen, die mit Wülsten und unregelmäßigen senkrechten Streifen versehen ist (Abb. 71). Das Holz ist kernlos, hart, elastisch und druckfest. Es eignet sich deshalb besonders für Drechsler- und Wagnerarbeiten[88].

Die Hainbuche darf nicht mit der Rotbuche *(Fágus silvática)* verwechselt werden, die zur Gattung Buche sowie zur übergeordneten Familie der Buchengewächse gehört. Sie leitet ihren Namen sowohl von der prächtigen rötlichen Herbstfärbung als auch von der rötlichen Holzfarbe ab. Die Rotbuche, vielfach nur Buche genannt, ist der am häufigsten vorkommende Laubbaum, wird bis zu 40 Meter hoch und hat einen säulenartigen Stamm mit einer glatten, silbergrauen Rinde (Abb. 72). Die Früchte heißen Bucheckern, fallen im Herbst auf die Erde und dienen dem Wild als Nahrung. Das Holz der Rotbuche ist ebenfalls hart und wird für die Möbelherstellung, für Parkettböden sowie für Schwellen verwendet.

Händelstraße

Stadtplan: C 3 = von der Richard-Strauß-Straße zur Schumannstraße.

Der Komponist Georg Friedrich Händel (* 23. 2. 1685 in Halle an der Saale, † 14. 4. 1759 in London) war zunächst Geiger in Hamburg, wirkte dann einige Jahre in Italien und später als Hofkapellmeister in Hannover. Er ging schließlich nach London, wo er 1713 Hofkomponist wurde und bis zu seinem Tod 1759 lebte. Händel führte die italienische Barockoper und das Oratorium zu einer Vollendung, die ihm Weltruhm verschaffte. Zu seinen Werken zählen Opern, Oratorien – darunter der „Messias" mit dem bekannten „Halleluja" –, sonstige Vokalwerke, ferner zahlreiche Orgelkonzerte, Sonaten für verschiedene Instrumente und Klaviersuiten.

Abb. 73: Georg Friedrich Händel.

Haunsbergstraße

Stadtplan: E 2 – 3 = von der Schmittensteinstraße zur Hofhamer Straße.

Der 835 Meter hohe Haunsberg (Abb. 74) befindet sich im Bundesland Salzburg östlich der Salzach zwischen Oberndorf, Nussdorf und Anthering.

Nach diesem Berg benannte sich im Hochmittelalter das Geschlecht der Edelfreien von Haunsberg. Zu ihrer Herrschaft gehörten auch drei Burgen, darunter eine in St. Pankraz nahe Oberndorf, wo heute noch Ruinen sowie die einstige Burgkapelle an die Haunsberger erinnern. Diese Burg war 1211 von Gottschalk II. von Haunsberg, dem letzten Edelfreien aus der Familie der Haunsberger, an den Salzburger Erzbischof Eberhard II. verkauft worden[89]. Aus dem Herrschaftsgebiet entstand das Pfleg- und Landgericht Haunsberg, in dem der Landesherr, der Salzburger Erzbischof, Pfleger oder Landrichter einsetzte. Dieser war in seinem Bezirk zuständig für Rechtsprechung, Verwaltung und Steuereinhebung. Nach dem Ende des Erzstifts Salzburg am Beginn des 19. Jahrhunderts kam das Land östlich der Salzach zu Österreich.

Abb. 74: Blick von Freilassing auf den Haunsberg mit Eham im Vordergrund.

Neben der im 13. Jahrhundert erloschenen Linie des Hochadels gab es eine Familie des niederen Adels mit dem selben Namen. Sie verfügte über mehrere Ansitze, darunter das Schloss Vachenlueg. Es wurde 1414 von Martin von Haunsberg erbaut, der damals Pfleger von Raschenberg bei Teisendorf – also ein hoher erzbischöflicher Beamter – war. 1670 erreichten seine Nachkommen den Aufstieg in den Grafenstand, und wenige Jahrzehnte später erlosch auch dieses Geschlecht[90].

Hauptstraße

Stadtplan: D 3 = von der Münchener Straße zur Rupertusstraße.

Neben den alten Fernstraßen in Richtung München, Salzburg, Reichenhall und Laufen ist die Hauptstraße die älteste Straße in Freilassing. Sie ist auf einer Landkarte, die anlässlich der ersten Landvermessung um 1825

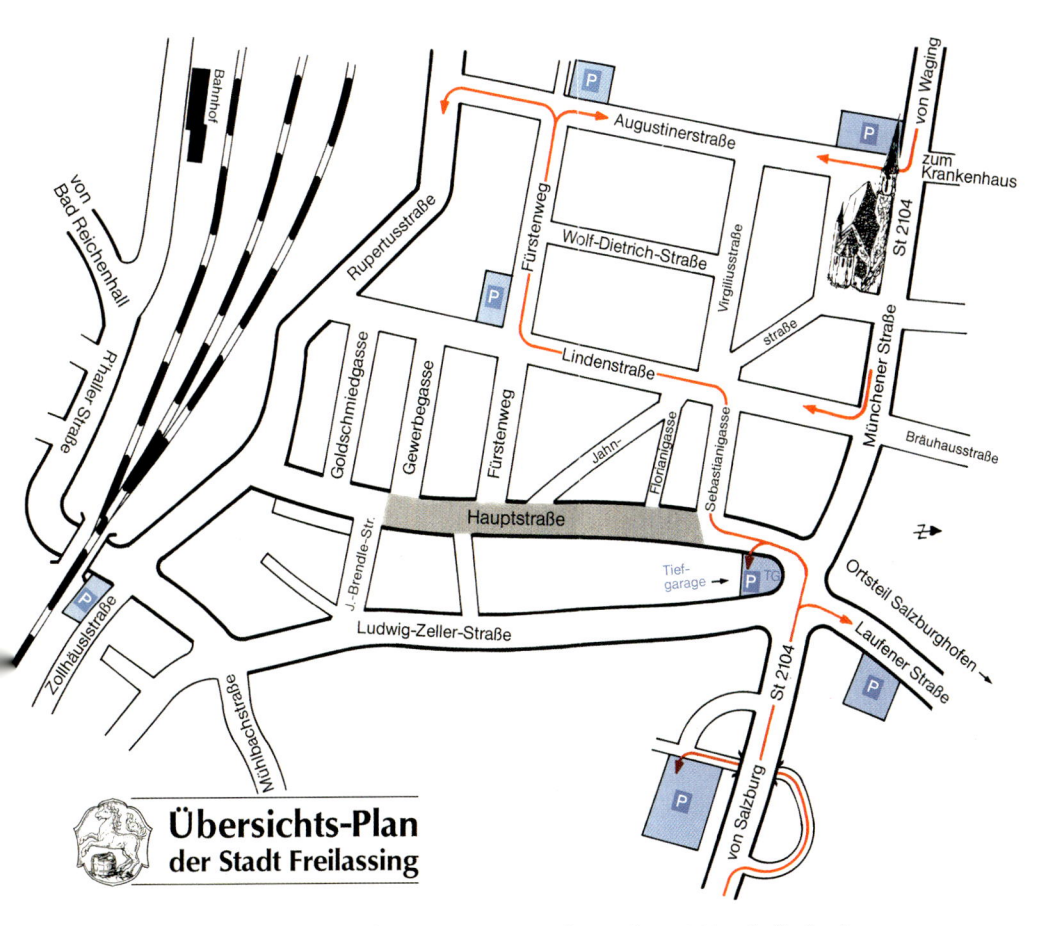

Abb. 75: Zur Eröffnung der Fußgängerzone am 8. September 1990 gab die Stadt diesen Übersichtsplan heraus.

angelegt wurde, bereits als Entwurf zu erkennen[91]. Die rund 25 Jahre später angelegte und verbesserte Karte zeigt an dieser Straße ein erstes Gebäude mit der Bezeichnung *Zollhaus*. Das war ein größeres Wohngebäude für Zollbeamte. Ein Plan von 1864 lässt weitere Neubauten erkennen. Die Straße hatte aber noch keinen Namen, und die erwähnten Häuser waren nur mit einer Hausnummer gekennzeichnet. Der Name Hauptstraße wurde erst 1932 vom Gemeinderat offiziell festgelegt, nachdem zuvor bereits einige Straßennamen – offenbar stillschweigend – in Gebrauch waren, darunter auch der Name Hauptstraße. 1933 kamen die Nationalsozialisten an die Macht und änderten den Namen in Adolf-Hitler-Straße. Nach dem Zweiten Weltkrieg wurde aus ihr wieder die Hauptstraße. 1984 nahm die Stadt den Ausbau der Hauptstraße in Angriff, der zur Verkehrsberuhigung, Begrünung und zu einer Fußgängerzone führte. Sie wurde im September 1990 mit einem Bürgerfest eröffnet (Abb. 75) und stellt seither die Fußgänger in den Mittelpunkt und nicht den Autoverkehr (Abb. 76).

Abb. 76: Am nördlichen Eingang zur Fußgängerzone laden – ganz ähnlich wie am südlichen Eingang – Blumen, Bäume, zwei Brunnen und schattige Sitzplätze eines Kaffeehauses zum Verweilen ein.

Haydnstraße

Stadtplan: C 3 = von der Vinzentiusstraße zur Mittleren Feldstraße.

Der österreichische Komponist Joseph Haydn (* 31. 3. 1732 in Rohrau, † 31. 5. 1809 in Wien) war von 1761 bis 1790 Kapellmeister bei Fürst Esterházy, hatte in den 1790er-Jahren große Erfolge in London und übernahm 1795 in Wien die neu gegründete esterházysche Kapelle. Haydn schuf 106 Sinfonien, etwa 70 Streichquartette, 20 Opern, Oratorien, Messen und zahlreiche andere Werke. Er legte den Grundstein für das Wirken von Mozart und Beethoven.

Der jüngere Bruder von Joseph Haydn, Johann Michael Haydn (* 14. 9. 1737 in Rohrau, † 10. 8. 1806 in Salzburg), war ebenfalls

Abb. 77: Johann Michael Haydn.

Komponist. Er schuf Kirchenmusik und Instrumentalwerke, darunter 40 Sinfonien. Er wirkte in Salzburg als Organist und Konzertmeister im Stift St. Peter, später als Hof- und Domorganist und war in dieser Position ab 1782 Nachfolger von Mozart. An den Musiker erinnern seine Grabstätte im Salzburger Petersfriedhof (Abb. 78), ein Grabmonument in der Stiftskirche St. Peter und die Michael-Haydn-Gedenkstätte im Durchgang vom St.-Peter-Bezirk zum Toscaninihof.

Abb. 78: Die Gebeine von *Johann Michael Haydn, f. e. Hoforganist, Bruder Josef Haydns*, ruhen im Salzburger Petersfriedhof am Eingang zu den Katakomben gemeinsam mit den sterblichen Überresten der Schwester von Wolfgang Amadeus Mozart.

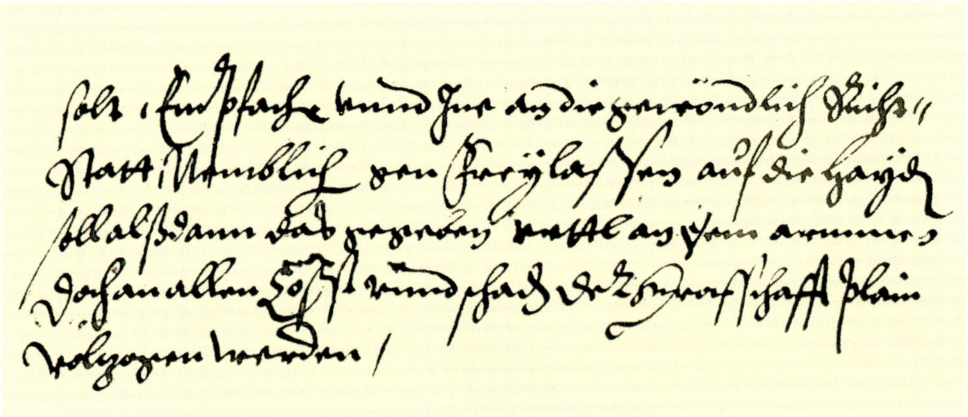

Abb. 79: 1574 wurde in einem Weistum, einer Schrift über das geltende Recht, *die gewöndlich Richtstatt, Nemblich gen Freÿlassen auf die Haÿden …* festgehalten (BHStA, HS Salzburg, Pfleggericht Staufeneck 10, fol. 266).

Heideweg

Stadtplan: E 3 = von der Reichenhaller Straße zur Göllstraße.

Der Heideweg führt seinen Namen auf die einstige Heide – eine magere und sandige Weidefläche nahe der Saalach – zurück, die erstmals 1574 in Gerichtsunterlagen festgehalten wurde. Damals war Salzburghofen der Schrannenort des Gerichtsbezirks Unterplain. Die Schranne war eine öffentliche Gerichtsversammlung, die in der Dorfmitte von Salzburghofen jährlich zweimal stattfand. Dabei wurden Rechtsvorschriften verlesen, Gerichtsverhandlungen abgehalten und Urteile, sogar Todesurteile, gefällt. Die Vollstreckung eines solchen Urteils geschah auf der Richtstatt mit dem Galgen, die auch Hochgericht genannt wurde. Sie befand sich *gen Freÿlassen auf die Haÿden*[92] und war ursprünglich auch die Richtstatt für das Gericht Oberplain. Später wurden Ober- und Unterplain mit dem Gericht Staufeneck zusammengelegt, und alle Kompetenzen fielen an den Pfleger in Staufeneck.

Diese einstige Richtstatt *auf die Haÿden* (Abb. 79) war der Überlieferung nach im Gebiet zwischen der heutigen Bahnlinie nach Salzburg, der Bundesstraße 20 und dem Heideweg[93]. Sie befand sich am damaligen Ortseingang unweit der von Salzburg über die Saalbrücke kommenden Straße nach Freilassing. Der Anblick des Galgens sollte auf die Passanten eine mahnende Wirkung ausüben. Die Heide war ein Teil des alten, breiten Flussbettes der Saalach, das zur Zeit der Schneeschmelze im Frühjahr überschwemmt war, ansonsten vielfach trocken lag. Erst mit der Regulierung und Begradigung von Saalach und Salzach im Anschluss an die Grenzziehung zwischen Bayern und Österreich 1816 wurden die Flüsse in ein enges Bett gezwängt. Aus Heide, Moos und Auwald entstanden landwirtschaftliche Nutzflächen, die inzwischen auch als Bauland dienen. Auf der Richtstatt mit dem Galgen übte einst der Scharfrichter, auch Freimann genannt, sein Amt aus (vgl. Freimannstraße).

Hermann-Löns-Platz und Hermann-Löns-Straße

Stadtplan: Hermann-Löns-Platz: D 3 = zwischen Reichenhaller Straße und Watzmannstraße; Hermann-Löns-Straße: D 3 = vom Hermann-Löns-Platz zur Bahnhofstraße.

Der Schriftsteller Hermann Löns (* 29. 8. 1866 in Culm an der Weichsel, † 26. 9. 1914 bei Reims) verfasste hauptsächlich Heide- und Liebeslyrik, die sich an der norddeutschen Landschaft und ihren Bewohnern orientiert, sowie Tiergeschichten. Löns meldete sich im Ersten Weltkrieg als Freiwilliger und fiel zu Kriegsbeginn 1914 in Frankreich.

Abb. 80: Hermann Löns.

Hermannstädter Straße

Stadtplan: B – C 2 = vom Stettenweg zur Schlesierstraße.

Hermannstadt liegt in Rumänien – seit 2007 zur Europäischen Union gehörig – und ist die Hauptstadt des gleichnamigen Bezirks (s. Karte S. 19). Sie zählt rund 170.000 Einwohner, ist Sitz eines rumänisch-orthodoxen sowie eines evangelisch-lutherischen Bischofs und verfügt über eine Universität. Die Stadt konnte ihre Bausubstanz aus dem Mittelalter weitgehend bewahren (Abb. 81). Ihren wirtschaftlichen Schwerpunkt bilden Holzverarbeitung und verschiedene Industriezweige. In der Landessprache heißt sie *Sibiu*.

Schon vor der Mitte des 12. Jahrhunderts erreichten die ersten deutschen Siedler das heutige Stadtgebiet, das sich zum Zentrum von Handel, Verwaltung und Kirche entwickelte. Bis zu Beginn des 18. Jahrhunderts war die Stadt rein deutsch, kam dann zu Österreich und nach dem Ersten Weltkrieg 1920 zu Rumänien. Gegenwärtig besteht die Bevölkerung aus 95% Rumänen und nur noch gut 1% Deutschen. Dennoch hat die Stadt ein deutsches Theater und inzwischen auch wieder Orts- sowie touristische Informationstafeln in rumänischer und deutscher Sprache. Zudem hat sie seit dem Jahr 2000 einen deutschen Bürgermeister. Er erhielt 2004 bei seiner Wiederwahl fast 90% der Stimmen. Dies wird darauf zurückgeführt, dass bedeutende Firmen aus dem deutschsprachigen Ausland in Hermannstadt investieren und damit den wirtschaftlichen Aufbau besonders fördern. Schließlich war Hermannstadt – der einstige Mittelpunkt der Siebenbürger Sachsen (vgl. Siebenbürger Straße) – im Jahr 2007 zusammen mit Luxemburg Kulturhauptstadt Europas[94].

Abb. 81: Zentrum von Hermannstadt aus der Vogelperspektive.

Heubergstraße

Stadtplan: F 3 = vom Kreisverkehr am südlichen Ende der Reichenhaller Straße zur Straßenmeisterei.

Der Heuberg ist ein bewaldeter Mittelgebirgsrücken mit einer Höhe von 901 Metern. Er liegt nordöstlich der Stadt Salzburg und von Freilassing aus betrachtet links des 1.287 Meter hohen Gaisbergs sowie im Hintergrund von Maria Plain (Abb. s. Gaisbergstraße).

Hochfellnstraße

Stadtplan: E 3 = von der Zwieselstraße östlich abzweigend.

Der Hochfelln (Abb. 82) gehört zu den Chiemgauer Alpen. Er ist 1.674 Meter hoch und kann von Ruhpolding, Siegsdorf und Bergen aus auf verschiedenen Routen erreicht werden. Von Bergen führt auch eine Großkabinenbahn hinauf zur Bergstation, die 30 Höhenmeter unter dem Gipfel steht. Dieser bietet eine Aussicht sowohl ins Hochgebirge als auch auf den Chiemsee mit seinen drei Inseln.

Abb. 82: Der Hochfelln mit Gipfelkreuz und Hochfellnhaus.

Abb. 83: Blick vom Soleleitungsweg oberhalb der Alpenstraße zum Hochkalter mit dem Blaueisgletscher. Links vom Hauptgipfel die Schärtenspitze und der bewaldete Steinberg.

Hochkalterstraße

Stadtplan: E 3 = von der Zwieselstraße westlich abzweigend.

Das Hochkaltergebirge in den Berchtesgadener Alpen befindet sich zwischen dem Wimbachtal im Osten und dem Klausbachtal im Westen. Es besteht aus der Hochkalter-Gruppe (Abb. 83), der südlich anschließenden Hocheis-Gruppe und der Südlichen Wimbachkette mit den Palfenhörnern. Der Hauptgipfel verfügt über eine Besonderheit: den Blaueisgletscher, den nördlichsten Gletscher der Alpen. Auf den Hauptgipfel mit 2.607 Metern führen verschiedene Kletterrouten, die unterschiedliche Schwierigkeitsgrade aufweisen. Aber auch Bergwanderer können im Hochkaltergebirge Touren unternehmen und das Blaueis bestaunen, das seine Größe immer mehr einbüßt. Von Freilassing aus kann man den Hochkalter hinter dem Lattengebirge zwischen Montgelasnase und Karkopf erkennen.

Abb. 84: Bergsteiger erreichen den Hochköniggipfel mit dem Matrashaus am einfachsten über die nordseitige Route. Sie führt im oberen Teil über Gletscherfelder der Übergossenen Alm.

Hochkönigstraße

Stadtplan: E 2 = von der Schaidinger Straße zum Edelweißweg.

Der Hochkönig zählt – auch wenn er schon auf österreichischem Gebiet liegt – zu den Berchtesgadener Alpen und ist mit 2.941 Metern deren höchster Gipfel. Unmittelbar unterhalb der Bergspitze befindet sich auf dem nordseitigen Plateau ein großes Gletscherfeld, die Übergossene Alm. Es hat zwar ebenfalls in den vergangenen Jahrzehnten erheblich an Größe eingebüßt, beeindruckt aber noch immer jeden Bergsteiger. Er kann auf der leichtesten Route vom Arthurhaus (oberhalb von Mühlbach am Hochkönig) den Gipfel über den Gletscher in etwa fünfstündigem Aufstieg erreichen (Abb. 84).

Auf dem Gipfel steht das neue Franz-Eduard-Matras-Haus, das 1985 eröffnet wurde, nachdem das alte Schutzhaus niedergebrannt war. Dieses war schon ab 1894 vom Österreichischen Touristenclub unter schwierigsten Bedingungen – das Baumaterial musste hinaufgetragen werden – erbaut worden und erhielt bei der Fertigstellung 1898 wegen des 50-jährigen Thronjubiläums von Kaiser Franz Joseph I. (1830 – 1916, Kaiser ab 1848) den Namen Kaiser-Jubiläums-Schutzhaus. Später sollte es nach dem Willen des Thronfolgers Franz Ferdinand (1863 – 1914) wieder abgerissen werden. Dagegen intervenierte mit Erfolg der Präsident des Österreichischen Touristenclubs Franz Eduard Matras bei seiner kaiserlichen Majestät. Zur dankbaren Erinnerung trägt das Haus seit 1932 seinen Namen.

Matras

Abb. 85: Auch in Hofham schon lange die Ausnahme: der Schusterbauer führt drei seiner Rösser auf die Weide.

Hofhamer Straße

Stadtplan: E 2 = von der Predigtstuhlstraße nach und durch Hofham.

Der Ortsname Hofham geht auf die Frühphase der bajuwarischen Besiedlung des Alpenvorlandes im 6. Jahrhundert zurück. Das erkennen Sprachforscher an der Endsilbe -*ham*. Ihre Aussagen decken sich mit archäologischen Funden. Bei der Siedlungsgründung waren gute Böden für die landwirtschaftliche Nutzung ausschlaggebend. Davon profitierten die Bauern bis in die jüngere Vergangenheit. Ende des 18. Jahrhunderts bestand Hofham aus acht Bauernhöfen und einigen kleineren Häusern im gleichnamigen Gerichtsbezirk oder Viertel Hofham[95]. Die Struktur des Ortes änderte sich mit dem Bahnbau in Freilassing ab 1860, der verstärkt Neubauten von Eisenbahnern, später auch von anderen Neubürgern brachte. Diese Wohnhäuser entstanden nordöstlich des alten Ortskerns zwischen der Bahnlinie nach Reichenhall und der Reichenhaller Straße. Das Neubaugebiet erhielt mit der Zeit die Bezeichnung *Neuhofham*. Die dortigen Straßen tragen einheitlich Namen von Bergen. An das einstige Bauerndorf mit insgesamt acht Höfen erinnern noch der Wirnstlbauer, der nach wie vor im Vollerwerb Milchwirtschaft betreibt, und der Schusterbauer, der im Nebenerwerb an die 15 Pferde versorgt (Abb. 85).

Abb. 86: Wiesen und Wälder prägen das Bild vom Högl. Hier der Blick vom Sechshögl hinauf zur Stroblalm.

Höglstraße

Stadtplan: E 3 = von der Reichenhaller Straße zur Predigtstuhlstraße.

Der Högl ist ein Höhenrücken, der seit 1978 zu den Gemeindegebieten von Ainring, Anger und Piding gehört. Er bildet mit seiner Höhe von 827 Metern einen Übergang vom Voralpenland mit dem Saalachtal hin zum nahen Hochgebirge. Seit der Besiedlung durch Bajuwaren ab dem 6. Jahrhundert hat der Högl seinen Charakter als Bauernland weitgehend bis in die Gegenwart erhalten und erfreut mit seiner zum Großteil noch unzersiedelten Landschaft Einheimische und Besucher (Abb. 86).

Eine Spezialität war der Högler Sandstein, der bis zu Beginn des 20. Jahrhunderts in mehreren Steinbrüchen abgebaut wurde. Er diente hauptsächlich als Schleif- und Wetzstein, wurde aber auch als Baumaterial verwendet. So ziert der Högler Sandstein heute noch viele Portale von Rupertiwinkler Bauernhöfen sowie bedeutende Profan- und Sakralbauten in der einstigen Haupt- und Residenzstadt Salzburg.

Hub

Stadtplan: C 2 = nördlich der Wasserburger Straße nahe der Bahnlinie nach Laufen.

Hub, Hube oder mundartlich *Hueb* war einst die Maßeinheit für ein Bauernanwesen in der Größenordnung eines halben Hofes. Es gab die Einteilung: 1 Hof = 2 Huben = 4 Lehen[96]. Dabei ging es um die Größe der landwirtschaftlich nutzbaren Fläche unter Berücksichtigung ihrer Bodenqualität, also um eine Ertragsgröße. Später wurden die unterschiedlichen Bezeichnungen der Bauerngüter nebeneinander verwendet, sodass man daraus keine Rückschlüsse mehr auf die Größe der Bauernanwesen ziehen kann. Der jeweilige Bauer auf der Hub hieß zwangsläufig Huber, ein auch heutzutage noch häufig vorkommender Familienname. Auch gegenwärtig betreibt der Bauer auf der *Hueb* im Gemeindegebiet von Freilassing noch die Landwirtschaft. Nach altem Herkommen wird er von den Einheimischen Huber genannt, auch wenn der derzeitige Huber den Familiennamen Moosleitner hat. Man sagt von ihm: *Er heißt Huber und schreibt sich Moosleitner.*

Maßeinheit

Das Huberanwesen zwischen Lohen und Klebing war Ende des 18. Jahrhunderts eine Einöde im Viertel Haberland, auch Unterlohen genannt[97]. Das Bauerngut hat eine eigene Hauskapelle (Abb. 87). Sie wurde 1874 errichtet und der Gottesmutter Maria geweiht mit der Bitte um Kindersegen für die Bäuerin. Aus ungeklärten Gründen blieb die Bitte unerfüllt. Der Kapellenbau erfolgte ursprünglich in Klebing, wo der Huber einen Großteil seiner Felder hatte. Als man in den 1880er-Jahren die Bahnlinie nach Laufen baute, wurde das westlich der Bahn gelegene Bauernhaus von den östlich der Bahn gelegenen Feldern in Klebing getrennt. Zum Trost

Abb. 87: Die 1874 erbaute und der Gottesmutter Maria geweihte Hauskapelle von Hub. Sie hat, ebenso wie das Bauernhaus, ein Portal aus Högler Sandstein.

wurde die Kapelle an den heutigen Standort neben dem Anwesen übertragen. Für den Huberbauern kam es später noch schlimmer: Ab 1938 wurde von den Nationalsozialisten im Bereich von Klebing bis Stetten das so genannte Heereszeugamt gebaut, und dafür waren auch die dortigen Felder vom Huber erforderlich. Er musste sie an die Wehrmacht verkaufen. Da war es dann wieder Glück, dass wenigstens die Kapelle schon zuvor von Klebing zur Hub übertragen worden war[98].

Huber-Jakl-Weg

Stadtplan: C 4 = von der Auenstraße zum Plainweg.

Jakob Huber, Jahrgang 1866, war Maurer und betrieb in seinem Gütl an der Auenstraße auch noch eine kleine Landwirtschaft mit zwei bis drei Kühen. Neben dem Haus zweigt ein kleiner Weg ab, für den 1945 – unmittelbar nach dem Zweiten Weltkrieg – ein Name gesucht und dann der von Jakob Huber gewählt wurde. Der Genannte konnte sich an seiner Ehrung noch mehr als zehn Jahre erfreuen, bevor er 1956 *wohlvorbereitet im 90. Lebensjahre ruhig verschieden ist* (Abb. 88).

Der Gemeinderat stand nach dem Zusammenbruch 1945 vor großen Aufgaben und hatte wenig Zeit, sich wegen einer Wegbenennung große Gedanken zu machen. Die Namensfindung fand offensichtlich außerhalb einer Gemeinderatssitzung statt, denn die vorhandenen Sitzungsprotokolle schweigen zu diesem Thema[99]. Wahrscheinlich führten die zuständigen Herren ein ganz unkompliziertes Gespräch, das vielleicht wie folgt verlaufen ist:

Bürgermeister: „Meine Herren, wir brauchen einen Namen für den Weg, der von der Auenstraße zum Plainweg verläuft! Wer hat einen Vorschlag?"

Abb. 88

Ein Gemeinderat: „Wer wohnt 'n dort iberhaupt?"
Ein Gemeinderat: „Net vui, außa dem Huaba Jakl, der wo dort sei Heisl hod!"
Bürgermeister: „Bitte konkrete Vorschläge!"
Ein Gemeinderat: „I woaß nix!"
Ein Gemeinderat: „Dann nema hoid den Jakl, wenn der scho dort dahoam is!"
Ein Gemeinderat: „Hert se guat o: Huaba-Jakl-Weg!"
Bürgermeister: „Richtig wäre dann aber: Jakob-Huber-Weg!"
Ein Gemeinderat: „Na, Jakob hod zum Jakl no nia koana net gsagt!"
Ein Gemeinderat: „Mia bleima bei Huaba-Jakl-Weg!"
Bürgermeister: „Ja, wenn Sie meinen, dann Huber-Jakl-Weg! Ist jemand dagegen?"
Ein Gemeinderat: „Na, koana net!"

Humboldtstraße

Stadtplan: D – E 3 = von der Kerschensteiner- zur Zwieselstraße.

Alexander Freiherr von Humboldt (* 14. 9. 1769 in Berlin, † 6. 5. 1859 in Berlin) war Naturforscher und Geograph, bereiste zahlreiche Länder und begründete die Pflanzengeographie sowie die moderne Landeskunde. Nach ihm ist die an der Westküste Südamerikas nach Norden verlaufende Meeresströmung benannt: der Humboldtstrom.

Abb. 89: Alexander Freiherr von Humboldt.

Sein Bruder Wilhelm Freiherr von Humboldt (* 22. 6. 1767 in Potsdam, † 8. 4. 1835 in Tegel) war Gelehrter und Politiker, vertrat Preußen auf dem Wiener Kongress 1814/15 und entwickelte das Bildungskonzept für die älteste Berliner Universität: die nach ihm benannte Humboldt-Universität.

Von den beiden Brüdern hatte Alexander von Humboldt einen engen Bezug zu Salzburg. Er wollte im Herbst 1797 von Wien nach Paris reisen, bekam aber Schwierigkeiten mit dem Visum und überwinterte in Salzburg.

Abb. 90

Er wohnte vom 20. Oktober des genannten Jahres bis zum 24. April 1798 im Haus Schanzlgasse Nr. 14 (Abb. 90). Das ist in der Altstadt unterhalb des Nonnbergs nahe der Kajetanerkirche. Er entfaltete während seines Aufenthalts in Salzburg eine rege wissenschaftliche Tätigkeit, bereiste das Erzstift sowie Berchtesgaden und pflegte enge Beziehungen zu den einheimischen Gelehrten[100]. In einem Brief äußerte Alexander von Humboldt: *Die Gegenden von Salzburg, Neapel und Konstantinopel halte ich für die schönsten der Erde.*

Im Blankenfeld

Stadtplan: C 1 = von der Wasserburger Straße nördlich abzweigend.

Unter einer *Planken* versteht man einen Zaun oder Bretterverschlag. Die *Plankensäulen* sind die hölzernen Ständer oder Pfähle, an welchen bei einem Zaun die Bretter befestigt werden[101]. Mit einem solchen Zaun, einer Planken, war wohl in Brodhausen nördlich der heutigen Wasserburger Straße in der Flur *Lohener* Feld einmal ein Weideland eingefasst, das dem unmittelbar daneben befindlichen Wirt von Brodhausen für seine Pferdezucht diente. Diese *Planken* waren schließlich Anlass für die Straßenbezeichnung *Im Plankenfeld*.

Abb. 91: Erfolgreiche Industriefirmen – hier eine solche im Industriegebiet Nord – sorgen durch ihre Steuerleistungen für solide Stadtfinanzen, die der Allgemeinheit zugute kommen.

Industriestraße

Stadtplan: C 2 = von der Münchener zur Siebenbürger Straße.

Unter Industrie versteht man das produzierende Gewerbe. Besondere Merkmale der Industrie sind Arbeitsteilung, Spezialisierung und Mechanisierung. Der Name kommt vom lateinischen *industria*, der Fleiß. In Freilassing, das einmal rein landwirtschaftlich geprägt war, siedelten sich die ersten Industriebetriebe nach dem Bahnbau 1860 an. Nach dem Zweiten Weltkrieg wurde von der Gemeinde das große Gelände des einstigen Heereszeugamtes in Klebing erworben und an Industrie und Handwerk zu günstigen Bedingungen weiterverkauft. Durch dieses Gebiet führt die Industriestraße. Später kamen noch das Industriegebiet Nord in Stetten und das Industriegebiet Süd an der Bundesstraße 304 nach Traunstein dazu. Vor allem durch die erfolgreiche Tätigkeit vieler Industriefirmen wurde Freilassing die wirtschaftsstärkste Gemeinde des Landkreises (Abb. 91).

Jacques-Offenbach-Straße

Stadtplan: C 3 = von der Oberen Feldstraße westlich abzweigend.

Der französische Komponist deutscher Herkunft Jacques Offenbach (* 20. 6. 1819 in Köln, † 5. 10. 1880 in Paris) ging in frühen Jahren nach Paris, wurde Kapellmeister, schrieb mehr als 100 Bühnenwerke und hat die Operette entscheidend weiterentwickelt. Ein Welterfolg wurde die nach seinem Tod uraufgeführte einzige Oper „Hoffmanns Erzählungen".

Abb. 92: Jacques Offenbach.

Jägerndorfer Straße

Stadtplan: C 2 = von der Industriestraße zur Troppauer Straße.

Jägerndorf (Abb. 93) im einst sudetendeutschen Siedlungsgebiet (vgl. Sudetenplatz und Sudetenstraße) liegt im Nordosten von Tschechien nahe der Grenze zu Polen (s. Karte S. 18). Die Stadt mit etwa 25.000 Einwohnern verfügt über ein historisches Stadtbild mit ehemaligem Fürstenschloss und beherbergt hauptsächlich Textilindustrie sowie Orgelbau. Ihr tschechischer Name lautet *Krnov*.

Die Stadtgründung geht auf das 13. Jahrhundert zurück. Jägerndorf wurde später Hauptstadt des gleichnamigen böhmisch-mährischen Herzogtums, kam zu Preußen, zu Österreich, zur Tschechoslowakei und 1938 zu Deutschland. Am Ende des Zweiten Weltkriegs 1945 wurde die Stadt sowie der 1938 gebildete Landkreis Jägerndorf wieder in die Tschechoslowakei eingegliedert. Die deutsche Bevölkerungsmehrheit wurde bis 1946 nach Deutschland vertrieben und fand hauptsächlich in Bayern Aufnahme. Seit der Teilung der Tschechoslowakei 1993 gehört Jägerndorf zur Tschechischen Republik oder kurz Tschechien.

Abb. 93: Die Stadt Jägerndorf um 1930. Sie profitierte frühzeitig von der Industrialisierung und hatte zur genannten Zeit etwas mehr als 20.000 Einwohner.

Jägerstraße

Stadtplan: C 2 = von der Wasserburger Straße zur Lohenstraße.

Ein Jäger bedarf heute zur Ausübung der Jagd, dem Weidwerk, der behördlichen Erlaubnis. Das setzt eine erfolgreich abgelegte Jägerprüfung voraus. Zu den besonderen Aufgaben eines Jägers zählt die Hege. Die Jäger haben eine eigene Weidmannssprache mit vielen Fachausdrücken. Das darf nicht verwechselt werden mit dem Jägerlatein, der scherzhaften Übertreibung von Jagderlebnissen. Ein von Jägern geschätztes Ereignis ist eine Trophäenschau, bei der sie ihre Schätze präsentieren (Abb. 94).

Ursprünglich waren alle Menschen Jäger und Sammler. Sie lebten von dem, was ihnen über den Weg lief oder was sie fanden. Erst später wurden sie sesshaft und betreiben einfachen Ackerbau und Haustierhaltung. Das begann in unserer Gegend in der Jungsteinzeit, einige tausend Jahre vor unserer Zeitrechnung.

Abb. 94: Eine Trophäenschau bietet den Jägern die ideale Plattform für Fachgespräche in altbayerischer Sprache gewürzt mit Jägerlatein.

Jahnstraße

Stadtplan: D 3 = von der Hauptstraße zur Martin-Oberndorfer-Straße.

Friedrich Ludwig Jahn (* 11. 8. 1778 in Lanz, † 15. 10. 1852 in Freyburg) war Gymnasiallehrer in Berlin und Vorkämpfer für eine natürliche Erziehung, besonders in Bezug auf das Turnen. Er wird deshalb als „Turnvater" verehrt.

Abb. 95: Friedrich Ludwig Jahn.

Abb. 96: Blick vom Jennergipfel auf die Aussichtsterrasse, den Königssee mit St. Bartholomä, Schönfeldspitze (ganz links), Hundstod und Watzmann (rechts).

Jennerstraße

Stadtplan: D 3 = von der Bahnhof- zur Zwieselstraße.

Der Jenner ist ein Berg im Göllstock in den Berchtesgadener Alpen. Der freistehende Gipfel mit 1.874 Metern Höhe bietet eine großartige Aussicht, vor allem auf Königssee und Watzmann (Abb. 96). Er ist auf verschiedenen Wanderrouten erreichbar sowie mit der 1953 gebauten Bergbahn, die ab Dorf Königssee zur Bergstation auf 1.800 Meter hinaufführt.

Johann-Sebastian-Bach-Straße

Stadtplan: C 3 = von der Haydnstraße zur Richard-Strauß-Straße.

Der Komponist Johann Sebastian Bach (* 21. 3. 1685 in Eisenach, † 28. 7. 1750 in Leipzig) entstammte einer bedeutenden Musikerfamilie, war Organist, Hofkapellmeister und ab 1723 Thomaskantor in Leipzig. Er schuf eine Fülle von Werken und gilt als unerreicht gebliebener Meister des mehrstimmigen Kompositionsstils.

Abb. 97: Johann Sebastian Bach.

Josef-Brendle-Straße

Stadtplan: D 3 = von der Hauptstraße zur Ludwig-Zeller-Straße.

In der Josef-Brendle-Straße kann man besonders gut die gravierenden Änderungen erkennen, die sich im Stadtzentrum von Freilassing in den vergangenen Jahrzehnten vollzogen haben. Befand sich auf ihrer Südseite bis 1978 der Lohmannhof (Abb. 98) – einer der acht Bauernhöfe, aus denen Freilassing einmal bestand –, so ist dort nunmehr eine dichte Bebauung mit viergeschossigen Wohn- und Geschäftshäusern gegeben (Abb. 99).

Abb. 98 und 99: Die Südseite der Josef-Brendle-Straße vor und nach 1978: Dem Bauernhof, dem Lohmanngut, folgten viergeschossige Wohn- und Geschäftshäuser.

Abb. 100: Josef Brendle – Selbstbildnis von ca. 1912.

Der Kunstmaler Josef Brendle (* 1. 3. 1888 in Ebersberg, † 1. 1. 1954 in Freilassing) – (Abb. 100) kam im Anschluss an sein Studium an der Königlich Bayerischen Akademie der Bildenden Künste in München nach dem Ersten Weltkrieg nach Freilassing und heiratete eine hiesige Bürgerstochter. Er schuf viele Portraits von Freilassingern, zahlreiche Orts-, Natur- und Bergmotive unserer Region und großflächige Bilder an Gebäuden[102]. Die Stadt ehrte den verdienten Künstler durch die Benennung einer Straße im Stadtzentrum mit seinem Namen.

Karlsbader Straße

Stadtplan: C 2 = von der Böhmerwald- zur Sudetenstraße.

Die Stadt Karlsbad mit ihren zahlreichen heilwirksamen Thermalquellen zählt zu den berühmtesten Kurorten der Welt, hat 50.000 Einwohner und gehört zur Tschechischen Republik. Sie liegt im Westen dieses Landes nahe der Grenze zu Deutschland und am Rande des Erzgebirges an der Einmündung des Flüsschens Tepl in die Eger (s. Karte S. 18). In tschechischer Sprache heißt die Stadt *Karlovy Vary*. Der Kurort wird mit Franzensbad und Marienbad zum böhmischen Bäderdreieck gerechnet.

Namensgeber von Karlsbad war der böhmische König und römische Kaiser Karl IV., der in Prag residierte. Er verlieh dem Ort 1370 die Stadtrechte. Der Kurbetrieb in Karlsbad wurde während der langen Zugehörigkeit der Stadt zu den Habsburger Erblanden ab dem 16. Jahrhundert stark aufge-

Abb. 101: Auf einem Ölgemälde mit dem Titel „Berühmte Gäste in Karlsbad" stechen besonders hervor: Kaiserin Elisabeth und Kaiser Franz Joseph I. von Österreich (vorne rechts) sowie Johann Wolfgang von Goethe (in der Bildmitte).

wertet durch den Besuch vieler Großer der Weltgeschichte. Die Gästeliste reicht von Zar Peter dem Großen bis zu Kaiser Franz Joseph I. von Österreich mit Kaiserin Elisabeth, von Johann Wolfgang von Goethe und Friedrich von Schiller bis zu Ludwig van Beethoven und Richard Wagner. Johann Sebastian Bach komponierte während seiner Kur eines seiner schönsten Werke: die Brandenburgischen Konzerte. Neben gekrönten Häuptern und begnadeten Künstlern gaben sich Fürsten und Feldherren, Professoren, hohe Beamte und Kaufleute ein Stelldichein (Abb. 101)[103].

Nach der langen Zugehörigkeit zu Österreich kam Karlsbad am Ende des Ersten Weltkriegs 1918 zur Tschechoslowakei, 1938 zu Deutschland, nach dem Ende des Zweiten Weltkriegs 1945 erneut zur Tschechoslowakei und gehört nunmehr zur Tschechischen Republik. Die sudetendeutsche Bevölkerung wurde 1945/46 vertrieben und zum Großteil in Bayern aufgenommen (vgl. Sudetenplatz und Sudetenstraße).

Kehlsteinstraße

Stadtplan: E 3 = von der Dachsteinstraße nördlich abzweigend.

Der Kehlstein gehört – wie der Jenner – zum Göllstock in den Berchtesgadener Alpen. Vom Obersalzberg aus kann man mit dem Bus auf einer kühn angelegten und für den allgemeinen Verkehr gesperrten Straße hin-

Abb. 102: Das Kehlsteinhaus mit Blick nach Nordwesten in den Talkessel von Berchtesgaden. Im Hintergrund das Lattengebirge, rechts anschließend Zwiesel, Staufen und die Rauhen Köpfe, die zum Untersberg gehören.

auffahren zum großen Platz unterhalb des Kehlsteingipfels. Dort befindet sich ein Tunneleingang zu einem Lift, der die Besucher in das 124 Meter höher gelegene Kehlsteinhaus bringt, das auf dem 1.837 Meter hohen Gipfel steht (Abb. 102). Straße, Lift und Kehlsteinhaus wurden während der Zeit des Nationalsozialismus gebaut. Sie standen in engem Zusammenhang mit dem Obersalzberg, dem zweiten Regierungssitz Hitlers neben Berlin. Das in seiner ursprünglichen Form erhaltene Gebäude mit der großartigen Aussicht auf das Berchtesgadener Land wird seit 1952 als Berggasthof genutzt und steht im Eigentum einer gemeinnützigen Stiftung.

Kerchensteinerstraße

Stadtplan: D – E 3 = von der Jenner- zur Reiteralpestraße.

Georg Kerschensteiner (* 29. 7. 1854 in München, † 15. 1. 1932 in München) war ein Schulreformer und insbesondere ein Vorkämpfer für den Werkunterricht. Er gilt als Begründer der Berufsschule. Deshalb wurde auch die Straße unweit des Bahnhofs nach ihm benannt, an der sich die Staatliche Berufsschule des Berchtesgadener Landes mit der Staatlichen Berufsfachschule für gastgewerbliche Berufe befindet.

Abb. 103: Georg Kerschensteiner.

Kiefernstraße

Stadtplan: D 2 = von der Westendstraße südlich abzweigend.

Von der Gattung Kiefer gibt es verschiedene Arten, darunter die anspruchslose Waldkiefer, Gemeine Kiefer oder Föhre *(Pinus sylvestris)*. Sie hat eine rotgelbe Rinde, wird mehr als 40 Meter hoch und kann 600 Jahre alt werden. Ihr Holz eignet sich für Fußböden und Fenster, ferner für den Wasser-, Brücken-, Schiffs- und Waggonbau. Weiters gibt es die Schwarzkiefer *(Pinus nigra)* mit schwarzgrauer Rinde sowie die Bergkiefer *(Pinus mugo)*, welche sowohl in aufrechter Wuchsform vorkommt (Abb. 104) als auch in liegender und in dieser Form Latsche oder Legföhre genannt wird[104].

Abb. 104: Bergkiefer *(Pinus mugo)* mit jungen Trieben.

Abb. 105: Der stattliche Pfarrstadel nahe dem barocken einstigen Pfarrhof erinnert noch an die früher umfangreiche Pfarrökonomie Salzburghofen, auf die auch die Flurnamen Kirchfeld und Pfarrfeld zurückgehen.

Kirchfeldstraße

Stadtplan: B 3 – 4 = von der Laufener Straße zur Wiesenstraße.

Diese Straßenbezeichnung leitet sich vom Flurnamen Kirchfeld ab, den das Gebiet nordwestlich der Kirche von Salzburghofen trägt. Das anschließende, nördlich der Kirche befindliche Gebiet heißt Pfarrfeld. Darauf ist zum Teil der Friedhof entstanden (vgl. Pfarrweg). Die beiden sehr großen Felder gehörten einst – ihre Namen sagen es deutlich – zur Pfarrökonomie. Diese wurde bis in die Mitte des 20. Jahrhunderts vom jeweiligen Pfarrer geführt. Das Ökonomiegebäude wurde 1999 abgerissen. Als letztes Relikt erinnert noch der stattliche Pfarrstadel neben Kirche und altem Pfarrhaus daran, dass früher der Pfarrherr auch Landwirtschaft betrieben hat (Abb. 105). Der letzte Ortsgeistliche dieser Art war Pfarrer Markus Westenthanner. Er musste bei der Übernahme der Pfarrei 1937 das lebende Inventar der Landwirtschaft – etwa 20 Rinder und zwei Pferde – von seinem Vorgänger ablösen und führte den Bauernhof bis 1951. Danach wurde die Landwirtschaft aufgegeben, und die Grundstücke wurden verpachtet[105].

Abb. 106: Der 1879 erbaute Oberzacherlhof in Klebing, der inzwischen von gewerblichen Großprojekten umzingelt ist, erinnert noch mit Arbeitsgeräten an der Hauswand an seine bäuerliche Vergangenheit.

Klebinger Straße

Stadtplan: C 2 = von der Industriestraße westlich abzweigend.

Wie fast alle Ortsteile von Freilassing war auch Klebing einst rein landwirtschaftlich geprägt. Ende des 18. Jahrhunderts bestand Klebing, das zum Viertel Haberland gehörte, aus vier Anwesen[106]. Das waren die beiden Bauern Ober- und Unterzacherl mit jeweils einem Zuhaus[107] (Abb. 106). Ganz am Anfang war es nur ein einziger Bauernhof, der im Hochmittelalter anlässlich starker Bevölkerungszunahme in zwei Hälften geteilt wurde. Von dieser Zeit an mussten die vorhandenen Grundstücke für zwei Familien reichen. Eine grundlegende Änderung kam für Klebing ab 1938 mit dem Anschluss Österreichs an das nationalsozialistische Deutschland. Damals begann der Bau des so genannten Heereszeugamtes zur Lagerung von Kriegsgerät für das in Salzburg stationierte 18. Armeekorps im Bereich von Klebing bis Stetten. Es wurden mehr als 60 Hektar Grund erworben und einige Wohnhäuser abgerissen, die im Weg standen. Das bittere Ende kam am Schluss des Zweiten Weltkriegs beim Bombenangriff auf Freilassing am 25. April 1945, der zuerst dem Heereszeugamt galt. Den Großteil des völlig zerstörten Geländes im Ausmaß von 44 Hektar erwarb 1947 die Gemeinde unter Bürgermeister Matthias Kreuzeder, um dort Betriebe ansiedeln und Wohnhäuser bauen zu lassen. Die Interessenten konnten ab 1949 zu günstigen Bedingungen Grundstücke erwerben. So entstand in Klebing neben Wohnhäusern das erste große Freilassinger Industriegebiet.

Klosterstraße

Stadtplan: C 4 = von der Laufener Straße zum Plainweg.

Die Klosterstraße erinnert an das Kloster der Franziskanerinnen, die fast ein Jahrhundert in Salzburghofen in der Schulbildung wirkten. 1914 kamen auf Wunsch der Gemeinde und des örtlichen Pfarrers die ersten fünf Schwestern aus dem Mutterhaus in Au am Inn nach Salzburghofen. Nach erheblichen Turbulenzen auf der politischen Ebene im Gemeinderat wurde mit starker finanzieller und sonstiger Unterstützung hiesiger Unternehmer und Handwerker nahe der Kirche in Salzburghofen ein Kloster- und Schulgebäude errichtet und 1922 eine Mädchenmittelschule eröffnet. Von den Nationalsozialisten wurde 1938 der Schulbetrieb auf die Gemeinde Freilassing übertragen und 1941 die Auflösung des Klosters verfügt. Damals wurde die Schule als 6-klassige Oberschule weitergeführt. Diese konnte auch von Knaben besucht werden. Nach dem Ende des Zweiten Weltkriegs 1945 kehrten die Schwestern in ihr Kloster zurück und nahmen den Schulbetrieb als 3-klassige Mädchenmittelschule wieder auf.

Abb. 107: Das 1922 errichtete Kloster- und Schulgebäude an der Laufener Straße/Ecke Klosterstraße kurz vor dem Abbruch 2006.

In den folgenden Jahrzehnten wurden in großem Umfang Erweiterungsbauten errichtet. 1980 gaben die Franziskanerinnen die Schulleitung an die Erzdiözese ab, welche inzwischen den neuen Namen *Mädchenrealschule Franz von Assisi der Erzdiözese München-Freising* festgesetzt hat. 2002 wurde das alte Kloster- und Schulgebäude (Abb. 107) abgerissen und für die 4-klassige Schule mit etwa 500 Schülerinnen erneut ein Erweiterungsbau errichtet. Im Spätherbst 2006 musste schließlich wegen fehlendem Ordensnachwuchs das hiesige Kloster aufgegeben werden[108]. Bürgermeister Josef Flatscher verabschiedete in einer Feierstunde im Dezember 2006 die drei noch verbliebenen Schwestern, die in das Mutterhaus nach Au am Inn zurückkehrten. Sein Dank galt dem segensreichen Wirken der Franziskanerinnen während fast hundert Jahren.

Korbinianstraße

Stadtplan: C 3 = von der Mittleren Feldstraße zur Oberen Feldstraße.

Der um 680 geborene heilige Korbinian zählt neben Emmeram von Regensburg und Rupert von Salzburg zu den drei großen bayerischen Missionsbischöfen. Er kam um 716 nach Freising, dem Jahr, in dem Herzog Theodo von einer Romreise zurückkehrte, auf der für Bayern die Grundlagen einer landeskirchlichen Ordnung geschaffen werden sollten. Der Herzog hatte damals Bayern in vier Teile geteilt und gemeinsam mit seinen Söhnen regiert. Korbinian begab sich zuerst zu Herzog Theodo und dann zu einem seiner Söhne, zu Herzog Grimoald von Freising. Er ließ sich dort auf dem Domberg neben der Herzogsburg nieder, baute eine Kirche und wirkte als Bischof[109]. Nach seinem Tod in der Zeit zwischen 720 und 730 wurden seine sterblichen Überreste zunächst in Meran nahe dem Grab des heiligen Valentin beigesetzt und später nach Freising überführt.

Der Legende nach wurde auf einer Reise Korbinians nach Rom am Brennerpass dessen Saumpferd von einem Bären getötet. Darauf zwang der Heilige den Bären, sein Gepäck zu übernehmen und bis nach Rom zu transportieren. Deshalb ist ein mit Gepäck beladener Bär das Attribut des Bischofs[110].
Korbinian ist der Patron des Erzbistums München und Freising. Seinen Namen tragen auch die im Freilassinger Süden gegründete zweite katholische Pfarrei sowie das dortige moderne Kirchengebäude. Die Pfarrei geht auf das Jahr 1968 zurück und besteht neben der Pfarrei St. Rupert. Beide Patrone waren Zeitgenossen und wirkten als Gründerbischöfe: Rupert in Salzburg und Korbinian in Freising (Abb. 108).

+S. SEVERIN. S. RUPERT. S. KORBINIAN.

Abb. 108: Die drei Heiligen Korbinian, Rupert und Severin (von rechts) auf einem Wandgemälde in der Freilassinger Rupertuskirche. Es stammt von Josef Eberz, der die Ausmalung des gesamten Innenraums der großen Kirche schuf.

Kraftwerk

Stadtplan: D 4 = Saalach-Kraftwerk.

Das neue *Saalach-Kraftwerk Rott-Freilassing*, das von der Salzburg AG ab 2002 gebaut und am 1. Dezember 2004 in Betrieb genommen wurde, erhielt die offizielle Straßenbezeichnung *Kraftwerk*. Es löste das alte Unterwasserkraftwerk ab, das in den 1940er-Jahren gebaut worden war (vgl. Saalachwehr). Der moderne Bau verfügt über eine Besonderheit, die man nicht hoch genug einschätzen kann: Er bietet Fußgängern und Radfahrern die Möglichkeit, über die Wehranlage ans jeweils andere Ufer der Saalach zu gelangen und dabei ohne jede Formalität die Landesgrenze zwischen Österreich und Deutschland zu überwinden (Abb. 109).

Abb. 109: Auf dem Saalach-Kraftwerk ist kaum noch etwas zu bemerken von der Grenze zwischen Österreich und Deutschland, zwischen Salzburg und Freilassing.

Kreuzederstraße

Stadtplan: C 3 = von der Münchener Straße zur Matulusstraße.

Diese Straßenbezeichnung hat eine Besonderheit: Sie ehrt zwei Bürgermeister gleichzeitig, erinnert an einen dritten Bürgermeister mit diesem Namen und wirft sogar noch einen Abglanz auf einen vierten Kreuzeder.

Lorenz Lorenz Kreuzeder (* 26. 7. 1856, † 22. 1. 1934), Schmiedbauer in Eham, war Bürgermeister der Gemeinde Salzburghofen von 1893 bis 1911 (Abb. 110). In diese Zeit fiel der Bau des Zentralschulhauses am heutigen Georg-Wrede-Platz und der Wasserleitung vom Brunnen in Patting zum Hochbehälter in Sillersdorf und weiter zur Gemeinde Salzburghofen. Beide Projekte waren weit in die Zukunft gerichtet. Lorenz Kreuzeder wurde 1929 für insgesamt 35 Jahre Dienst an der Allgemeinheit, darunter 18 Jahre als Bürgermeister, von der Gemeinde, die inzwischen den neuen Namen Freilassing erhalten hatte, zum Ehrenbürger ernannt. Zwei Jahre vor seinem Tod durfte er noch erleben, wie anlässlich der Einführung von Straßennamen die nach ihm benannte Lorenz-Kreuzeder-Straße aus der Taufe gehoben wurde.

Abb. 110: Bürgermeister Lorenz Kreuzeder (1893 – 1911).

Matthias II. Matthias Kreuzeder (* 3. 2. 1892, † 5. 5. 1956), ältester Sohn von Lorenz Kreuzeder und ebenfalls Schmiedbauer in Eham, bekleidete das Bürgermeisteramt von 1947 bis 1956 (Abb. 111). In seine Amtszeit fielen die schwierigen Aufgaben der Nachkriegsjahre, die Bombenschäden zu beseitigen und Wohnraum zu beschaffen für Einheimische und Heimatvertriebene. Der Erwerb des ehemaligen Heereszeugamt-Geländes im Ausmaß von 44 Hektar durch die Gemeinde und die Weitergabe an Bauinteressenten zu günstigen Bedingungen waren von großer Tragweite. So entstanden dort ab 1949 nicht nur zahlreiche Wohnhäuser, sondern auch und vor allem das erste Freilassinger Industriegebiet. 1950 feierte Freilassing unter Bürgermeister Matthias Kreuzeder die Stadterhebung. Als Zeichen des Dankes beschloss der Stadtrat nach dem Tod von Matthias Kreuzeder, bei der bestehenden Lorenz-Kreuzeder-Straße den Vornamen zu entfernen, um mit der verkürzten Bezeichnung Kreuzederstraße beide Bürgermeister, Vater und Sohn, Lorenz und Matthias Kreuzeder, gleichzeitig zu ehren[111].

Abb. 111: Bürgermeister Matthias Kreuzeder (1947 – 1956).

Dabei soll nicht vergessen werden, dass es auch noch einen dritten Bürgermeister aus derselben Schmiedbauerndynastie gab. Er hieß ebenfalls Matthias Kreuzeder, war der Großvater von Lorenz Kreuzeder und übte das Amt von 1860 bis 1864 aus. Die Amtsbezeichnung war damals allerdings nicht Bürgermeister, sondern Gemeindevorsteher. In seiner Amtszeit begann der Aufstieg Freilassings: Täglich passierten zwei Zugpaare die örtliche Bahnstation!

Matthias I.

Schließlich hat der derzeitige Schmiedbauer in Eham, ein weiterer Matthias Kreuzeder und Enkel des letzten Kreuzeder-Bürgermeisters, von seinen Ahnen die Neigung für politische Ämter und den Dienst an der Allgemeinheit geerbt. Er war von 1986 bis 1990 Abgeordneter der Grünen im Deutschen Bundestag, betreibt auf dem Hof seiner Väter den ökologischen Landbau und ist Vorsitzender eines 1993 gegründeten gemeinnützigen Vereins, der sich die Unterstützung von Bauern in Russland zur Aufgabe gemacht hat. In dieser Eigenschaft besucht er laufend seine dortigen Kollegen und organisiert für sie Hilfe in unterschiedlichen Formen.

Matthias III.

Abb. 112: Der Kreuzweg zwischen Maisfeldern mit Blick auf die Turmspitze der Rupertuskirche und den Untersberg.

Kreuzweg

Stadtplan: B 3 = von der Vinzentiusstraße zur Laufener Straße.

Der Feldweg durch Bauernland (Abb. 112) verfügt über keine Kreuzwegstationen, sodass sein Name nicht leicht verständlich ist. Er trug einmal den Namen Marienweg, der anderweitig vergeben wurde, sodass vielleicht der Bezug zwischen Maria und dem Kreuz ein Motiv für den Stadtrat war, diese Bezeichnung zu wählen.

Ein Kreuzweg wird in aller Regel in Andacht begangen in Erinnerung an den letzten Weg, der Jesus vor seinem Kreuzestod auferlegt war. Er führte vom Haus des römischen Statthalters Pilatus hinaus nach Golgatha und hat eine Länge von etwa einem Kilometer. Die Christen der Urgemeinde in Jerusalem begannen bald nach Jesus' Tod, dessen Weg nachzugehen. Gegen Ende des Mittelalters wurden auch in Europa Kreuzwege angelegt, um Gläubigen, die nicht ins Heilige Land reisen konnten, die Möglichkeit zu bieten, den Leidensweg in innerer Andacht und tatsächlich gehend nachzuvollziehen. Die Wege wurden zumeist mit 14 Kreuzwegstationen ergänzt[112]. Vor allem während der Fastenzeit – besonders am Karfreitag – sind organisierte Kreuzwegandachten üblich, vielfach wird ein Kreuzweg aber in kleinen Gruppen oder auch von Einzelpersonen in aller Stille begangen.

Der Kreuzweg in Freilassing gehört zu dem 2008 eröffneten Erholungsweg für die Seele, der meist nur kurz Seelenweg genannt wird. Er führt vom Krankenhaus an der Vinzentiusstraße über den Kreuzweg bis zur Laufener Straße, dort entlang deren Südseite in das Eichet, durch diesen Wald bis nach Obereichet und über die Obere Feldstraße sowie die Schumannstraße an den Ausgangspunkt zurück. Ein Höhepunkt des Weges war ein großes Holzkreuz mit einem wertvollen Kruzifix des Freilassinger Bildhauers Willi Eder (* 30. 12. 1914 in Dachau, † 3. 12. 1984 in Freilassing). Es war an der Ecke Kreuzweg/Laufener Straße aufgestellt worden (Abb. 113) und rechtfertigte nachträglich den Namen des Kreuzweges. Leider musste das Kruzifix inzwischen wieder abgenommen und in Sicherheit gebracht werden, um es vor weiteren Attacken von Vandalen zu schützen.

Abb. 113: Dieses Kruzifix des Freilassinger Bildhauers Willi Eder wurde 2008 im Rahmen der Eröffnung des Seelenweges an einem Holzkreuz an der Ecke Kreuzweg/Laufener Straße angebracht, inzwischen aber wieder entfernt, um es vor weiteren mutwilligen Beschädigungen zu schützen.

Abb. 114: Die Freilassinger Hütte am Ladenberg im Tennengebirge auf rund 1.500 Metern. Im Hintergrund der Eiskogel, 2.321 Meter, und der Tauernkogel, 2.249 Meter.

Ladenbergstraße

Stadtplan: E 3 = von der Teisenberg- zur Predigtstuhlstraße.

Der Ladenberg mit rund 1.700 Metern Höhe gehört zu einem südseitigen Ausläufer des Tennengebirges im österreichischen Bundesland Salzburg. Auf dessen Westseite in 1.500 Metern Höhe liegt die Freilassinger Hütte (Abb. 114). Sie gehört der Sektion Freilassing des Deutschen Alpenvereins, wurde in den 1930er-Jahren erbaut, ist eine Selbstversorgerhütte, verfügt über etwa 30 Lager und kann von Werfenweng (oberhalb Werfen an der Autobahn von Salzburg nach Kärnten) in eineinhalb Stunden erreicht werden. In unmittelbarer Nähe liegt die bewirtschaftete Strussinghütte. Das gesamte Gebiet wurde durch die Wenger Bergbahnen mit verschiedenen Liftanlagen für Skifahrer „erschlossen". Im Sommer bieten sich von der Freilassinger Hütte Touren ins Tennengebirge an, zum Beispiel auf den Eiskogel, 2.321 Meter, den Tauernkogel, 2.249 Meter, den etwas ferneren Bleikogel, 2.412 Meter, oder irgendeinen anderen Kogel, von denen es noch mehrere gibt.

Die Ladenbergstraße hieß ursprünglich Hundstodstraße, ein Name, mit dem viele nichts anfangen konnten, obwohl er ebenfalls zu Freilassing und besonders zum Alpenverein einen engen Bezug hat. Auf dem Großen Hundstod, einem markanten Gipfel in den Berchtesgadener Alpen, steht nämlich das Kreuz des Freilassinger Alpenvereins. Das mehr als drei Meter hohe Kreuz war 1950 von Männern der hiesigen Sektion rund 2.000 Höhenmeter auf den Gipfel getragen und dort aufgestellt worden (Abb. 115). Da sich die Anwohner der Hundstodstraße mit diesem Namen nicht abfinden konnten, beschloss der Stadtrat 1958 *nach einer äußerst lebhaften Debatte mit 11 gegen 5 Stimmen, die Hundstodstraße in Ladenbergstraße umzubenennen*. Damit wurde dem erneuten Ansuchen der Anlieger stattgegeben. Ergänzend wurde als Rechtfertigung der ursprünglichen Namensnennung festgehalten: *Als die Hundstodstraße benannt wurde, stand noch kein Haus auf diesem Gebiet. Die Straße wurde zum Gedenken an die gefallenen Bergsteiger von Freilassing auf Antrag des Alpenvereins so benannt*[113].

Hundstod

Abb. 115: Freilassinger Bergsteiger trugen 1950 das in Einzelteile zerlegte Kreuz auf den Gipfel des Großen Hundstods.

Laufener Straße

Stadtplan: B – D 3 = vom Salzburger Platz an das Nordende von Salzburghofen und weiter (Kreisstraße BGL 2) bis Untereichet.

Laufen an der Salzach (Abb. 116), die Nachbarstadt im Norden, leitet ihren Namen von einem „Lauf", einer Stromschnelle, ab. Ursache dafür war ein Felsenriff im Fluss, das über Jahrhunderte die Schifffahrt behinderte und erst im späten 18. Jahrhundert durch eine Sprengung entfernt werden konnte. Und gerade dieses Hindernis der Schifffahrt war es, das zur Gründung einer Siedlung führte, die schon im 12. Jahrhundert das Stadtrecht erhielt. Die Schifffahrt dominierte den Warentransport und damit auch

Abb. 116: Ausschnitt aus der Grabplatte der adeligen Familie Scheller in der Stiftskirche Laufen. Das Monument aus Untersberger Marmor entstand in der Zeit um 1500, zeigt Angehörige der Ritterfamilie in der Tracht des ausgehenden Mittelalters und zeugt heute noch vom Wohlstand des damaligen Adels.

die Beförderung von Salz, dem „Weißen Gold". Salz wurde schon ab dem 6. Jahrhundert v. Chr. von den Kelten am Dürrnberg bei Hallein gewonnen. Während der Römerzeit war dagegen die Saline in Reichenhall führend, die ab dem 6. Jahrhundert von den Bajuwaren übernommen wurde. Damit gab es auf dem Salzmarkt zwei Konkurrenten. Über Laufen wurde sowohl das Halleiner als auch das Reichenhaller Salz transportiert und in ferne Länder verkauft. So profitierte Laufen von der Salzschifffahrt über viele Jahrhunderte. Erst mit dem Bau der Eisenbahn verlagerte sich der Warentransport vom Wasser auf die Schiene. Das brachte für Laufen die schmerzliche Einstellung der Schifffahrt.

Laufen hatte noch vor dem Ende der Schifffahrt eine andere bittere Veränderung hinnehmen müssen: Mit der Auflösung des Erzstifts Salzburg und der Teilung dieses Landes zwischen Bayern und Österreich verlief die neue Landesgrenze, die Salzach, buchstäblich mitten durch die Stadt. Der westlich der Salzach gelegene Teil gehört seither zu Bayern und der ostseitige – heute Oberndorf – zu Österreich. Durch die weitgehende Grenzöffnung 1998 und besonders durch die grenzüberschreitende EuRegio Salzburg – Berchtesgadener Land – Traunstein wurde wieder an die seit Jahrhunderten bestehende Zusammengehörigkeit angeknüpft.

Leitenweg

Stadtplan: D 3 = von der Schmiedhäuslstraße zur Mühlbachstraße.

Unter einer Leite versteht man einen Berghang, in diesem Fall den Hang des einstigen Flussbettes der Saalach, der sich – wie schon bei der Straßenbezeichnung „Am Hang" näher ausgeführt – durch die ganze Stadt zieht. Der Leitenweg verläuft unterhalb des Hanges, ist zum Großteil Fußgängern und Radfahrern vorbehalten und präsentiert sich im Frühjahr beim Gattereierhof von seiner schönsten Seite (Abb. 117).

Abb. 117: Der Gattereier gehört zu den acht Bauernhöfen, aus denen einst ganz Freilassing bestand. Der Besitzer hat inzwischen die Landwirtschaft eingestellt und zeichnet sich durch die Bepflanzung seines Hanganteils aus, die im Frühling die Passanten des Leitenwegs erfreut.

Abb. 118: Die Feldlerche erfreut vor allem durch ihren Fluggesang.

Lerchenstraße

Stadtplan: D 3 = vom Fürstenweg zur Rupertusstraße.

Die Lerchen sind weltweit verbreitete Singvögel. Sie sind Bodenbewohner und bevorzugen baumarme Gebiete. Besonders bekannt ist die Feldlerche, die durch ihren Fluggesang erfreut. Der Zugvogel gilt in unseren Breiten als Frühlingsbote, da er meist schon im Februar erscheint und Anfang März bereits sein Nest auf Wiesen oder Getreidefeldern baut. Er verweilt während des ganzen Sommers auf seinem Wohnplatz und fliegt im Spätherbst zurück nach Südeuropa. Die Feldlerche war früher auch von der Lerchenstraße aus auf dem angrenzenden Sonnenfeld zu beobachten, ist aber vor mehreren Jahren der inzwischen intensiveren landwirtschaftlichen Nutzung gewichen (Abb. 118).

Liegnitzer Straße

Stadtplan: B 2 = von der Görlitzer Straße westlich abzweigend.

Die Kreisstadt Liegnitz (Abb. 119) gehört zu Polen und befindet sich etwa 60 Kilometer westlich von Breslau im Verwaltungsbezirk Niederschlesien (s. Karte S. 18). Sie hat mehr als 100.000 Einwohner, verfügt in ihrer

Region über ertragreiche Böden, eine reich gefächerte Industrie sowie eine 1959 errichtete Kupferhütte für die Verarbeitung des geförderten Kupfererzes. Sie heißt in der Landessprache *Legnica*.

Liegnitz wurde im 12. Jahrhundert erstmals als Marktort erwähnt[114]. Nach der Zerstörung durch die Mongolen erfolgte damals eine Neugründung als Stadt mit deutschem Recht. Mehrere Kirchen aus den großen Baustilepochen zeugen von reicher Geschichte. Am Ende des Zweiten Weltkriegs wurde Liegnitz zu 60% zerstört, unter polnische Verwaltung gestellt und die deutsche Bevölkerung fast gänzlich vertrieben. Mit dem Deutsch-Polnischen Grenzvertrag von 1990 wurde die Zuordnung zu Polen endgültig anerkannt (vgl. Schlesierstraße).

Abb. 119: Der so genannte Ring in der Kreisstadt Liegnitz in Niederschlesien.

Lilienweg

Stadtplan: C 2 = von der Pettinger Straße nördlich abzweigend.

Die Lilie ist eine Pflanzengattung, die aus Zwiebeln wächst und große, trichterförmige Blüten entwickelt. Zu ihr gehören unter anderem die Weiße Lilie *(Lilium candidum)* und der Türkenbund *(Lilium martagon)* – (Abb. 120). Die übergeordnete Familie mit der Bezeichnung Liliengewächse umfasst viele Pflanzengattungen mit insgesamt 2.800 Arten, zu denen auch Zwiebel und Schnittlauch zählen[115]. Die Lilie spielt in der Heraldik eine große Rolle als eines der wichtigsten Wappenbilder.

Abb. 120: Der Türkenbund *(Lilium martagon)* blüht im Hochsommer auf Bergwaldlichtungen oder an Waldrändern.

Abb. 121: In die Lindenstraße kommen alljährlich zahlreiche Besucher zum Kirchweihmarkt am 3. Sonntag im Oktober oder – wie abgebildet – zu einer Autoschau (Frühjahr 2009).

Lindenstraße

Stadtplan: D 3 = von der Münchener Straße zur Rupertusstraße.

Die Lindenstraße (Abb. 121) bildet mit der Hauptstraße und deren Verbindungsstraßen das Freilassinger Stadtzentrum. Bis 1965 war die Lindenstraße lediglich eine Schotterstraße. Dann erst wurde sie zum ersten Mal asphaltiert, und dabei wurden die alten Linden entfernt, die der Straße den Namen gegeben hatten. Sie standen auf einmal dem Straßenverkehr im Weg. Diese Sichtweise änderte sich aber wieder: Der mit der Zeit überbordende Autoverkehr war die Ursache für die Ende der 1980er-Jahre folgende Planung der Zentrumssanierung mit dem Ziel eines verkehrsberuhigten Geschäftsbereichs. Bis Ende 1994 wurde der Plan in die Tat umgesetzt, dem Straßenverkehr eine schmalere Bahn zugewiesen, den Fußgängern dagegen breite Gehwege angeboten, geschmackvolle Straßenleuchten angebracht und vor allem wieder Linden gepflanzt, mehr als 60 an der Zahl[116]. Die neue Lindenstraße mit Alleecharakter führt an ihrem Südende in die neu gebaute Unterführung für Fußgänger und

Radfahrer. Sie leitet unterhalb der breiten Gleisanlagen der Eisenbahn hindurch und verbindet das Stadtzentrum mit dem Bahnhof und dem Freilassinger Süden.

Die Gattung der Lindengewächse verfügt über mehr als 40 Arten, darunter die großblättrige Sommerlinde *(Tilia platyphyllos)* und die kleinblättrige Winterlinde *(Tilia cordata)*. Die Blätter der Sommerlinde sind 7 bis 15 Zentimeter lang und auf der Unterseite weißlich behaart, die der Winterlinde nur 4 bis 7 Zentimeter, herzförmig und auf der Unterseite rotbraun behaart (Abb. 122). Vom Wachstum der Linde, die eine Höhe von 40 Metern erreicht, wird berichtet, dass sie 300 Jahre komme, 300 Jahre stehe und 300 Jahre vergehe. Das weiche Holz dient der Herstellung von Spielwaren, Kästchen und Truhen. Aus den Blüten wird der schweißtreibende Lindenblütentee hergestellt, der fiebersenkend wirkt und bei Erkältungen verwendet wird. Der Lindenbaum hatte bei den Germanen eine besondere Bedeutung. Unter Dorf- und Burglinden fanden Gerichtsversammlungen, Feste und Trauungen statt[117].

Abb. 122: Die Blätter der Winterlinde *(Tilia cordata)* werden mit 4 bis 7 Zentimetern nur halb so groß wie die der Sommerlinde *(Tilia platyphyllos)* mit 7 bis 15 Zentimetern.

Abb. 123: Auch wenn es schon ramponiert und nur noch schwer lesbar ist: Lohen verfügt über ein eigenes Ortsschild.

Lohen und Lohenstraße

Stadtplan: Lohen: C 2 = nördlich der Wasserburger Straße; Lohenstraße: C 2 = von der Wasserburger Straße nach Lohen.

Lohen erscheint erstmals in einer Urkunde vom 24. September 925, bei der es um ein Tauschgeschäft geistlicher Würdenträger und Grundeigentümer ging (vgl. Aumühlweg). Ende des 18. Jahrhunderts war Lohen ein Weiler mit sechs Anwesen im Viertel Haberland[118] und ist nunmehr ein Stadtteil von Freilassing im Nordwesten zwischen Brodhausen und der Bahnlinie nach Laufen (Abb. 123). Er ist noch landwirtschaftlich geprägt und bietet den Anblick von Getreidefeldern unweit von modernen Industriebetrieben.

Der Name *Loh* oder *Lohen* bedeutet so viel wie Sumpfwiese[119]. Das bestätigen die auch heutzutage noch westlich von Lohen fließende Sur mit ihren Altwässern und besonders der nur etwas mehr als 200 Meter entfernte *Wieslohgraben*, der aus dem Peracher Moos kommt.

Ludwig-Zeller-Straße

Stadtplan: D 3 = vom Salzburger Platz nach Süden zur B 20, wo sie als Sackstraße endet.

Die heutige Ludwig-Zeller-Straße ist die älteste Ortsstraße und wurde in der Zeit von etwa 1800 bis 1961 Salzburger Straße genannt. Sie führte zur Saalbrücke und weiter in die ehemalige Landeshauptstadt (vgl. Salzburger Straße). Nachdem eine neue Brücke einen halben Kilometer flussabwärts des alten Saalachübergangs errichtet und diese mit dem Stadtzentrum durch eine neue Straße verbunden worden war, wurde eine Namensänderung notwendig. Es kam noch dazu, dass die zusätzlich gebaute Umgehungsstraße, die Bundesstraße 20, die alte Salzburger Straße in der Mitte buchstäblich in zwei Hälften geteilt hat. Im Juni 1961 hat daraufhin der Stadtrat neue Bezeichnungen festgelegt[120]. Die neue Straße nach Salzburg über die dafür errichtete Saalachbrücke erhielt zu Recht den Namen Salzburger Straße. Von der alten Salzburger Straße wurde der Abschnitt vom Salzburger Platz bis zur Bundesstraße 20 in Ludwig-Zeller-Straße umbenannt. Sie endet an der Bundesstraße als Sackstraße. Der restliche Abschnitt bis hin zur Saalach erhielt den Namen Zollhäuslstraße. Er gilt auch für den neu gebauten Straßenabschnitt, der die Umgehungsstraße überquert und dort parallel zur Ludwig-Zeller-Straße verläuft.

Die alte Salzburger Straße – heute Ludwig-Zeller-Straße und Zollhäuslstraße – stellte die bedeutendste Verbindung zwischen Bayern und dem Erzstift Salzburg dar. Sie war deshalb auch in ein großes politisches Ereignis eingebunden, das einst in ganz Europa Aufsehen erregte: die Protestantenausweisung 1731/32. Damals mussten die evangelischen Christen ihre Salzburger Heimat verlassen und ihre Auswanderungsroute über die Saalbrücke und die Salzburger Straße in Freilassing nehmen[121].

Ludwig Zeller (* 27. 5. 1844 in Salzburg, † 9. 10. 1933 in Salzburg) – (Abb. 124) gründete 1872 nach dem Bahnbau 1860 – neben seiner in Salzburg bestehenden Produktionsstätte – den ersten Freilassinger Industriebetrieb: die Andre-Hofer-Feigenkaffee-Fabrik. Sie nutzte die Bahn als Transportmittel, importierte Feigen aus Italien sowie Spanien und verkaufte den damals begehrten Feigenkaffee in ganz Deutschland. Der Betrieb bot rund 100 Mitarbeitern einen Arbeitsplatz. Der Produktname *Andre Hofer* geht auf einen Salzburger Kaufmann zurück, dessen Firma von Ludwig Zellers Vorgänger übernommen und weitergeführt wurde. Dieser nutzte die Namensgleichheit mit dem Tiroler Freiheitskämpfer und stellte die Werbung auf den verehrten Helden ab, der Napoleon die Stirn geboten

Abb. 124: Ludwig Zeller (1844 – 1933).

hatte, dies aber letztlich mit dem Leben bezahlen musste (Abb. 125). Der Freilassinger Betrieb produzierte den Feigenkaffee bis 1964. Das einstige Fabrikgebäude existiert noch und wird jetzt anderweitig genutzt (Abb. 126)[122]. Die Fabrik wurde früher von den Einheimischen *Kletzenmühle* genannt, weil in ihr die gedörrten Feigen verarbeitet wurden und gedörrte Früchte im bayerischen Dialekt *Kletzen* heißen.

Andre Hofer
k.k. oesterr. und großherz. toscan.
Hoflieferant
LINZ
St. Pölten 1880
Salzburg 1865
WIEN 1873
Schutz-Marke.
Salzburg
Oesterreich
Freilassing
Bayern
Echter
Feigenkaffee
Lith. & Druck v. Friedr. Schoembs, Offenbach a/M.

Ludwig Zeller war auch ein Wohltäter der damaligen Gemeinde Salzburghofen und wurde für seine Verdienste 1919 anlässlich seines 75. Geburtstags zum Ehrenbürger erklärt. Er verstarb 1933 und wurde in Salzburg bestattet.

Abb. 126: Die einstige Andre-Hofer-Feigenkaffee-Fabrik an der heutigen Zollhäuslstraße im Jahr 2009.

Abb. 125, links: Andre Hofer als Werbeträger für die Feigenkaffeefabriken in *Salzburg/Österreich* und *Freilassing/Bayern*. Die Aussage auf der Fahne *k. k. oesterr. und großherz. toscan. Hoflieferant* erinnert daran, dass Salzburg nach der Auflösung des Erzstifts 1803 zunächst dem Großherzog Ferdinand von Toscana gehörte und dann zum Kaiserreich Österreich kam.

Marienweg

Stadtplan: C 3 = von der Sillersdorfer Straße östlich abzweigend.

Die der Gottesmutter Maria geweihte Kirche in Salzburghofen wird der Anlass für die Bezeichnung dieses Weges gewesen sein. Die heutige Kirche Mariae Himmelfahrt wurde 1440 geweiht. Sie dürfte schon zwei Vorgängerbauten gehabt haben: eine Kapelle im einstigen Herzogshof aus dem 8. Jahrhundert oder früher und eine später gebaute Pfarrkirche im 12. Jahrhundert. Der dritte Kirchenbau wurde mehrfach verändert und erweitert. Den frühklassizistischen Hochaltar aus Untersberger Marmor entwarf Hofbauverwalter Wolfgang Hagenauer (vgl. Wolfgang-Hagenauer-Straße). Den Altar ziert die auf einer Mondsichel stehende Kirchenpatronin Maria mit dem Jesuskind. Diese spätgotische Arbeit aus der Zeit um 1500 war gegen Ende des 19. Jahrhunderts – weil sie den Verantwortlichen nicht mehr gefiel – aus der Kirche entfernt und an einen Bauern verschenkt worden. Pfarrer Markus Westenthanner holte sie während des Zweiten Weltkriegs wieder zurück und brachte sie nach einer Restaurierung durch den Freilassinger Bildhauer Willi Eder an ihren ursprünglichen Platz (Abb. 127).

Martin-Luther-Straße

Stadtplan: C 3 = von der Evangelischen Kreuzkirche an der Schulstraße zur Matulusstraße.

Der Reformator Martin Luther (* 10. 11. 1483 in Eisleben, † 18. 2. 1546 in Eisleben) – (Abb. 128) trat in ein Augustiner-Eremiten-Kloster ein (vgl. Augustinerstraße), wirkte als Theologieprofessor und veröffentlichte 1517 in Wittenberg 95 Thesen über den Ablass, um damit auf die Missstände mit dem Ablasshandel aufmerksam zu machen. Dies war der Anfang der Reformation, aus der die evangelischen Kirchen entstanden sind.

Abb. 128: Martin Luther 1529 (Gemälde von Lucas Cranach d. Ä.).

Abb. 127: Die spätgotische Marienstatue über dem Hauptaltar der Marienkirche in Salzburghofen war vorübergehend „ausgelagert".

Abb. 129: Der Weg der *Saltzburgischen Emigranten* führte über Freilassing.

Luthers Wirken beeinflusste stark die Entwicklung der deutschen Sprache, die er gleichberechtigt neben Hebräisch, Griechisch und Latein stellte, bei Übersetzungen forderte er eine Orientierung an der gesprochenen Sprache. Er selbst übersetzte die Bibel aus den genannten Sprachen, schuf geistliche Lieder und verfasste viel beachtete Schriften. Luther hat entscheidend zur Durchsetzung der deutschen Hochsprache beigetragen.

Die Lehre Martin Luthers fand im früheren Erzstift in den Gebirgsgauen zahlreiche Anhänger. Dagegen konnten sich Evangelische in unmittelbarer Nähe der fürsterzbischöflichen Landeshauptstadt und damit auch in der Gemeinde Salzburghofen kaum behaupten. Erst 1903 wurde ein Evangelischer Verein gegründet, 1906 ein Bethaus eingeweiht und 1907 die Filialkirchengemeinde Freilassing ins Leben gerufen. Später wurde das Exponierte Vikariat Freilassing errichtet, das 1951 zur Pfarrei erhoben wurde. Sie konnte 1957 ihr eigenes Gotteshaus, die nach Plänen des örtlichen Architekten Heinrich Hofmann erbaute Kreuzkirche, einweihen. Heute zählt die Pfarrei knapp 5.000 Gemeindemitglieder.

1732 war der damals kleine und unbedeutende Ort Freilassing von einem tragischen Ereignis in der Geschichte des Protestantismus berührt. Es war die Zeit, in der die Lutheraner aus dem Salzburger Erzstift ausgewiesen wurden. Bei der so genannten Großen Emigration führte sie ihr Weg über die Saalbrücke nach Freilassing und danach auf verschiedenen Routen in das Nachbarland Bayern, das den Durchzug der Ausgewiesenen erlaubt hatte (Abb.129), und weiter nach Schwaben, Franken, Sachsen, Brandenburg und schließlich bis Preußen. Kleinere Gruppen kamen nach Holland und sogar in die USA.

Martin-Oberndorfer-Straße

Stadtplan: D 3 = an der Süd- und Ostseite der Rupertuskirche.

Pfarrer Martin Oberndorfer (* 30. 12. 1869 bei Erding, † 15. 5. 1940 in Landshut) gilt als Erbauer der Rupertuskirche. Er hatte 1919 die Pfarrei Salzburghofen übernommen, wirkte bei der Gründung der Mädchenmittelschule mit (vgl. Klosterstraße) sowie beim Bau eines Kindergartens

Abb. 130: Pfarrer Martin Oberndorfer leitete die Pfarrei Salzburghofen von 1919 bis 1937 und gilt als Erbauer der Rupertuskirche in Freilassing.

des Vinzentiusvereins (vgl. Vinzentiusstraße) und war Initiator des Kirchenbaus in Freilassing. Dieser wurde im März 1924 begonnen, obwohl der Kirchenbauverein unmittelbar zuvor, im Inflationsjahr 1923, sein gesammeltes Kapital durch die Geldentwertung verloren hatte. Pfarrer Oberndorfer (Abb. 130) war ein unermüdlicher Sammler von Geld- sowie Sachspenden und erreichte das hohe Ziel, einen weit in die Zukunft gerichteten Kirchenbau zu vollenden. Im Mai 1926 erfolgte die Einweihung der dem heiligen Rupert geweihten Kirche durch Kardinal Michael von Faulhaber. Auch fast hundert Jahre später ist diese Kirche mit ihrem 74 Meter aufragenden Hauptturm das weithin sichtbare Wahrzeichen der Stadt Freilassing. Pfarrer Martin Oberndorfer zog 1937 nach Landshut und verstarb dort 1940 (Abb. 131)[123].

Abb. 131

Abb. 132: Der Römerstein, auf dem der Name von Matulus junior *(MATVLI IVVENIS)* zu lesen ist, kann in der Marienkirche Salzburghofen besichtigt werden.

Matulusstraße

Stadtplan: C 3 – 4 = von der Vinzentiusstraße zur Laufener Straße.

Matulus war Römer und ist mit der erste namentlich bekannte Einwohner Freilassings. Er hat vor fast zweitausend Jahren hier gelebt und einen Untergebenen namens Maurus beschäftigt. Und dieser ließ für seine Ehefrau einen Urnenbehälter anfertigen. Auf ihm sind heute noch die Namen der beiden Männer zu lesen, während der Name der Ehefrau des Maurus der teilweisen Zerstörung des Behälters zum Opfer gefallen ist. Die Inschrift lautet übersetzt: „[N. N., gestorben mit] 36 Jahren, hat Maurus, der Sklave des Matulus junior, seiner innigstgeliebten Gattin zu Lebzeiten [den Grabstein] errichtet" (Abb. 132).

Der aus Marmor gefertigte Behälter mit einem Innenmaß von 75 x 35 x 40 Zentimetern bot mehreren Urnen Platz. Er wurde bei der Errichtung der 1440 geweihten Kirche in Salzburghofen seiner einstigen Aufgabe beraubt und als Baumaterial verwendet. Dort kam er an der Nordwestecke des Kirchenschiffs zum Einsatz. Als die mit der Seelsorge in Salzburghofen betrauten Augustiner-Eremiten 1849 die Kirche im Norden um ein

Seitenschiff erweiterten, rückte der einstige Eckstein auf der westlichen Außenwand in Richtung Wandmitte. Der breite Behälter mit der waagrecht verlaufenden Inschrift war dort in aufgestellter Form zu sehen, sodass die Schrift senkrecht verlief. Um der Zerstörung durch Witterungseinflüsse vorzubeugen, wurde der Marmorblock 1997 aus der Wand genommen und im Kircheninnern aufgestellt, wo er jederzeit besichtigt werden kann. Erst bei dieser Aktion wurde wieder erkannt, dass es sich bei dem Grabdenkmal um einen Urnenbehälter handelt. Er stammt nach Meinung von Fachleuten aus der Zeit um 200 n. Chr. Die aufwändige Arbeit aus Marmor lässt erkennen, dass die Betroffenen zur wohlhabenden Bevölkerungsschicht gehört hatten. Vermutlich hat Matulus junior, der Herr des Maurus, in der nahen Stadt Iuvavum seinen Dienst verrichtet, nach Römerart auf dem Land gewohnt und sein hiesiges Gut von Maurus verwalten lassen[124].

Michael-Pacher-Straße

Stadtplan: C 3 = von der Kreuzederstraße zur Fischer-von-Erlach-Straße.

Michael Pacher (* um 1430 in oder bei Bruneck, † 1498 in Salzburg) war Bildschnitzer und Maler, der ursprünglich seine Werkstatt in Bruneck in Südtirol unterhielt und 1494 nach Salzburg übersiedelte. Seine Flügelaltäre sind herausragende Kunstwerke der Spätgotik. Als Hauptwerk gilt der vollständig erhaltene Hochaltar der Pfarrkirche in St. Wolfgang am Wolfgangsee im Salzkammergut. Eine bedeutende Arbeit ist auch in Salzburg in der Franziskanerkirche zu bewundern: Es ist die auf Wolken thronende gotische Madonna in der Mitte des barocken Hochaltars, dem erhaltenen Rest des einst von Michael Pacher kurz vor seinem Tode geschaffenen Gesamtaltars (Abb. 133)[125].

Mittlere Feldstraße

Stadtplan: C 3 = von der Münchener Straße zur Haydnstraße.

Dieser Straßenname hat seinen Ursprung im einstigen Flurnamen *Mitterfeld*. Seit alters her werden landwirtschaftlich genutzte Flächen mit Flurnamen bezeichnet. Sie sind deshalb auch in der Karte der ersten Landvermessung zu Beginn des 19. Jahrhunderts festgehalten und ebenso bei der verbesserten Vermessung von 1851 mit diesen Namen ausgewiesen worden[126]. Weitere im heutigen Stadtgebiet von Freilassing gelegene

Abb. 133: Die spätgotische Madonna von Michael Pacher inmitten des barocken Hochaltars ist ein besonderer Glanzpunkt in der Salzburger Franziskanerkirche.

und früher ebenfalls von der Landwirtschaft genutzte Äcker und Wiesen trugen vielfach Flurnamen in Verbindung mit *Feld*. Einige davon kommen sogar zweimal vor, darunter auch *Mitterfeld* (Abb. 134). Es handelt sich dabei um:

Brodhausener Feld *Oberfeld*
Eichetfeld *Peracher Feld*
Freylassinger Feld *Pfarrfeld*
Kirchfeld *Prielfeld*
Lohener Feld *Sailer Feld*
Matzenfeld *Sonnenfeld*
Mitterfeld *Stettener Feld.*
Mühlfeld

Abb. 134: Der Flurname *Mitterfeld* kommt in Freilassing zweimal vor: nahe dem Zentrum und – hier abgebildet – zwischen der Laufener Straße und Eham (Karte der Renovationsvermessung v. 1851 – SO 14.46).

Moosstraße

Stadtplan: C 1 = von der Wasserburger Straße südlich abzweigend (als Feldweg weiter bis Perach in der Gemeinde Ainring).

Der Name verweist auf das Peracher Moos, das sich westlich der Moosstraße ausdehnt. Es wird im Norden von der Sur begrenzt, im Süden von der Eisenbahnlinie nach Traunstein und im Westen von Gessenhart und Mühlreit. Unter einem Moos wird ein Niedermoor verstanden im

Niedermoor

Gegensatz zu einem Hochmoor, das Filz oder Filzen genannt wird. Ein Niedermoor wird vom Grundwasser gespeist und ist artenreicher als ein Hochmoor, das allein auf Regenwasser angewiesen ist. In beiden Fällen ist ein wasserundurchlässiger Untergrund vorhanden.

Hochmoor

Im Peracher Moos wurden einst aus dem Lehmboden, auch Letten genannt, Dach- und Mauerziegel hergestellt. Dafür musste in mühevoller Arbeit der Lehm gewonnen, bearbeitet, vorübergehend in Formen gepresst, an der Luft getrocknet und schließlich in einem Ziegelofen gebrannt werden. Von den zehn Bauern in Perach verfügte jeder über einen eigenen Ziegelstadel, in dem die Arbeiten erledigt wurden. Die industrielle

Abb. 135: Torfstich im Peracher Moos im Jahr 1970: Die senkrecht aus dem Boden gestochenen Torfsoden oder Wasen wurden an Ort und Stelle getrocknet und später als Brennmaterial verwendet.

Herstellung von Ziegeln brachte es mit sich, dass die Peracher nicht mehr konkurrenzfähig waren. So wurde zu Beginn des Zweiten Weltkriegs um 1940 zum letzten Mal ein Brand durchgeführt und 1949 der letzte Ziegelofen abgetragen[127].

Torfstich Ferner wurde im Peracher Moos – ebenso wie im benachbarten Ainringer Moos – Torf gestochen, das als Brennmaterial diente (Abb. 135). Auch diese Tätigkeit gehört inzwischen der Vergangenheit an. Sie wurde im Peracher Moos bald nach 1970 eingestellt. Im Ainringer Moos geschah das erst später. Dort war Torf als Brennmaterial gewonnen worden, das am Anfang die Saline Reichenhall und später das Eisenwerk Hammerau abgenommen haben. Torf war auch als Einstreu für Stallungen und zuletzt als Ersatz für Blumenerde gefragt. Der Abbau geschah zuletzt industriell mit Hilfe großer Maschinen und einer Bahnanlage mit mehreren Kilometern Länge. Zu Beginn des 21. Jahrhunderts fehlte dem Betrieb die nötige Rentabilität. Damit gewann der Naturschutz die Oberhand, die Renaturierung wurde eingeleitet, und so bietet dieses Moos neuerdings einen wertvollen Erlebnispfad durch eine großartige Landschaft[128].

Mozartplatz

Stadtplan: C 3 = zwischen Vinzentiusstraße und Mittlere Feldstraße.

Wolfgang Amadeus Mozart (* 27. 1. 1756 Salzburg, † 5. 12. 1791 Wien), der größte Sohn unserer Nachbar- und Patenstadt Salzburg (Abb. 137), schuf großartige Werke vieler musikalischen Stile und Gattungen. Er berührte bei seinen Reisen mehrfach Freilassing. Dabei fuhr er mit der Kutsche über die Saalbrücke und durch die von Bauernhöfen gesäumte einzige Ortsstraße, die heutige Ludwig-Zeller-Straße, dann auf der Fernstraße über Brodhausen zur salzburgisch-bayerischen Grenze bei Waging, weiter über Wasserburg nach München, Augsburg und manchmal bis Paris. Von einer Reise mit seiner Mutter in die französische Hauptstadt schrieb er am 23.

Abb. 136:
Wolfgang Amadeus Mozart.

September 1777 seinem in Salzburg zurückgebliebenen Vater einen Brief und erwähnte dabei diese Route über Schign, Waging, Stein und Wasserburg[129].

Abb. 137: In diesem Haus in Salzburg wurde Wolfgang Amadeus Mozart geboren. Das stattliche Gebäude reicht von seiner abgebildeten Südseite am Universitätsplatz bis zur nördlich davon gelegenen Getreidegasse.

Abb. 138: Der Mühlbach trägt dazu bei, dass sich der Auwald als Naherholungsgebiet großer Beliebtheit erfreut.

Mühlbachstraße

Stadtplan: D 3 – 4 = von der Ludwig-Zeller-Straße östlich abzweigend.

Der Mühlbach zweigt oberhalb von Hammerau von der Saalach ab, wird kurz nach seiner Abzweigung zur Stromerzeugung genutzt, fließt durch das Werksgelände der Annahütte, durch Feldkirchen, östlich an Freilassing vorbei (Abb. 138) und mündet wieder in die Saalach, und zwar einen halben Kilometer vor deren Einmündung in die Salzach. Der Mühlbach hat früher – sein Name sagt es schon – mehrere Mühlen angetrieben, darunter auch die Aumühle (vgl. Aumühlweg). Zu diesem Zweck war er einst unter Ausnutzung natürlicher Gräben in sein Bachbett gezwängt worden.

Vom Mühlbach zweigt kurz vor seiner Mündung der Mittergraben ab, der in den Jahren 2002 bis 2004 wieder bewässert wurde. Er fließt parallel zur Salzach, ist 6,7 Kilometer lang und mündet bei Triebenbach in die Sur. Wasserwirtschaftsamt, Stadt Freilassing, Gemeinde Saaldorf-Surheim und nicht zuletzt Grundstückseigentümer, Landwirte und Fischer haben diese wertvolle Renaturierung ermöglicht[130]. Sie bietet Tieren und Pflanzen neue Lebensräume und lässt erahnen, dass vor der Begradigung von Saalach und Salzach eine enge Verbindung von Flussbett und Auwald bestand sowie jedes Hochwasser neue Landschaftsbilder schuf.

Abb. 139: Ein beschauliches Bild der Münchener Straße aus der Zeit um 1935.

Münchener Straße

Stadtplan: C – D 2 – 3 = Hauptverkehrsstraße vom Salzburger Platz nach Westen bis zur Bahnunterführung der Strecke nach Laufen.

Neben der wichtigsten Straße nach Westen, der ehemaligen Römerstraße und heutigen Bundesstraße 304, ist die Münchener Straße eine zweite Verbindung in diese Richtung. Sie trägt diesen Namen im innerstädtischen Bereich (Abb. 139 u. 140), heißt ab der Bahnunterführung im Ortsteil Klebing Wasserburger Straße, und außerhalb von Brodhausen führt sie den Namen Staatsstraße 2104. Es ist üblich, Fernstraßen mehrere Namen zu geben, da sie auch in mehrere Städte führen. In diesem Fall dominiert

München, da Freilassing mit dem Rupertiwinkel endgültig 1816 zu Bayern kam und München seither die Landeshauptstadt ist. Als Salzburg noch Metropole war, fuhr Mozart mehrfach auf der erwähnten Route nach München und weiter nach Paris (vgl. Mozartplatz).

Wie unsere Region über Jahrhunderte durch das Salz geprägt wurde, so hat auch München eine besonders enge Beziehung zum so genannten Weißen Gold. Die bayerische Landeshauptstadt verdankt nämlich diesem wertvollen Handelsgut seine Entstehung. Es war im Jahr 1158, als Herzog Heinrich der Löwe die Isarbrücke bei Oberföhring, die dem Bischof von Freising stattliche Summen an Brückenzoll einbrachte, bei Nacht und Nebel abbrennen ließ und dadurch die Handelsströme mit den Salzfuhrwerken über seine eigene Brücke *bei den mönichen* leitete. Damit konnte der Herzog von Bayern die Maut kassieren, und der Bischof von Freising hatte das Nachsehen. So entstand aus einer Untat die strahlende Landeshauptstadt des Freistaates, die 2008 ihr 850-Jahr-Jubiläum gebührend gefeiert hat.

Abb. 140: Ein verschwundenes Kleinod an der Münchener Straße: Diese Dampflok an der Westseite eines Gebäudes gegenüber der Rupertuskirche fiel 2008 der Wanddämmung zum Opfer.

Abb. 141: Rote Lichtnelke *(Silene dioica)*.

Nelkenweg

Stadtplan: D 2 = von der Salzstraße zum Anemonenweg.

Die Blumenfamilie der Nelkengewächse ist unterteilt in verschiedene Gattungen mit jeweils mehreren Arten[131]. Eine häufig vorkommende Art ist die vom Frühling bis zum Herbst blühende Rote Lichtnelke, auch Rotes Leimkraut genannt *(Silene dioica)* – (Abb. 141). Ihr lateinischer Gattungsname *Silene* heißt „Leimkraut", und der Name der Art *dioica* bedeutet „zweihäusig" und besagt, dass weibliche und männliche Blüten auf getrennten Pflanzen vorkommen. Besonders bekannt sind Edelnelken, die in Gewächshäusern in verschiedenen Farben als Schnittblumen gezüchtet werden.

Abb. 142: Fußgängerzone in Novi Sad in Serbien, der einstigen Stadt Neusatz, die um 1700 gegründet und von Donauschwaben besiedelt wurde.

Neusatzer Straße

Stadtplan: B 2 = von der Hermannstädter Straße zur Donauschwabenstraße.

Neusatz liegt an der Donau im heutigen Serbien (s. Karte S. 19) und ist mit etwa 250.000 Einwohnern nach Belgrad die zweitgrößte Stadt des Landes. Sie ist Hauptstadt der Provinz Vojvodina, Bischofssitz und verfügt seit 1960 über eine Universität. Verschiedene Industriezweige bilden die wirtschaftliche Grundlage. Neusatz heißt in der Landessprache *Novi Sad* (Abb. 142).

Die Stadt an der Donau befindet sich am südlichen Rand der von Donauschwaben besiedelten Batschka (vgl. Donauschwabenstraße und Batschkastraße). Sie wurde um 1700 von Österreich gegründet, nachdem das Gebiet vom Habsburgerreich im Kampf gegen die Türken erobert worden war. Sie wurde im barocken Stil erbaut und bildete jahrhundertelang einen herausragenden Stützpunkt bei der Verteidigung gegen das Osmanische Reich. Nach dem Ersten Weltkrieg kam Neusatz zu Jugoslawien. Im Zweiten Weltkrieg war die Stadt von Ungarn besetzt, fiel nach Kriegsende wieder an Jugoslawien, das inzwischen in Einzelstaaten aufgeteilt wurde, und gehört nunmehr zu Serbien.

Nocksteinstraße

Stadtplan: E 3 = von der Reichenhaller Straße zur Staufenstraße.

Unter einem Nock oder Nocken ist ein kleiner Hügel oder Felsen zu verstehen. Der Berg, der unserer Straße den Namen gab, wurde schon im Jahr 1199 als *Nockstain* erstmals erwähnt[132]. Es ist die von Freilassing aus gut sichtbare Felsspitze links vom Gaisberg (Abb. s. Gaisbergstraße). Dieser Anblick zeigt die Westseite des Gipfels mit einer Höhe von 1.042 Metern und vermittelt den Eindruck, dass der Nockstein nur sehr schwer zu bezwingen sei. Er kann aber von Bergsteigern über seine Ostseite von Koppl aus – der Ort liegt nahe der Straße zum Fuschlsee – auf markiertem Weg ohne besondere Probleme erreicht werden. Nur der letzte Abschnitt über den felsigen Gipfelaufbau erfordert Trittsicherheit und Schwindelfreiheit (Abb. 143).

Abb. 143: Der Nockstein mit 1.042 Metern, der den Freilassingern seine steile und felsige Westwand zeigt, ist auf seiner Ostseite fast bis zum Gipfel bewaldet und bietet schwindelfreien Bergsteigern die Möglichkeit, ihn zu bezwingen.

Abb. 144: Die Obere Feldstraße verläuft zum Teil durch Grünflächen. Im Hintergrund mehrstöckige Wohnblocks sowie Haunsberg und Gaisberg.

Obere Feldstraße

Stadtplan: C 2 – 3 = von der Münchener zur Siebenbürger Straße.

Diese Straßenbezeichnung geht auf den Flurnamen Oberfeld zurück, der auf landwirtschaftliche Nutzung verweist (vgl. Mittlere Feldstraße). Auch gegenwärtig verläuft immer noch ein großer Teil dieser Straße durch Felder und Wiesen, durch landwirtschaftlich genutzte Flächen (Abb. 144).

Obereichet

Stadtplan: B 2 = von der Siebenbürger Straße zur Pommernstraße.

Obereichet ist nicht nur eine Straßenbezeichnung, sondern auch und vor allem – ähnlich wie Untereichet – ein Stadtteil, der seinen Namen vom nahe gelegenen Staatsforst mit der ursprünglichen Benennung *Saltzburghofer Eichet* ableitet. Bei diesem Eichet handelt es sich um einen etwa 70 Hektar großen Wald, in dem auf einer kleinen Fläche mehr als 200 Jahre alte Stieleichen von besonderer Qualität wachsen (vgl. Eichetstraße)[133].

Abb. 145: Von den drei um 1850 genannten Höfen in Obereichet (von links) Metzgerbauer, Königsgütl und Kräutlgütl betreibt nur noch der Metzgerbauer die Landwirtschaft.

Obereichet liegt am südwestlichen Waldrand, gehörte Ende des 18. Jahrhunderts zum Viertel Salzburghofen und bestand um 1850 aus den drei Anwesen Metzgerbauer, Kräutlgütl und Königsgütl (Abb. 145)[134].

Oedhofallee

Stadtplan: D 2 = von der Sägewerkstraße zum Oedhof an der Alpenstraße.

Der Oedhof war in früheren Zeiten mit besonderen Rechten ausgestattet und nicht – wie das bei den Bauerngütern üblicherweise der Fall war – einem übergeordneten Grundherrn unterstellt. Er wird zum ersten Mal im Jahr 1405 in einer Urkunde erwähnt, mit der Magdalena von Wispeck ihr Gut, genannt Oed, dem Pfarrer von Salzburghofen übergeben und damit eine ewige Wochenmesse in der Frauenkirche zu Salzburghofen gestiftet hat. Derartige Stiftungen waren damals üblich. Sie dienten dem eigenen Seelenheil oder dem verstorbener Angehöriger. Mitte des 17. Jahrhunderts gehörte das Gut Franz Dückher von Hasslau zu Winckl, der sich einen besonderen Namen gemacht hat durch die Herausgabe seiner *Saltzburgischen Chronika* (Abb. 146). Seit mehr als 100 Jahren wird nun im Oedhof ein Hotel- und Gaststättenbetrieb geführt[135].

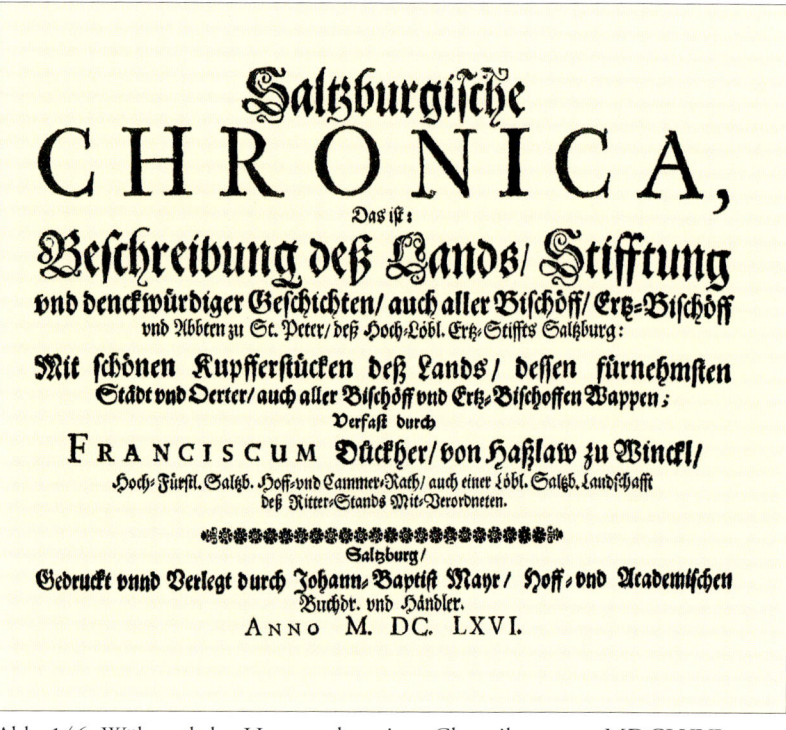

Abb. 146: Während der Herausgabe seiner Chronik – anno MDCLXVI – war Franz Dückher Gutsherr auf dem Oedhof.

Oppelner Straße

Stadtplan: B – C 2 = von der Siebenbürger Straße zur Schlesierstraße.

Oppeln, die frühere Hauptstadt Oberschlesiens, gehört nunmehr zu Polen und ist Hauptstadt des Verwaltungsbezirks Oppeln (Abb. 147). Die Stadt mit rund 130.000 Einwohnern liegt an der Oder im Südwesten von Polen (s. Karte S. 18), ist Bischofssitz, verfügt über Hochschulen und stellt einen Verkehrsknotenpunkt dar. Ein wirtschaftlicher Schwerpunkt ist die Zementindustrie. Der Name der Stadt lautet in der Landessprache *Opole*.

Die Geschichte der Stadt reicht bis ins 10. Jahrhundert zurück. Sie fiel zu Beginn der Neuzeit wie ganz Schlesien (vgl. Schlesierstraße) an die österreichischen Habsburger, kam später zu Preußen und wurde nach dem Zweiten Weltkrieg Polen zugeordnet. Anders als in Niederschlesien wurde

Abb. 147: Die Altstadt von Oppeln mit dem Rathausturm (links).

in Oppeln und Umgebung nach 1945 keine flächendeckende Zwangsaussiedlung der deutschen Bevölkerung durchgeführt, sodass wenige Deutsche zurückbleiben konnten. Deshalb gilt die Stadt heute als Zentrum der deutschen Minderheit in Polen.

Paul-Keller-Straße

Stadtplan: B – C 2 = von der Siebenbürger Straße zur Schlesierstraße.

Paul Keller (* 6. 7. 1873 in Arnsdorf, † 20. 8. 1932 in Breslau) war Schriftsteller und Publizist sowie Gründer der Zeitschrift „Die Bergstadt". Er schilderte in seinen Romanen die Menschen seiner schlesischen Heimat. Zahlreiche Lese- und Vortragstourneen führten ihn durch Deutschland, Österreich, die Schweiz und die Tschechoslowakei.

Abb. 148: Paul Keller.

Abb. 149: Das gotische Gewölbefresko in der Kirche zu Perach zeigt den heiligen Rupert mit seinem eigenen Attribut, dem Salzfass, und dem Attribut des heiligen Korbinian, dem mit Gepäck beladenen Bären.

Peracher Straße

Stadtplan: D 2 = von der Westend- zur Weibhauserstraße.

Perach wird zum ersten Mal in einer Urkunde vom 24. September 925 erwähnt, in der es um ein Tauschgeschäft zwischen geistlichen Würdenträgern und Grundeigentümern ging (vgl. Aumühlweg). Heute ist Perach ein kleines Kirchdorf jenseits der westlichen Stadtgrenze von Freilassing, das zur Gemeinde Ainring gehört. In Perach befinden sich ein halbes Dutzend Bauernhöfe, die noch Landwirtschaft betreiben, zahlreiche neuere Wohnhäuser und vor allem ein gotisches Kirchlein, das dem heiligen Andreas und dem heiligen Rupert geweiht ist. Der Mauerbestand des Gotteshauses lässt sich dem 13. Jahrhundert zuordnen, während die freigelegten Fresken im Chorraum Ende des 15. Jahrhunderts – zur Zeit der Spätgotik – entstanden sind. Sie stellen Symbole der vier Evangelisten sowie verschiedene Heilige dar. Sie beeindrucken noch heute durch ihre Farbigkeit[136].

Bei den gotischen Fresken in der Peracher Kirche ist auch unser Landespatron Rupert abgebildet (Abb. 149). Mit ihm hat es der Künstler besonders gut gemeint und zwei Attribute zugeordnet: sein eigenes, das Salzfass, und das des heiligen Korbinian, den Bären mit Gepäck. Der Anlass für das Bärenmotiv ist die Legende, nach der auf einer Reise Korbinians dessen Pferd von einem Bären getötet wurde. Zur Strafe wurde der Bär vom Heiligen zur Übernahme seines Gepäcks gezwungen (vgl. Korbinianstraße). Korbinians Attribut beim Bild des heiligen Rupert ist kein Unglück, waren doch beide „Kollegen" als Missionsbischöfe in Bayern, und das noch zur selben Zeit um 700.

zwei Attribute

Pestalozzistraße

Stadtplan: D 3 = von der Jennerstraße östlich abzweigend.

Johann Heinrich Pestalozzi (* 12. 1. 1746 in Zürich, † 17. 2. 1827 in Brugg) war Pädagoge und Sozialreformer in der Schweiz. Er gründete eine Erziehungsanstalt für arme Kinder, ein Waisenhaus und eine Versuchsschule. Pestalozzi betonte die Einheit von geistiger, sittlicher und körperlicher Entwicklung. Er gilt als Begründer der modernen Volksschule.

Abb. 150: Johann Heinrich Pestalozzi.

Petersweg

Stadtplan: C 3 = in Salzburghofen von der Laufener Straße bei der Peterskirche nach Nordwesten bis zur Kreisstraße BGL 2 = ebenfalls Laufener Straße.

Die Peterskirche in Salzburghofen wurde um 1475 – in der Epoche der Spätgotik – erbaut. Aus dieser Zeit stammen sowohl die Schnitzfiguren des heiligen Petrus (Abb. 151) und des heiligen Paulus als auch die im Kirchengewölbe freigelegten Fresken. Sie zeigen Medaillons mit Attributen der vier Evangelisten. Ähnliche Motive sind in der Kirche in Perach zu sehen, die auch Ende des 15. Jahrhunderts entstanden sind (vgl. Peracher Straße). Die Peterskirche ist wie viele andere Kirchen während der Barockzeit verändert worden. Aus dieser Epoche stammt der Hauptaltar mit einem Bild des Kirchenpatrons, dem ein Engel die Papstkrone aufsetzt. Während der Schöpfer dieses Altarbildes unbekannt ist, kann ein weiteres Bild am Altar mit der Darstellung des heiligen Paulus dem Maler Johann Michael Rottmayr zugeordnet werden. Er wurde 1654 in unserer Nachbarstadt Laufen geboren, wurde kaiserlicher Hofmaler in Wien und schuf bedeutende Werke unter anderem in Salzburg, Melk und Wien.

Die Peterskirche in Salzburghofen hat wahrscheinlich Vorgängerbauten, die ins frühe Mittelalter zurückreichen und neben der Kapelle im herzoglichen Hof existierten. Es war damals vielfach üblich, neben einem Gotteshaus für die Herrschaft eine zweite Kirche für die bäuerliche Bevölkerung, für die gewöhnlichen Leute, zu bauen, bei der dann von der „Leutkirche" die Rede war[137].

Abb. 151: Der aus der Erbauungszeit um 1475 stammende Kirchenpatron, der heilige Petrus, mit dem von Jesus erhaltenen *Schlüssel des Himmelreichs* (Mt 16.19).

Abb. 152: Der Schönramer Filz ist ein Naturschutzgebiet, das sich längs eines Rundweges erkunden lässt.

Pettinger Straße

Stadtplan: C 2 = von der Waginger Straße zur Bergstraße.

Die Gemeinde Petting liegt am Südrand des Waginger Sees, gehörte lange zum Landkreis Laufen und wurde bei der Gebietsreform 1972 dem Landkreis Traunstein zugeordnet. In ihrem Gemeindegebiet liegt der reizvolle Schönramer Filz, bei dem es sich um ein Hochmoor handelt, das wenige Nährstoffe aufweist und nur ganz speziellen Tieren und Pflanzen das Überleben ermöglicht (Abb. 152). Ferner gehört zu dieser Gemeinde das Schloss Seehaus am Weidsee. Es war bis zur Säkularisation vor rund 200 Jahren Sitz eines Amtmanns des Salzburger Domkapitels, der zweitgrößten Grundherrschaft des Erzstifts Salzburg nach dem Erzbischof. Die Grundherrschaften waren die Eigentümer der Bauernhöfe, welche diese den Bauern gegen Ablieferung von Ernteerträgen überließen. Auch unter den Freilassinger Bauern war einer, der dieser Grundherrschaft, dem Domkapitel, unterstellt war: der Schornbauer. Im Fall der Übergabe dieses Bauernhofes an die nächste Generation oder bei einem anderen Amtsgeschäft mussten die Leute zu ihrem zuständigen Amtmann nach Seehaus kommen.

Seehaus

Abb. 153: Das Pfarrfeld in den 1960er-Jahren. Inzwischen wurde ein großer Teil dieses Feldes zur Friedhofserweiterung verwendet sowie – 1999 – das Gebäude der Pfarrökonomie abgebrochen.

Pfarrweg

Stadtplan: B 4 = von der Laufener Straße zum Friedhofseingang mit Parkplatz.

Der Pfarrweg hat seinen Namen vom Flurnamen *Pfarrfeld* (vgl. Kirchfeldstraße). Es erfasste einst das Gelände nördlich von Kirche und Pfarrhof bis hin zur Hangkante des alten Flussbettes von Saalach und Salzach. Die Äcker und Felder dienten der Pfarrökonomie (Abb. 153). Sie wurde erst 1951 aufgegeben[138]. Ein größerer Teil dieses früheren Feldes gehört inzwischen zum Friedhof, der Rest wurde an Bauern verpachtet und wird weiterhin landwirtschaftlich genutzt. Der unterhalb des Hangs befindliche Auwald, durch den der seit 2004 wieder bewässerte Mittergraben fließt (vgl. Mühlbachstraße), heißt *Pfarrau*. Der Hang selber, die *Pfarrerleit'n*, dient Kindern für Ski- und Schlittenabfahrten. Damit aber noch nicht genug der Pfarrnamen: Die am Hang aufgestellte Ruhebank unter einer Linde heißt *Pfarrerbankerl*. Der Rastplatz war vor der Friedhofserweiterung über den Pfarrweg erreichbar, der aber nun am Friedhofseingang endet und zu einem Umweg auf einer Schotterstraße entlang der Friedhofsnordseite zwingt, es sei denn, man nimmt den Weg durch den Gottesacker. Die Ruhebank bietet den Blick auf die Marienkirche mit Pfarrhof und Pfarrstadel vor der gewaltigen Alpenkulisse vom Gaisberg im Osten über die Berchtesgadener Alpen im Süden bis zum Teisenberg im Westen. Dem ehrfürchtigen Betrachter dieses prächtigen Landschaftsbildes wird ein besonderer Schutz gewährt durch das unmittelbar neben der Ruhebank aufgestellte Dachkreuz aus Schmiedeeisen mit Blickrichtung Salzburghofen und Hochgebirge.

Pilgrimstraße

Stadtplan: C 4 = von der Laufener Straße zur Auenstraße.

Diese Straße erinnert an den Salzburger Erzbischof Pilgrim I., der von 907 bis 923 amtierte und im Jahr 908 Salzburghofen erhielt (vgl. Salzburghofener Straße). Der Kirchenfürst, der einer altbayerischen Adelssippe entstammte, wurde Nachfolger von Erzbischof Theotmar (873 – 907), der mit einem bayerischen Heerbann gegen die Ungarn gezogen und in der Schlacht bei Preßburg 907 zu Tode gekommen war. Damals hatten auch die Bischöfe von Freising und Säben sowie der weltliche Führer und zahlreiche Krieger dasselbe Schicksal erlitten. Durch die vernichtende Niederlage waren ferner die östlichen Missionsgebiete der Salzburger Kirche

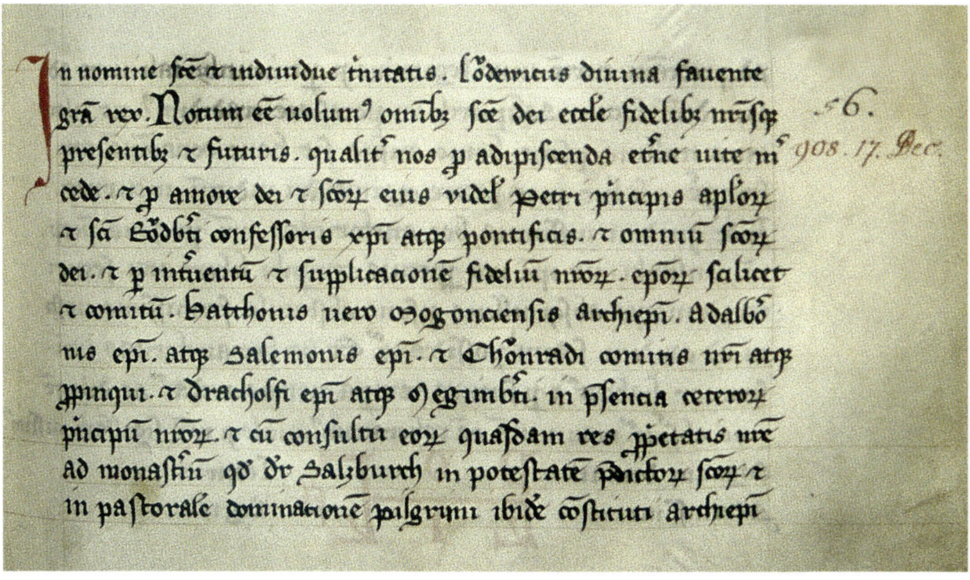
In nomine sce et indiuidue trinitatis. Ludewicus diuina fauente
gra rex. Notum ee uolum omib sce dei ecclē fidelib nris q
presentib et futuris. qualit nos p adipiscenda etne uite m
cede. et p amore dei et scor eius uidel petri pncipis aplor
et sci Rodbti confessoris xpi atq pontificis. et omniu scor
dei. et p interuentu et supplicacione fideliu nror. epor scilicet
et comitu. Hatthonis nero Mogonciensis archiepi. Adalbe
nis epi. atq Salomonis epi. et Chonradi comitis nri atq
pinqui. et Drachobsfi epi atq Megimbti. in psencia ceteror
pncipu nror. et cu consultu eor quasdam res ppetatis nre
ad monasteriu qd dr Salzburch in potestate pastor scor et
in pastorale dominacione pilgrimi ibide constituti archiepi

Abb. 154: Anfang der Abschrift der Schenkungsurkunde vom 17. Dez. 908 (HHStA Wien, Cod. 359, fol. 61; neu: SLA).

und wahrscheinlich eine größere Anzahl von Eigengütern verloren gegangen. Wohl als Entschädigung für diese Verluste erhielt der neue Bischof Pilgrim I. von König Ludwig IV. mit Urkunde vom 17. Dezember 908 (Abb. 154) den Königshof Salzburghofen[139]. Dieser war zuvor schon an die Salzburger Kirche verlehnt gewesen und ging mit der Schenkung in ihr uneingeschränktes Eigentum über. Wie die Bauern erstmals im 19. Jahrhundert das Eigentum an ihren Höfen erwerben konnten und zuvor mit ihrem Grundherrn nur eine Art Pachtvertrag hatten, so war es auch mit Salzburghofen. Der Salzburger Erzbischof war erst Inhaber des Lehens und wurde mit der Schenkung Eigentümer.

Königshof

Der erhaltene königliche Hof war nicht nur ein einzelnes Gebäude samt den umliegenden Grundstücken. Es war ein großer und zusammenhängender Bezirk *mit den Höfen, mit den Gebäuden, mit den Feldern, den Äckern, den Wiesen, den Weiden, den Wäldern, den Seen, den Gewässern und Wasserläufen, den Jagdgebieten, den Mühlen, den Fischereigewässern, den zugänglichen und unwegsamen Gebieten, mit den hinein- und herausführenden Wegen, mit den genutzten Gebieten, dem bebauten und unbebauten Land, mit den beweglichen und unbeweglichen Gütern und auch mit allen Leibeigenen beiderlei Geschlechts, mit den Barschalken (Halbfreie), mit allen Abgaben in Reichenhall und außerhalb Reichenhall, an den Flüssen Saalach und Salzach, an Gold und an Salz und an Kleinvieh, mit den beiden Zöllen, die im Volksmund Maut genannt werden, und mit allen dazugehörenden und dabei liegenden Gütern und mit den nachbenannten dienstpflichtigen Menschen ...*[140]. Mit dieser Schenkung von Salzburghofen an die Salzburger Kirche ergab sich eine enge Verknüpfung von Machtzentrum in Salzburg, Salzproduktionsstätte in Reichenhall und einstigem Königshof Salzburghofen[141]. Der wertvolle Hof trug dazu bei, dass es dem Erzbischof in den Jahren seiner Amtszeit bis zu seinem Tod am 8. Oktober 923 gelang, das Erzstift nach der Katastrophe von Preßburg zu konsolidieren[142].

Pilgrim II.

Fast ein halbes Jahrtausend später trug ein weiterer Salzburger Erzbischof den selben Namen. Es war Pilgrim II. von Puchheim (* um 1335, † 5. 4. 1396 in Salzburg), der 30 Jahre lang von 1366 bis 1396 regierte und geschickt die Schwächen seiner beiden großen Nachbarn Bayern und Österreich nutzte. Pilgrim II. förderte den Bergbau, besonders den Goldbergbau in den Tauern, der ihm finanzielle Stärke sicherte sowie Gebietserweiterungen seines Stiftlandes ermöglichte. Er wird als letzter großer Erzbischof des Mittelalters bezeichnet[143].

Abb. 155: Der Plainweg bietet neben dem großartigen Ausblick nach Osten auch noch üppigen Pflanzenschmuck.

Plainweg

Stadtplan: C 4 = von der Laufener Straße zum Hagenweg.

Der Plainweg (Abb. 155) verläuft an der oberen Hangkante des einstigen Flussbettes der Saalach (vgl. Straßenbezeichnung „Am Hang"). Er bietet einen Ausblick zur barocken Wallfahrtskirche Maria Plain auf dem Plainberg jenseits von Saalach und Salzach. Das Gotteshaus wurde von Hofbaumeister Giovanni Antonio Dario erbaut, dem die Doppelturmfassade des Doms als Vorbild diente, und 1674 – nach beendeter Gegenreformation – eingeweiht. Den Hochaltar schmückt eine Abbildung Mariens mit dem Jesuskind. Dieses Gnadenbild wurde in der Mitte des 18. Jahrhunderts mit einer Krone versehen. Dieser „Krönung" wird seither alljährlich am 5. Sonntag nach Pfingsten feierlich gedacht. Zum Gedenktag im Jahr 1774 komponierte Mozart die so genannte Kleine Credo-Messe in F-Dur KV 192, die im genannten Jahr auch zum ersten Mal in Maria Plain aufgeführt wurde[144]. Lange war man der Meinung, dass Mozart die Krönungsmesse aus diesem Anlass komponiert habe und sie auch in Maria Plain uraufgeführt worden sei. Inzwischen scheint es aber sicher, dass die Krönungsmesse zum ersten Mal am Ostersonntag 1779 im Salzburger Dom erklang. Unter den vielen Wallfahrern, die sich zu Maria Plain hin-

Maria Plain

gezogen fühlen, sind auch solche aus Freilassing. Sie pilgern nach wie vor alljährlich im Mai am Tag vor Christi Himmelfahrt gemeinsam zur Gottesmutter auf den nahen Plainberg[145].

Grafen von Plain

Der Plainweg erinnert zudem und vor allem an das mächtige Geschlecht der Grafen von Plain (seit 1187 auch von Hardegg), deren Herrschaftssitz die Plainburg östlich von Reichenhall war. Die Plainer wirkten in der Zeit von Anfang des 12. bis zur Mitte des 13. Jahrhunderts und damit auch während der Zeit des Investiturstreits zwischen Kaiser und Papst, bei dem es um das Recht der Einsetzung der Bischöfe und Äbte in ihre Ämter ging. Die Grafen von Plain waren treue Parteigänger von Kaiser Friedrich Barbarossa (vgl. Barbarossastraße). Sie vollzogen weisungsgemäß die über das Erzstift Salzburg verhängte Reichsacht, indem sie in der Nacht vom 4. zum 5. April 1167 die Stadt Salzburg niederbrannten[146]. Dieses dunkle Kapitel prägte das Bild der Plainer. Es wurde aufgehellt durch Graf Luitold III. von Plain und Hardegg, der fünfzig Jahre später, 1217, vor seiner Teilnahme an einem Kreuzzug ins Heilige Land alle Schenkungen seines Geschlechts an das Kloster Höglwörth bestätigte. Er wird heute – gemeinsam mit dem Domkapitel – als Klostergründer betrachtet. Die Plainburg, von der aus einst die Wege von Reichenhall nach Norden und Westen überblickt und kontrolliert werden konnten, verlor 1594 ihre Bedeutung durch eine Verwaltungsreform, bei der die Burg Staufeneck zum Sitz des Pflegers bestimmt und damit die Burg Plain dem Verfall preisgegeben wurde. Keine zwei Jahrzehnte später wird schon davon berichtet, dass *Gwölber, Tachung und Zimer eingefallen sein*[147]. Auch wenn die Anlage dann noch einmal bewohnbar gemacht wurde, ihr Untergang war nicht aufzuhalten. Heutzutage sind von der früher stolzen Burg nur noch wenige Außenmauern erhalten, die aber immer noch den Atem der großen Geschichte von Burg und Burgherren spüren lassen (Abb. 156).

Unterplain

Schließlich erinnert der Plainweg noch daran, dass unser Stadtgebiet einmal zum Gerichtsbezirk Plain gehörte. Das Land war früher in Grafschaften oder Gerichtsbezirke – meist kurz und bündig *Gerichte* genannt – eingeteilt. Die Plainer Grafen unterteilten ihr Gericht, das nördlich ihrer Burg lag und bis zur Salzach reichte, noch einmal in Unter- und Oberplain. Der Hauptort des Gerichts Unterplain war das Dorf Salzburghofen, in dem die Gerichtssitzungen für diesen Bezirk stattfanden. Ende des 16. Jahrhunderts, nachdem die Verwaltung des Landes auf so genannte *Pfleger* – das waren Beamte des Salzburger Erzbischofs – übergegangen war, wurden die Gerichte Unter- und Oberplain sowie Staufeneck zusammengefasst unter dem Namen *Pfleggericht Staufeneck*. Dabei blieb es bis zur Teilung des Landes zwischen Bayern und Österreich zu Beginn des 19. Jahrhunderts.

Abb. 156: Mauerreste der einst bedeutungsvollen Plainburg, die ihre Glanzzeit im Hochmittelalter erlebte. Die Ruine befindet sich einen Kilometer östlich der Kirche von Großgmain.

Abb. 157: Deutsche Familienidylle 1933 in Stolpmünde an der Ostsee unweit der Stadt Stolp an der Stolpe in Pommern. Zwölf Jahre später, 1945, kam das Gebiet zu Polen, und die Kreisstadt Stolp heißt nun in der Landessprache *Slupsk*.

Pommernstraße

Stadtplan: B 2 = von der Breslauer zur Surheimer Straße.

Pommern ist eine Region an der Ostsee von der Recknitz bei Rostock im Westen bis zur Weichselmündung bei Danzig im Osten (s. Karte S. 18). Der zwischen 50 und 200 Kilometer breite Küstenstreifen schließt die vorgelagerten Inseln und Halbinseln mit ein. Das Gebiet gehört im westlichen Teil, der Vorpommern genannt wird, zu Deutschland, zum Bundesland Mecklenburg-Vorpommern, und im größeren östlichen Teil, der Hinterpommern heißt, zu Polen.

Pommern wurde am Ende des Zweiten Weltkriegs 1945 von der russischen Armee besetzt, wobei anschließend das östlich der Oder gelegene Gebiet unter polnische Verwaltung geriet (Abb. 157). Bald darauf wurde die Oder-Neiße-Linie als Landesgrenze zwischen Deutschland – damals Sowjetische Besatzungszone – und Polen festgesetzt. Damit war die Teilung Pommerns vollzogen. Die deutsche Bevölkerung in dem an Polen gefallenen Gebiet wurde vertrieben und später ausgesiedelt. Der deutsche Landesteil kam 1952 an die Deutsche Demokratische Republik, 1990 durch die Wiedervereinigung an die Bundesrepublik. 1990 hat Deutschland die Oder-Neiße-Grenze durch den Deutsch-Polnischen Grenzvertrag anerkannt.

Predigtstuhlstraße

Stadtplan: E 2 – 3 = von der Gaisberg- zur Dachsteinstraße.

Der Predigtstuhl mit 1.613 Metern Höhe gehört zum Lattengebirge und bildet den südlichen Eckpfeiler des Reichenhaller Talkessels. Der Gipfel, genauer gesagt: das 30 Höhenmeter darunter befindliche Berghotel, lässt sich vom Tal in weniger als zehn Minuten bequem mit der Seilbahn erreichen. Sie gilt als älteste Großkabinenseilbahn der Welt. Seit der Inbetriebnahme 1928 hat sie mehr als sechs Millionen Fahrgäste unfallfrei befördert (Abb. 158).

Für Bergwanderer, die allerdings mehr Zeit und Kraft aufwenden müssen als Seilbahnfahrer, bieten sich für Auf- und/oder Abstiege abwechslungsreiche Routen an:
1. von Kirchberg/Saalachsee auf dem Waxriessteig über die Schlegelalmen,
2. von Kirchberg/Stadtkanzel über die Sprechtenköpfe und die Schlegelmulde,
3. von Bayerisch Gmain/Wanderzentrum auf dem Alpgartensteig,
4. von Hallthurm über den Rotofensattel und vorbei an der Steinernen Agnes,
5. von der Alpenstraße/Taubensee über Mordau, Karkopf und Schrecksattel,
6. von der Schwarzbachwacht über Moosen- und Obere Schlegelalm, oder
7. von Baumgarten über Rötelbach-, Untere und Obere Schlegelalm.

Abb. 158: Die Predigtstuhlbahn besteht seit 1928 und ist damit die älteste Großkabinenseilbahn weltweit.

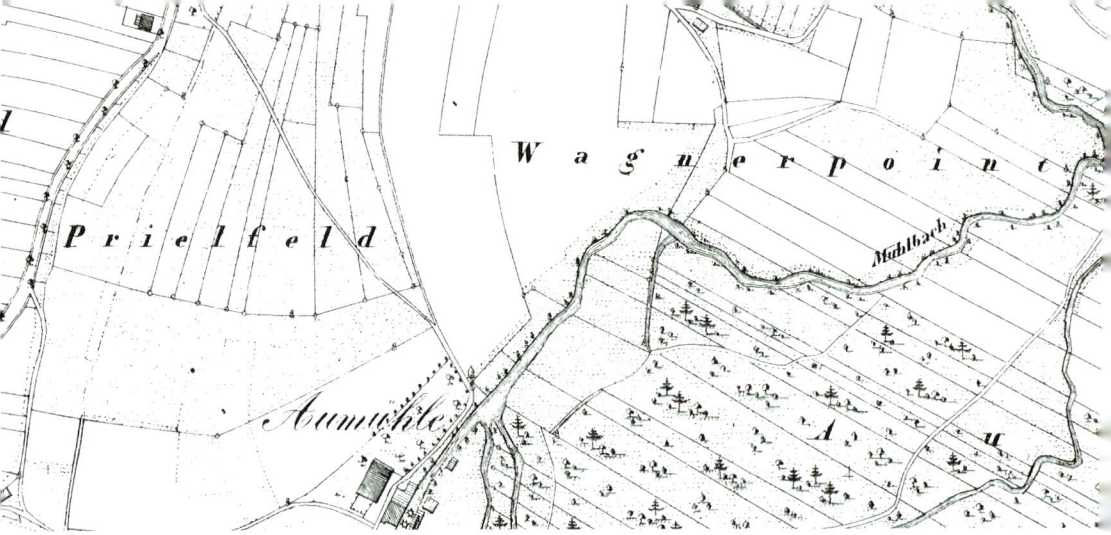

Abb. 159: Das Prielfeld in der Flurkarte von 1864 (Ausschnitt aus SO XIV 46).

Prielweg

Stadtplan: C 4 = von der Auenstraße westlich abzweigend.

Die Wegbezeichnung verdankt ihren Ursprung dem früheren Flurnamen *Prielfeld* (Abb. 159). Er erfasste das Gebiet nordwestlich der Aumühle, auf dem sich heutzutage das Badylon, die TSV-Sportanlagen sowie die Kläranlage befinden. Priel bedeutet so viel wie Wasserrinne oder schmaler Wasserlauf. Die Bezeichnung ist gut verständlich, da die Saalach vor ihrer Regulierung regelmäßig zur Zeit der Schneeschmelze über ihre Ufer trat und auch dieses Gelände überschwemmte. An die enge Beziehung des Prielfeldes zum Wasser erinnert noch der Mühlbach.

Raiffeisenstraße

Stadtplan: C 3 = von der Mittleren Feldstraße zur Vinzentiusstraße.

Friedrich Wilhelm Raiffeisen (* 30. 3. 1818 in Hamm/Sieg, † 11. 3. 1888 in Neuwied) war Sozialreformer und Begründer der auf Selbsthilfe basierenden ländlichen Genossenschaften, insbesondere der Spar- und Darlehenskassenvereine. Sie haben sich inzwischen zu regionalen Universalbanken entwickelt und mit den Volksbanken zusammengeschlossen.

Abb. 160: Friedrich Wilhelm Raiffeisen.

Reichenberger Straße

Stadtplan: C 2 – 3 = vom Sudetenplatz zur Egerländer Straße.

Die einst von Sudetendeutschen bewohnte Stadt Reichenberg befindet sich im Norden von Tschechien unweit des Dreiländerecks mit Deutschland und Polen (s. Karte S. 18). Sie liegt an der Lausitzer Neiße, hat 100.000 Einwohner, verfügt über eine Hochschule sowie wertvolle Baudenkmäler aus mehreren Epochen und ist Sitz verschiedener Industriezweige. Als Theaterstadt war sie neben Troppau und Brünn schon zur Mozartzeit bekannt. Ihr tschechischer Name lautet *Liberec*.

Das Land um Reichenberg wurde im 13. Jahrhundert im Bereich alter Handelswege von deutschen Siedlern gerodet und erschlossen. Der Mitte des 14. Jahrhunderts erstmals erwähnte Ort stieg zur zweitgrößten Stadt Böhmens auf und konkurrierte auf kulturellem Gebiet mit der Hauptstadt Prag. Das Ende des 19. Jahrhunderts gebaute Rathaus (Abb. 161) hat Ähnlichkeit mit dem Rathaus in Wien und brachte Reichenberg den Beinamen „Wien des Nordens" ein. Die Stadt, einst Zentrum des Sudetenlandes (vgl. Sudetenplatz und Sudetenstraße), war in ihrer langen Geschichte verschiedenen Ländern zugeordnet und 1938 bis 1945 Verwaltungssitz des

Abb. 161: Das 1893 im Neorenaissancestil erbaute Rathaus der Stadt Reichenberg, die sich nach dem Ersten Weltkrieg auch zum politischen Zentrum der Deutschen in Böhmen und Mähren entwickelte.

deutschen Reichsgaus Sudetenland. Nach dem Ende des Zweiten Weltkriegs wurde die deutsche Bevölkerung vertrieben und Reichenberg wieder an die Tschechoslowakei angeschlossen. Seit der Teilung dieses Landes 1993 gehört die Stadt zur Tschechischen Republik.

Reichenhaller Straße

Stadtplan: D – F 3 = von der Ludwig-Zeller-Straße bis zur Bundesstraße 304 im Süden der Stadt (Kreisverkehr).

Die Geschichte der Nachbarstadt im Süden wird – wie ihr Name deutlich ausdrückt – vom Salz geprägt[148]. Das in den dortigen Bergen vorkommende Salz ist vor mehreren hundert Jahrmillionen entstanden. Es wird durch das über Felsritzen eindringende Regenwasser aufgelöst, von ihm aufgenommen und kommt dann in Form von Sole ans Tageslicht. Bodenfunde aus der Bronzezeit lassen den Schluss zu, dass schon vor viertausend Jahren diese Quellen genutzt wurden. Dies war stets ein einträgliches Geschäft, das nach den Kelten und Römern ab dem 6. Jahrhundert die Bajuwaren übernahmen. So hat das Salz die Entwicklung der gesamten Region nachhaltig geprägt. Dazu gehörten die Beschaffung des Energieträgers Holz, das zum Versieden der Sole benötigt wurde, sowie die Vermarktung des Fertigproduktes in nahen und fernen Ländern. Deshalb betrieb man die Holztrift auf Bächen und Flüssen, baute Soleleitungen über Berg und Tal und beförderte das Salz auf verschiedenen Routen zu Wasser und zu Lande. Von den reichhaltigen Solequellen und deren Endprodukt Salz profitierte nicht zuletzt die Metropole Salzburg, die ihren deutschen Namen davon ableitet. Deshalb trägt auch der heilige Rupert, der erste Bischof von Salzburg sowie Schutzpatron der Salzbergleute, als Attribut das Salzfass. Er war kurz vor dem Jahr 700 vom Bayernherzog nach Salzburg geholt und mit wertvollen Anteilen an der Reichenhaller Saline ausgestattet worden. Nach den Herzögen waren es die bayerischen Könige, die aus dem Salzgeschäft ihren Nutzen zogen und daraus einen erheblichen Teil ihres Staatshaushalts finanzierten. Deshalb ließ König Ludwig I. im 19. Jahrhundert unter anderem das Hauptbrunnhaus (Abb. 162) neu errichten. Das ansprechende Gebäude gehört inzwischen zur Alten Saline. Es bietet Besuchern interessante Einblicke in den Quellenbau sowie die Geschichte der Salzerzeugung. In der Neuen Saline wird dagegen die Salzproduktion nach modernsten Verfahren fortgeführt.

Um 1850 begann in Reichenhall der Kurbetrieb, der sich ebenfalls die reichhaltigen Solequellen zu Nutze machte. Die Stadt erlangte als Asthmaheilbad Weltgeltung, erhielt 1890 das Prädikat „Bad" und ist seit der Fertigstellung des Kurhauses im Jahr 1900 Bayerisches Staatsbad. In diesen Jahren war Reichenhall Treffpunkt des Adels und des wohlhabenden Bürgertums. Seit der Gebietsreform 1972 ist es Kreisstadt des Landkreises Berchtesgadener Land. 2009 feierte Bad Reichenhall sein 850-jähriges Jubiläum als Stadt und kann sich damit sogar mit der Landeshauptstadt München messen, die nur ein Jahr älter ist.

Abb. 162: Das Hauptbrunnhaus der Alten Saline steht oberhalb der wertvollen Solequellen. Sie sind für Besucher zugänglich in Verbindung mit dem dortigen Salzmuseum.

Abb. 163: Die Mühlsturzhörner der Reiter Alpe von der Bindalm aus.

Reiteralpestraße

Stadtplan: E 3 = von der Zwiesel- zur Staufenstraße.

Die Reiter Alpe – von Einheimischen ausschließlich *Reiter Alm* genannt und neuerdings auch in Landkarten so bezeichnet – ist ein Gebirgsstock der Berchtesgadener Alpen zwischen dem Klausbachtal auf seiner Ostseite und dem Saalachtal im Westen. Dort befindet sich nahe dem Kniepass das Dorf Reit, vom dem das Gebirge seinen Namen ableitet. Der nördliche Teil der Reiter Alpe dient der Bundeswehr als Übungsgelände und kann deshalb von Bergsteigern nur eingeschränkt genutzt werden. Hauptgipfel sind verschiedene Hörner: das Stadelhorn (2.286 m), das Große und das Kleine Mühlsturzhorn (2.235 m und 2.141 m), das Wagendrischelhorn (2.251 m), die Häuslhörner und die Grundübelhörner. Sie alle liegen auf der Südseite des Gebirgsstocks und bieten vom Hirschbichl aus betrachtet einen großartigen Anblick (Abb. 163). Die Bewohner von Freilassing sehen vor allem die steil nach Westen abfallenden Kanten von Wartstein (1.759 m) und Großem Weitschartenkopf (1.980 m) sowie dahinter die Drei Brüder.

Richard-Strauss-Straße

Stadtplan: C 3 = von der Oberen Feldstraße zur Vinzentiusstraße.

Richard Strauss (* 11. 6. 1864 in München, † 8. 9. 1949 in Garmisch-Partenkirchen) war Komponist und Dirigent. Er wirkte als Generalmusikdirektor an der Berliner Oper, leitete die Wiener Staatsoper und wurde wegen seines Einflusses auf die Salzburger Festspiele Ehrenbürger dieser Stadt. Strauss schuf Opern, Symphonische Dichtungen, Konzerte, Chorwerke sowie zahlreiche Klavier- und Orchesterlieder. Eines seiner bekanntesten Werke ist „Der Rosenkavalier".

Abb. 164: Richard Strauss.

Richard-Wagner-Straße

Stadtplan: C 3 = von der Oberen Feldstraße zur Beethovenstraße.

Der Komponist Richard Wagner (* 22. 5. 1813 in Leipzig, † 13. 2. 1883 in Venedig) lebte in Venedig, Brüssel, Paris, Wien, München und Bayreuth. Dort legte er den Grundstein für sein Festspielhaus, das mit Unterstützung von König Ludwig II. erbaut wurde. Wagner schuf die Texte zu seinen Werken selbst, um eine Verschmelzung von Dichtung und Musik zu erzielen. Seine Bühnenwerke werden vor allem alljährlich bei den Bayreuther Festspielen dargeboten.
Abb. 165: Richard Wagner.

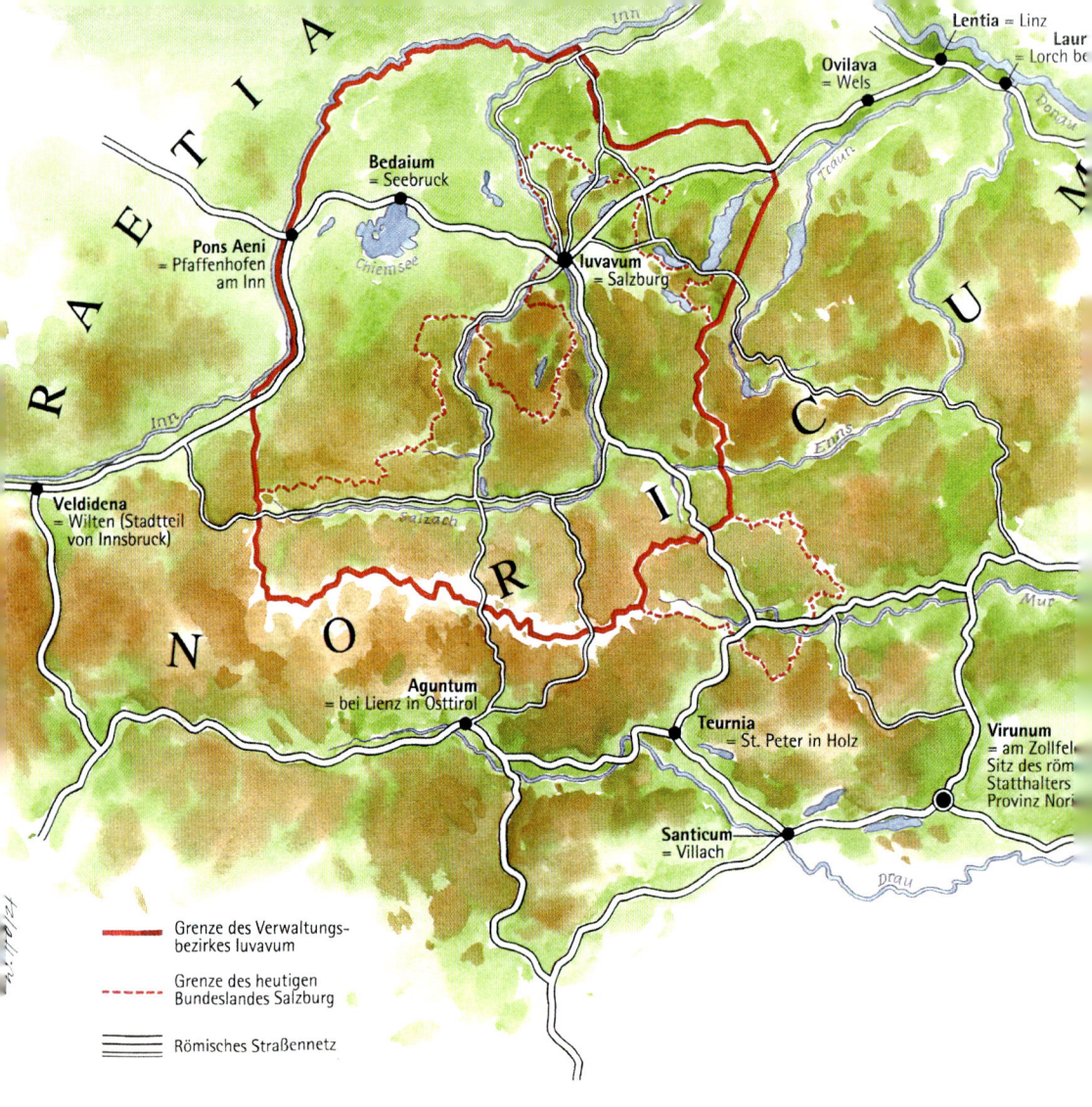

Abb. 166: Zur Römerzeit war *Iuvavum* (Salzburg) durch ein umfangreiches Straßennetz mit vielen bedeutenden Orten des Imperiums verbunden.

Römerstraße

Stadtplan: F 2 = von der B 304 südöstlich abzweigend.

Vor rund zweitausend Jahren beherrschten die Römer große Teile Europas. Sie gliederten das hiesige Land, das zum keltischen Königreich Noricum gehört hatte, als Provinz in ihr Weltreich ein und gründeten die Siedlung *Iuvavum* (Salzburg). Diese wurde um 50 n. Chr. zur Stadt erhoben, zu deren großem Stadtgebiet weite Teile der Umgebung, darunter auch das heutige Freilassing, gehörten.

Eine tragende Säule des römischen Imperiums war ein modernes Straßennetz, das für Nachrichtenübermittlungen durch Kurierdienste erforderlich war, den Personen- und Warenverkehr forcierte und nicht zuletzt den Truppenbewegungen diente. *Iuvavum* war über befestigte Straßen sowohl mit dem südlich gelegenen Machtzentrum in Rom verbunden als auch mit anderen bedeutenden Städten im Westen, Norden und Osten des Weltreichs (Abb. 166).

Die Römerstraße an der südlichen Gemeindegrenze von Freilassing entspricht einem kurzen Teilstück der Ende des 2. Jahrhunderts n. Chr. gebauten römischen Reichsstraße. Sie führte von Salzburg *(Iuvavum)* nach Augsburg *(Augusta Vindelicum)*, Hauptstadt der Nachbarprovinz Rätien, überquerte bei Bruch die Saalach (Abb. 167 und 168) und verlief

Abb. 167: So könnte der Straßenverkehr auf der Römerbrücke bei Bruch ausgesehen haben: Gedeckte Reisewagen mit Maultiergespann, Warentransport auf Leiterwagen mit Ochsengespann sowie Fußreisende.

anschließend über Adelstetten, Teisendorf und Traunstein letztlich nach Augsburg. Sie wurde zum einen im Abschnitt von Freilassing-Süd bis Adelstetten in den Bau der Bundesstraße 304 einbezogen, weshalb dort der Straßenverlauf nach Römerart kerzengerade ist. Zum anderen trägt die östlich der Schnittstelle Bundesstraße/Bahnlinie gelegene und durch das dortige Wohngebiet führende Straße den ehrenvollen Namen ihrer großen Vorgängerin. Dabei gehört der größere Teil dieser heutigen Römerstraße zur Nachbargemeinde Ainring, und nur der kleinere liegt auf Freilassinger Stadtgebiet. Dort erinnert eine Gedenktafel an einem Rest eines Dammes der alten Römerstraße an den historisch bedeutsamen Ort.

Abb. 168: Die von Salzburg kommende Römerstraße überquerte die Saalach bei Bruch und führte dann über Adelstetten, Teisendorf und Traunstein weiter nach Westen mit dem Fernziel Augsburg. Im Hintergrund das Lattengebirge, ganz rechts der Predigtstuhl.

Abb. 169: Die besondere Pracht dieser Edelrose rechtfertigt ihren Namen *Aachener Dom*. Den Kern des Gotteshauses in Aachen bildet die um 800 erbaute Pfalzkapelle Karls des Großen, der dort auch beigesetzt wurde. Die UNESCO erklärte das Münster inzwischen zum Weltkulturerbe.

Rosenweg

Stadtplan: C 2 = von der Pettinger Straße nördlich abzweigend.

Die Gattung Rose *(Rosa)* besteht aus mehr als 100 sehr formenreichen Arten. Meistens sind es sommergrüne Sträucher mit dornigen Zweigen. Zu den Wildarten zählen unter anderem die weiß blühende und bevorzugt an Waldrändern anzutreffende Feldrose *(Rosa arvensis)*, die bis über zwei Meter hoch wachsende Buschrose *(Rosa corymbifera)* – sie blüht rosa bis weiß und trägt orangerote Früchte (Hagebutte) –, sowie die bis drei Meter hoch wachsende Hunds- oder Heckenrose *(Rosa canina)*[149]. Anfangs des 19. Jahrhunderts wurde die Züchtung von Gartensorten begonnen und aus China die Teerose *(Rosa odorata)* eingeführt. Diese ist eine der Ausgangsformen für inzwischen zahlreiche Züchtungen von Schnittrosen in vielen Farben und Formen (Abb. 169). Die Rose gilt seit der Antike als Symbol der Liebe und Sinnbild des Weiblichen.

Roßfeldstraße

Stadtplan: E 2 = von der Predigtstuhlstraße westlich abzweigend.

Das Roßfeld ist ein Berggipfel in den Berchtesgadener Alpen, der auf einem vom Hohen Göll nach Norden verlaufenden Kamm liegt (Abb. 170). Der Berg ist über eine mautpflichtige Höhenringstraße mit dem Bus oder dem Pkw von zwei Seiten erreichbar. Diese Roßfeldstraße verläuft auf dem Abschnitt zwischen dem Ahornbüchsenkopf, 1.604 Meter, und dem Roßfeldgipfel, 1.537 Meter, entlang der Landesgrenze zu Österreich, geringfügig sogar auf österreichischem Gebiet, und erreicht dort ihren Scheitelpunkt in rund 1.560 Meter Höhe. Die Bergstraße nutzen gerne sowohl Skifahrer für eine Abfahrt vom Roßfeld als auch Bergsteiger für einen verkürzten Anstieg auf den Hohen Göll.

Abb. 170: Blick vom Purtschellerhaus auf die Roßfeldstraße (am linken Bildrand), die Obere Ahornalm, den Ahornbüchsenkopf, den Roßfeldgipfel (rechts oben) sowie den von der Roßfeldstraße abzweigenden Verbindungsweg (in der Bildmitte) zum Ecker-Sattel (unten).

Rupertusstraße
und Rupertussteg

Stadtplan: Rupertusstraße: D 3 = von der Reichenhaller Straße (Kreisverkehr) zur Bahnüberführung der Strecke nach Laufen; Rupertussteg: D 3 = über die Gleisanlagen von der Rupertusstraße zur Georg-Wrede-Straße.

Der aus rheinfränkischem Adel stammende heilige Rupert (Abb. 171), einst Bischof von Worms, kam im Jahr 696 auf Einladung von Herzog Theodo nach Bayern und ließ sich nach Zwischenaufenthalten an ver-

Abb. 171: Der heilige Rupert führt als Attribut das Salzfass. Es deutet an, dass der Heilige wertvolle Anteile an der Reichenhaller Saline erhalten hatte und sein Bischofssitz auch deshalb den deutschen Namen Salzburg erhielt. Das Bild stammt von Johann Michael Rottmayr (1654 – 1730) und ist über dem rechten Seitenaltar in der Stiftskirche seiner Geburtsstadt Laufen zu bewundern.

schiedenen Orten in Salzburg nieder. Für seine missionarischen Aufgaben erhielt er vom Herzog als wirtschaftliche Basis Grundvermögen in Salzburg, eine Reihe von Bauernhöfen und besonders wertvolle Anteile an der Saline in Reichenhall. Rupert gründete oder erneuerte das Stift St. Peter am Fuße der Mönchsbergwand und war deren erster Abt sowie später gleichzeitig Bischof. Er gründete ferner das Frauenkloster auf dem Nonnberg und setzte dort seine Nichte Erentrudis als erste Äbtissin ein. Rupert war nicht nur geistlicher Führer, sondern auch Pionier auf wirtschaftlichem Gebiet. Sein Attribut, das Salzfass, bringt das zum Ausdruck. Es deutet besonders auf die enge Verknüpfung von Salzburg mit der Saline in Reichenhall hin, wobei zur Verbindung dieser beiden Orte später Salzburghofen noch ergänzend dazukam. Rupert verstarb in seiner rheinischen Heimat an einem 27. März um 716. Später wurden seine Gebeine von Worms nach Salzburg übertragen und am 24. September 774 im neu erbauten Dom beigesetzt. Er wird als Heiliger verehrt, wenngleich er nie heiliggesprochen wurde, und ist Landespatron von Salzburg und dem Rupertiwinkel[150].

Freilassing hat einen doppelten Bezug zum heiligen Rupert. Die Stadt gehört nicht nur zum Rupertiwinkel, dem Teil des früheren Erzstiftes Salz-

Abb. 172: Blick vom Rupertussteg auf die umfangreichen Gleisanlagen am Bahnhof mit dem Gaisberg im Hintergrund.

burg, der bei der Teilung dieses Landes 1816 endgültig bei Bayern blieb. Sie hat auch die 1926 fertiggestellte Stadtpfarrkirche dem heiligen Rupert geweiht. Das Patroziniumsfest wird am 24. September gefeiert. Das ist der Tag, an dem im Jahr 774 die Gebeine des Heiligen im Dom beigesetzt wurden und seither in Salzburg alljährlich des Gründerbischofs gedacht wird. Damit drückt Freilassing die Bindung zu Salzburg aus, denn im bayerischen Kalender ist der Rupertustag der 27. März, der Todestag des Heiligen. So hat Freilassing zwei diesem Bischof gewidmete Feiertage: den 27. März = *Ruperti in der Fasten*(zeit) und den 24. September = *Herbstruperti*.

Der Rupertussteg ersetzt den früheren *Eisernen Steg*. Er besteht nunmehr aus Stahlbeton, sodass eine Namensänderung sinnvoll erschien. Der Steg verbindet den Freilassinger Süden mit dem Stadtzentrum im Norden. Er ist nicht nur für Fußgänger da, er verfügt auch über Rampen für Radfahrer. Er gewährt einen schönen Überblick über die großen Eisenbahnanlagen (Abb. 172) und bietet jedem Passanten ein besonderes Erlebnis, wenn unmittelbar unter seinen Füßen Züge in hohem Tempo durchfahren.

Saalachwehr

Stadtplan: D – E 4 = von der Zollhäuslstraße bis zum Saalach-Kraftwerk.

Die Saalach entspringt in den nördlichen Kitzbüheler Alpen auf einer Höhe von fast 2.000 Metern, fließt über Saalbach, Saalfelden und Lofer zur Grenze am Steinpass, durchströmt den Saalachsee bei Reichenhall und mündet nach etwas mehr als 100 Kilomtern bei Salzburghofen in die Salzach. Der Gebirgsfluss war einst ein wichtiges Triftgewässer für die Saline in Reichenhall, die über diesen Transportweg mit Brennholz aus dem Pinzgau versorgt wurde. Die Saalach ist abschnittsweise reguliert worden, besonders im Mündungsbereich, wo sie seit Anfang des 19. Jahrhunderts die Grenze zwischen Bayern und Österreich bildet. Damit wurde in Freilassing aus dem vielfach überschwemmten Moos- und Heidegebiet landwirtschaftliche Nutzfläche. Das ermöglichte sogar die Ansiedlung eines neuen Bauern, des Moosbauern, der allerdings seinen Betrieb schon lange wieder aufgegeben hat.

Hochwasser im Frühjahr während der Schneeschmelze in den Bergen war und ist an vielen Gebirgsflüssen nichts Besonderes. So war es auch am Unterlauf der Saalach bis zum Hochwasser von 1940, das dramatische Ausmaße annahm: Die für den Bahnverkehr München – Salzburg wichtige Eisenbahnbrücke nahe dem Zollhäusl wurde unterspült. Das war der Anlass für den Entschluss, etwa einen halben Kilometer flussabwärts eine Wehranlage zu errichten, um die Fließgeschwindigkeit der Saalach zu verringern und damit die Brücke zu sichern. In diesem Zusammenhang kam von der Stadt Salzburg – in der Flussmitte verläuft die Landesgrenze – der Vorschlag, die Wehranlage zum Kraftwerk zu erweitern. Schließlich übernahm Salzburg die Finanzierung und errichtete ein Unterwasserkraftwerk mit drei Turbinen. Bauherr war die Stadt Salzburg. Während des Zweiten Weltkriegs wurden die Arbeiten erschwert. Nach Kriegsende im Mai 1945 kam es zu einer bayerisch-österreichischen Zusammenarbeit, welche die Fertigstellung des Wasserkraftwerks ermöglichte. Am 1. März 1950 wurde der Betrieb aufgenommen, am 1. Mai die Bevölkerung zur Besichtigung eingeladen – es kamen 1.500 Interessierte –, und am 2. Juni fand mit Genehmigung der amerikanischen Militärregierung die offizielle Eröffnung des Saalachkraftwerks Rott mit einer Nennleistung von 5.125 PS statt[151].

Während der Errichtung des Kraftwerks waren sowohl für etwa 100 Arbeiter als auch für die Bauleitung im Auwald am westlichen Saalachufer Baracken aufgestellt und durch eine Straße vom Zollhäusl erschlossen worden. Nach der Fertigstellung des Kraftwerks sind diese Notunterkünfte nicht abgebrochen, vielmehr wegen der großen Wohnungsnot an Heimatvertriebene vergeben worden. Um die Mitte der 1950er-Jahre wurden diese Gebäude von der Bundesrepublik Deutschland als Eigentümerin den Bewohnern zum Kauf angeboten. Die Erwerber haben die Häuser inzwischen modernisiert oder neu gebaut sowie Gärten angelegt. Sie freuen sich über die ruhige Lage zwischen Auwald und Saalach. Die dortige Straße erhielt den Namen *Saalachwehr*, der nach wie vor passt, auch wenn das alte Unterwasserkraftwerk aus den 1940er-Jahren (Abb. 173) nicht mehr existiert. Es wurde durch das neue *Saalach-Kraftwerk Rott-Freilassing* ersetzt, das von der Salzburg AG ab 2002 gebaut und am 1. Dezember 2004 in Betrieb genommen wurde[152]. Das neue Werk verbessert den Hochwasserschutz sowie die Energieversorgung. Es bietet sogar den Fischen eine Fischtreppe, über welche die 34 verschiedenen Fischarten das Kraftwerk umgehen können. Ferner können Fußgänger und Radfahrer über die Kraftwerksrampe an das andere Ufer gelangen. Dabei denken sie schon gar nicht mehr daran, dass in der Flussmitte die Landesgrenze zwischen Bayern und Österreich verläuft (Abb. 174). Eine solche Grenzüberschreitung hatte man sich einige Jahre zuvor nicht in den kühnsten Träumen vorstellen können. Hinzu kommt noch, dass man von der Rampe aus die genau zehn Meter in die Tiefe stürzenden Wassermassen aus nächster Nähe bewundern kann (vgl. Kraftwerk).

Abb. 173: Das in den 1940er-Jahren gebaute und im Juni 1950 eröffnete Saalach-Unterwasserkraftwerk Rott bei Hochwasser im Jahr 2002 und damit vor seinem Abbruch im Oktober 2004.

Abb. 174: Das neue Saalach-Kraftwerk Rott-Freilassing wird nicht zuletzt von Radfahrern geschätzt, die über die Wehranlage fahren und dabei problemlos die Landesgrenze passieren können. Dabei können sie sich an die gemeinsame Vergangenheit vor 1816 erinnern, in der es diese Grenze nicht gab.

Abb. 175: Saaldorf von seiner Ostseite während der Getreideernte im Hochsommer.

Saaldorfer Straße

Stadtplan: C 2 = von der Salzstraße östlich abzweigend.

Saaldorf (Abb. 175) liegt an der Westgrenze der Stadt Freilassing. Anlässlich der Gebietsreform wurden Saaldorf und Surheim 1978 zusammengefasst zu einer größeren Einheit mit dem später festgelegten Gemeindenamen Saaldorf-Surheim und derzeit rund 5.500 Einwohnern. Das damit erheblich vergrößerte Gemeindegebiet reicht von der Sur im Süden bis zum Abtsdorfer See im Norden, vom Schign im Westen bis zur Saalach im Osten. Es umfasst an Dörfern, Weilern und Einöden mehr als 50 Orte[153]. Die Bewohner wurden einst von der Pfarrei Salzburghofen betreut, bis 1891 Saaldorf zur eigenen Pfarrei erhoben wurde und 1923 Surheim folgte. In Saaldorf steht die stattliche Pfarrkirche St. Martin, die zu Beginn des 20. Jahrhunderts im Stil der Neurenaissance erbaut wurde und Kunstwerke aus dem früheren Gotteshaus übernommen hat. Im Jahr 2005 wurde der Gemeinde das Prädikat „Erholungsort" zuerkannt.

Vor mehr als 900 Jahren, im Dezember 1097, fand in der Nähe von Saaldorf eine blutige Schlacht statt, bei welcher der damals amtierende Salzburger Erzbischof Thiemo seinem Widersacher Berthold von Moosburg entgegentrat, eine bittere Niederlage hinnehmen musste und die Flucht nach Kärnten ergriff (vgl. Thiemostraße).

Abb. 176: Letzte Zeugen von Sägewerk und Alpine-Betriebe (Aufnahme 2007).

Sägewerkstraße

Stadtplan: C 2 = von der Münchener Straße südlich abzweigend.

Dieser Straßenname erinnert an das von Joseph Schwarz 1927 gegründete Säge- und Hobelwerk zwischen der Münchener Straße, der Oedhofallee und der Bahnlinie nach Laufen. Daraus entwickelten sich die Alpine-Betriebe. Sie stellten nach dem Zweiten Weltkrieg Fertighäuser aus Holz her und beschäftigten bis zu 500 Mitarbeiter. Nach der Einstellung der Produktion 1985 entstand auf einem Teil des ehemaligen Betriebsgeländes ein neues Geschäftsviertel, ein anderer Teil wartet noch auf eine Verwendung (Abb. 176)[154].

Salzburger Platz und Salzburger Straße

Stadtplan: Salzburger Platz: D 3 = Schnittpunkt von Münchener, Salzburger, Laufener und Ludwig-Zeller-Straße; Salzburger Straße: D 4 = vom Salzburger Platz zur Landesgrenze.

Die Straße nach Salzburg hat eine lange Geschichte und hängt vor allem mit dem Übergang über die Saalach zusammen, die auf dem Weg in diese

Stadt zu überwinden ist. Schon zur Römerzeit gab es eine Reichsstraße, die südlich von Freilassing, bei Bruch, über den Fluss führte und *Iuvavum* mit *Augusta Vindelicum*, heute Augsburg, verband (vgl. Römerstraße). Im Mittelalter wurde der Übergang von Bruch nach Freilassing verlegt und dort eine Holzbrücke errichtet. Sie entstand in der Nähe des heutigen Zollhäusls und stellte die Verbindung zwischen der Metropole Salzburg und dem Hof von Salzburg, Salzburghofen, dar. Sie diente ferner dem regionalen sowie überregionalen Personen- und Warenverkehr. Die Straße führte durch den kleinen Weiler Freilassing, war die einzige Straße dieses Ortes und verlief auf der Trasse der heutigen Ludwig-Zeller-Straße (vgl. Ludwig-Zeller-Straße). Der Flussübergang erhielt den Namen *Saalbrücke*, hatte über Jahrhunderte mit dem im Frühjahr üblichen Hochwasser zu kämpfen und musste immer wieder erneuert werden. Um die Kosten dafür aufbringen zu können, wurde Brückenzoll eingehoben (Abb. 177).

Während der napoleonischen Kriege zu Beginn des 19. Jahrhunderts wurde die Brücke in Brand gesteckt, um die feindlichen Truppen am Flussübergang zu hindern. Diese zwangen jedoch die örtliche Bevölkerung, in kurzer Zeit eine Notbrücke zu errichten. Mit der Aufhebung des Erzstifts Salzburg und der Teilung des Landes zwischen Bayern und Österreich wurde die Saalach 1816 Grenzfluss mit der Folge von beiderseitigen Pass- und Zollkontrollen und dem Bau der dazu nötigen Gebäude. Der wichtige Flussübergang, die Saalbrücke, wurde 1931 wieder einmal erneuert. An Stelle der anfälligen Holzbrücke entstand – nahe der inzwischen gebauten Eisenbahnbrücke – eine Stahlbogenbrücke, die den Fluss ohne jede Stütze überspannte (Abb. 178). Sie wurde am 15. November 1931 von Erzbischof Rieder aus Salzburg feierlich eingeweiht, der sie dem hiesigen Schutzpatron empfahl und ihr den Namen *Rupertusbrücke* verlieh. In der Mitte der Brücke verwies ein Schild auf die Staatsgrenze sowie die österreichischen Verkehrsvorschriften. Es forderte die von Bayern kommenden Autofahrer auf: „links fahren!" Das änderte sich einige Jahre später mit dem Anschluss Österreichs an das Deutsche Reich[155]. Der bei der Einweihung der Brücke vom Erzbischof ausgesprochene Wunsch, dass sie viele Jahrzehnte Bestand haben möge, hat sich nicht erfüllt[156]. Die stolze Stahlbrücke fand schon wenige Jahre nach ihrer Fertigstellung ein tragisches Ende. Unverbesserliche sprengten sie in den letzten Tagen des Zweiten Weltkriegs – am 2. Mai 1945 – in die Luft, um damit die heranrückenden amerikanischen Truppen aufzuhalten. Die siegreichen Amerikaner ließen sich davon nicht beeindrucken, benutzten die nahe Eisenbahnbrücke oder fuhren einfach durch die Saalach. 1945 wurde dann auf Veranlassung der Besatzungsmacht ein kurzes Stück flussabwärts eine Notbrücke gebaut, die über eine Zufahrt nördlich des Zollhäusls erreicht werden konnte. Sie

Abb. 177: Die 1829 erbaute Saalbrücke um 1905. Sie war aus Holz gebaut und immer wieder erneuert worden.

Abb. 178: Die 1931 dem Verkehr übergebene Stahlbogenbrücke mit dem Namen Rupertusbrücke.

Abb. 179: Die 2004 fertiggestellte neueste Saalachbrücke. Zwischen ihr und dem Stadtzentrum verläuft die neue Salzburger Straße.

3. Übergang über die Saalach

erfüllte ihren Zweck bis zum Bau einer neuen Brücke, die 1959 in Angriff genommen und noch einmal einen halben Kilometer flussabwärts gebaut wurde. Diese Brücke musste durch eine neue Straße erschlossen werden, die sie nunmehr auf kürzester Strecke mit dem Stadtzentrum verbindet. Sie ist seither das Bindeglied zu unserer Nachbar- sowie Patenstadt Salzburg und trägt seit ihrer Fertigstellung 1961 sowie dem folgenden Stadtratsbeschluss[157] den angemessenen Namen: Salzburger Straße. Der Schnittpunkt, an dem sie in Freilassing mit den wichtigsten anderen Straßen zusammentrifft, heißt Salzburger Platz. Die neue Brücke wurde 1960 in Betrieb genommen und musste bereits 2003/04 wegen Schäden am Spannstahl erneuert werden. Diese zunächst letzte Brücke über die Saalach, die Freilassing mit Salzburg verbindet, hat ein Stahltragwerk mit einer Stützweite von 70 Metern (Abb. 179). Die Kosten von rund 5 Millionen Euro teilten sich der Freistaat Bayern und das Land Salzburg[158].

Die Verbindungen von Freilassing zur Patenstadt Salzburg sind nicht nur wegen der räumlichen Nähe besonders eng, sie gründen auf einer mehr als tausendjährigen gemeinsamen Vergangenheit (Abb. 180): In Salzburg befand sich eine Residenz des Bayernherzogs, der Ende des 7. Jahrhunderts den heiligen Rupert ins Land holte, der Salzburger Bischof wurde Metropolit der bayerischen Kirchenprovinz, und erst 1816 kam die einst fürsterzbischöfliche Haupt- und Residenzstadt zu Österreich. Die jüngsten Entwicklungen in Europa lassen das seither Trennende in einem neuen Licht erscheinen. Sie geben Raum für Gemeinsamkeiten und erhalten dazu laufend neue Impulse durch die 1995 gegründete grenzüberschreitende *EuRegio Salzburg – Berchtesgadener Land – Traunstein.*

Abb. 180: Das vom heiligen Rupert gegründete Kloster St. Peter und der Dom – hier der Marmorbrunnen im Klosterhof mit dem heiligen Petrus sowie die beiden Westtürme der Kathedrale – sind die bedeutendsten Stätten von Salzburg.

Salzburghofener Straße

Stadtplan: C 3 – 4 = von der Laufener Straße zum Petersweg.

Salzburghofen (Abb. 181) ist die Keimzelle von Freilassing. Der Ort wurde von bajuwarischen Ansiedlern im 6. Jahrhundert gegründet und entwickelte sich zum Versorgungshof der Salzburger Residenz des Bayernherzogs. Der *Hof von Salzburg* stieg mit der Zeit über diesen Versorgungsauftrag weit hinaus und erhielt immer mehr Aufgaben und Rechte. Als der Bayernherzog 788 die Macht an den Frankenkönig und späteren Kaiser Karl den Großen verlor, wurde aus dem bayerisch-herzoglichen ein fränkisch-königlicher Hof. Im Jahr 908 gelangte Salzburghofen mit umfangreichem Land und wertvollen Rechten durch eine Schenkung an die Salzburger Kirche (vgl. Pilgrimstraße). Diese erreichte den Aufstieg zum selbstständigen Fürstentum und fand ihr Ende durch die Säkularisation 1803. Nach mehrmaligem Machtwechsel kam das einstige Erzstift Salzburg 1810 zu Bayern und wurde 1816 zwischen Bayern und Österreich geteilt, wobei der westlich von Saalach und Salzach gelegene Landesteil – der Rupertiwinkel mit Salzburghofen – bei Bayern verblieb.

Abb. 181: Salzburghofen in einer ungewohnten Ansicht: Der Ort erscheint als Hintergrund zwischen den Beinen des Schimmels des heiligen Martin, der einem Bettler die Hälfte seines Mantels schenkt. Das Wandbild stammt von Josef Eberz (1880 – 1942) und befindet sich über einem Seitenaltar der Freilassinger Rupertuskirche.

Abb. 182: Ein mit Salzfässern beladenes Fuhrwerk (Wandgemälde an der Fassade des Anwesens Moserwirt in Karlstein).

Salzstraße

Stadtplan: C – D 2 = von der Wasserburger Straße zur Westendstraße.

Mit der Salzproduktion in Reichenhall durch das Versieden der Sole war es nicht abgetan. Es war auch notwendig, das Fertigprodukt – das besonders auch zum Konservieren von Lebensmitteln geschätzt war – zu vermarkten, in ferne Regionen zu bringen und dort zu verkaufen. Dazu dienten Wasser- und Landwege. Bei den Wegen über Land waren es am Anfang nur Saumpfade für Pferde, später auch Straßen, die von Fuhrwerken benutzt werden konnten (Abb. 182). Ab dem 16. Jahrhundert gab es von Reichenhall aus verschiedene Salzrouten:

1. einen Saumpfad über Unken und Lofer in Richtung Tirol,
2. eine Straße über Weißbach und Siegsdorf nach Rosenheim,
3. die Obere oder Güldene Salzstraße über Mauthausen und Teisendorf nach Traunstein, Wasserburg, München und Augsburg,
4. die Untere Salzstraße zum Saalachübergang bei Bichlbruck, dann über Brodhausen nach Laufen, Tittmoning, Landshut, Regensburg und Nürnberg. Diese Route hatte ab dem 13. Jahrhundert an Bedeutung verloren[159] (s. Karte S. 8).

Zu der zuletzt genannten Route gehört das kurze Straßenstück in Brodhausen vor seiner Einmündung in die heutige Wasserburger Straße. An dieser Ecke stand einst das Mauthaus, das die alte Mautbrücke über die Sur bei Maulfurth abgelöst hatte und von 1525 bis 1795 in Betrieb war. Diese Maut von Brodhausen wurde von den Fürsten der beiden Länder Bayern und Salzburg gemeinsam betrieben. Sowohl das Mauthaus als auch die dortigen Straßen befanden sich zwar auf Salzburger Territorium, aber Bayern beförderte über diese Route auch Reichenhaller Salz und war deshalb an den Mauteinnahmen sowie an den Kosten für den Straßenunterhalt, die meistens höher waren als die Einkünfte, zur Hälfte beteiligt.

Von der Salzstraße ist noch eine Sonderheit zu berichten: Ein Teil von ihr liegt genau an der Gemeindegrenze zwischen Ainring und Freilassing. Das hat zur Folge, dass einige auf der Westseite dieser Straße gelegene Häuser mit ihren Gärten zur Gemeinde Ainring gehören und die Straße vor ihrem Gartentor Freilassinger Gebiet darstellt.

Sanddornweg

Stadtplan: D 2 = von der Waginger Straße östlich abzweigend.

Der Echte oder Gemeine Sanddorn *(Hippophae rhamnoides)* – zur Familie der Ölweidengewächse gehörig – ist ein sommergrüner, dorniger, dicht verzweigter Strauch oder bis 8 Meter hoher Baum. Er bevorzugt sandige Flussauen, Dünen und Waldränder (Abb. 183). Er wird wegen seiner Wurzelausläufer zur Befestigung von sandigen Böden geschätzt. Der Sanddorn ist zweihäusig, das heißt: es gibt weibliche und männliche Pflanzen. Die weiblichen Sträucher tragen ab Herbst orangerote Früchte, die den ganzen Winter über den Vögeln als Nahrung dienen. Die saftigen Früchte zeichnen sich durch wertvolle Inhaltsstoffe aus, insbesondere durch einen sehr hohen Gehalt an Vitamin C. Sie werden deshalb zur Herstellung von Fruchtsäften, Tee, Likör sowie Marmelade verwendet[160].

Abb. 183: Der Gemeine Sanddorn *(Hippophae rhamnoides)* – und zwar die weibliche Pflanze – trägt im Herbst orangerote Früchte, die als wertvolle Vitamin-C-Quelle gelten.

Abb. 184: Der Hof Unterschaiding entstand Mitte des 19. Jahrhunderts. Als Baumaterial wurden auch Schlackensteine vom Achtal und Bruchsteine von den Högler Sandsteinbrüchen verwendet.

Schaidinger Straße

Stadtplan: E 2 = von der Hofhamer Straße nach und durch Schaiding.

Der einstige Weiler Schaiding im Viertel Salzburghofen ist nunmehr ein kleiner Ortsteil der Stadt Freilassing. Er kann auf eine Gründung in der Frühphase der Besiedlung durch die Bajuwaren zurückblicken. Ursprünglich bestand Schaiding aus einem einzigen Hof, der wahrscheinlich im Spätmittelalter auf Grund der damaligen Bevölkerungszunahme geteilt wurde in die heute noch bestehenden Bauerngüter Unter- und Oberschaiding[161]. Beide haben allerdings die Landwirtschaft inzwischen eingestellt (Abb. 184).

Schillerstraße

Stadtplan: C – D 3 = von der Münchener Straße zum Sonnenfeld.

Der Dichter Friedrich von Schiller (* 10. 11. 1759 in Marbach am Neckar, † 9. 5. 1805 in Weimar) studierte Jura und Medizin, wurde Regimentsarzt in Stuttgart und schrieb daneben Gedichte und das Drama *Die Räuber*, dessen Uraufführung ein überwältigender Erfolg wurde. Er wirkte später in Leipzig, Jena und Weimar, war mit Goethe befreundet und wurde durch seine bedeutenden Dramen und zahlreichen Gedichte zum volkstümlichsten Klassiker der deutschen Literatur.

Abb. 185: Friedrich von Schiller.

Schlenkenstraße

Stadtplan: D 2 = vom westlichen Ende der Georg-Wrede-Straße nach Süden.

Der Schlenken (Abb. 186) ist – ebenso wie sein Nachbar Schmittenstein – ein Berg in der Osterhorngruppe. Sie liegt östlich von Hallein im Tennengau, der zum Bundesland Salzburg gehört. Die beiden Gipfel mit 1.648 und 1.695 Metern werden von Bergsteigern gerne gemeinsam erobert. Das

Abb. 186: Der Schlenken mit 1.648 Metern im Spätherbst mit dem ersten Schnee.

ist mit einer Bergtour von vier bis fünf Stunden möglich, wenn man als Startpunkt Zillreit in 1.100 Metern Höhe wählt. Das dortige Wirtshaus mit Parkplatz ist mit dem Auto über Hallein erreichbar.

Die beiden Gipfel sind von Freilassing aus an klaren Tagen gut sichtbar. Sie befinden sich am Horizont zwischen Gaisberg und Tennengebirge im Hintergrund der Salzburger Festung. Der markantere Berg ist der links gelegene Schmittenstein mit einem abgeflachten und fast waagrecht erscheinenden Gipfelaufbau. Rechts davon befindet sich der Schlenken mit einer nach beiden Seiten gleichmäßig abfallenden flachen Kuppe. Um Verwechslungen zu vermeiden, sei darauf hingewiesen, dass es außer dem Schlenken auch noch einen Schlenkenstein gibt. Er befindet sich auf einem südlichen Ausläufer des Schmittensteins und ist deshalb von Freilassing aus nicht zu sehen.

Schlesierstraße

Stadtplan: B 2 = von der Breslauer Straße zur Donauschwabenstraße.

Schlesien liegt zum größten Teil im heutigen Polen am Ober- und Mittellauf der Oder, die dort die ausgedehnte Schlesische Tiefebene durchströmt (s. Karte S. 18). An der Oder liegen sowohl Breslau, die einstige Landeshauptstadt und Metropole der gesamten Region, als auch Oppeln, die frühere Hauptstadt von Oberschlesien. Landwirtschaft, Bergbau und verschiedene Industriezweige sind das wirtschaftliche Rückgrat von Schlesien.

Das einst von Kelten besiedelte Gebiet wurde kurz vor der Zeitenwende von Germanen in Besitz genommen. Nach dem Abzug großer Teile der germanischen Bevölkerung während der Völkerwanderungszeit rückten ab dem 6. Jahrhundert slawische Stämme nach. Im Hochmittelalter wurden deutsche Kolonisten angesiedelt, die zahlreiche Dörfer, Städte sowie Klöster gründeten. Zu Beginn der Neuzeit fiel Schlesien an die österreichischen Habsburger, später zum Teil an Preußen. Um 1900 bestand die aus etwa 5,5 Millionen Einwohnern bestehende Bevölkerung in Schlesien aus mehr als 70% Deutschen und etwa 25% Polen. Nach Ende des Zweiten Weltkriegs 1945 besetzten sowjetische Truppen das Land und unterstellten es polnischer Verwaltung. Bei der Vertreibung der Deutschen, deren Höhepunkt 1946 war, mussten 3,2 Millionen Menschen ihre Heimat verlassen, von denen etwa eine halbe Million ihr Leben verlor. In Schlesien wurden Vertriebene aus Ost- und Zentralpolen angesiedelt. Im Deutsch-Polnischen

Grenzvertrag von 1990 wurde die nach dem Zweiten Weltkrieg erfolgte Eingliederung Schlesiens in das polnische Staatsgebiet endgültig anerkannt.

Ortsverband

Zahlreiche Vertriebene aus Schlesien fanden in Freilassing eine neue Heimat. Sie gaben gemeinsam mit anderen Heimatvertriebenen der Gemeinde einen starken Wachstumsschub durch die Gründung von Handwerks- und Industriebetrieben. Um die Erinnerung an ihre alte Heimat wach zu halten, gründeten sie 1950 den Schlesierverein, der als Ortsverband Freilassing der Landsmannschaft Schlesien auch mehr als 60 Jahre nach der Vertreibung noch aktiv ist (Abb. 187). Der Verein vermisst allerdings jüngere Mitglieder, ein Zeichen dafür, dass sich die Schlesier in ihrer neuen Heimat gut integriert haben. Von der guten Integration zeugt auch die 1982 im Rathaus von Freilassing aufgestellte Statue der heiligen Hedwig, der Schutzpatronin der Schlesier. Die Heilige wurde 1174 in Andechs am Ammersee geboren, war die Gemahlin Herzog Heinrichs I. von Schlesien, stiftete dort viele Kirchen sowie Klöster und förderte die Besiedlung des Landes. Die Statue im Rathaus ist eine Arbeit von Erich Jagode, einem Mitglied des Schlesiervereins Freilassing[162].

Abb. 187: Der Schlesierverein Freilassing beim Festumzug im September 2004 zum 50-jährigen Jubiläum der Stadterhebung mit dem Transparent: „Aus der Heimat vertrieben, in Freilassing geblieben".

Schmiedhäuslstraße

Stadtplan: D 3 = von der Salzburger Straße zum Leitenweg.

Von den acht Bauernhöfen, aus denen Freilassing zwischen 1300 und 1800 bestand, war einer der Schmiedbauer oder kurz der Schmied. Er hat – wie das viele Bauern gemacht haben – neben der Landwirtschaft noch einen Handwerksberuf ausgeübt, von dem sich sein Hausname ableitet: Er war Schmied. Da dieses Gewerbe wegen der Feuersgefahr nicht im Bauernanwesen betrieben werden konnte, kam dafür ein eigenes kleines Gebäude mit dem offenen Schmiedfeuer in Frage: Das war das Schmiedhäusl.

Als das Schmiedehandwerk nicht mehr als Nebenerwerb geführt werden konnte, wurde zu Beginn des 19. Jahrhunderts die Schmiede aufgegeben, das Anwesen verkauft und in diesem Gebäude 1807 ein Wirtshaus gegründet, das den Hausnamen beibehielt. Die Hauseigentümer wechselten mehrfach, vergrößerten das Gebäude, und um 1920 wurde ein großer Saal dazugebaut, der in Freilassing Jahrzehnte lang das einzige Lokal war, das viele Besucher fassen konnte (Abb. 188)[163]. Inzwischen hat das Schmiedhäusl verschiedene Verwendungen erfahren, beherbergt zu Beginn des 21. Jahrhunderts Geschäfte sowie ein Tanzlokal, trägt aber immer noch seinen historischen Hausnamen, der auch der Anlass für die Benennung der Straße neben dem Gebäude war.

Abb. 188: Einladung zu einem Wohltätigkeits-Konzert im Schmiedhäusl am 15. August 1917.

Abb. 189: Der Schmittenstein mit 1.695 Metern Höhe von seinem Nachbargipfel Schlenken aus betrachtet. Der Steig durch die felsigen Passagen am Gipfelaufbau verfügt über Drahtseilsicherungen.

Schmittensteinstraße

Stadtplan: E 3 = von der Reichenhaller Straße zur Staufenstraße.

Der Schmittenstein (Abb. 189) ist ein Gipfel in der Osterhorngruppe im Salzburger Tennengau. Er ist der Nachbar des Berges mit dem Namen Schlenken. Einzelheiten sind deshalb bei der Schlenkenstraße beschrieben.

Schneibsteinstraße

Stadtplan: E 3 = von der Dachsteinstraße nördlich abzweigend.

Der 2.276 Meter hohe Schneibstein (Abb. 190) ist ein Gipfel in den Berchtesgadener Alpen. Er gehört zum Hagengebirge, das im Norden vom Hohen Göll, im Osten vom Salzachtal, im Süden vom Hochkönig und im Westen vom Königssee eingerahmt wird. Der Zweitausender kann vereinfacht mit Hilfe der Jennerbahn auf dem Weg über das Schneibsteinhaus, 1.668 Meter, und das Carl-von-Stahl-Haus am Torrener Joch, 1.734 Meter, erreicht werden. Ausdauernde Bergsteiger verbinden diesen Gipfel mit der so genannten Kleinen Reib und steigen über den Windschartenkopf, 2.211 Meter, und den Seeleinsee, 1.809 Meter, zum Königssee, 600 Meter, ab.

Abb. 190: Der Schneibstein, 2.276 Meter, vom Jenner aus betrachtet. Im Bild unten links das Schneibsteinhaus und der Weg zur Königsbachalm. Links oberhalb des Hauses befindet sich das Torrener Joch, vom dem es hinuntergeht nach Torren im Salzachtal.

Schragnweg

Stadtplan: C 4 = von der Matulusstraße nördlich abzweigend.

Ein Schragen – bayerisch Schragn – ist ein Gestell, das aus einem Balken mit zwei Paar schräg angefügten Beinen besteht und bei der Bearbeitung von großen Gegenständen als Ablage dient. Einen solchen Schragen haben sich Stammtischbrüder beim Mirtlwirt über ihren Stammtisch gehängt (Abb. 191). Sie bezeichnen sich auch selbst als Schragn und feiern sogar zur rechten Zeit ein Schragnfest. In den 1970er-Jahren haben sie erreicht, dass ein Weg in der Nähe ihres Stammlokals ihren Namen erhielt.

Abb. 191: Dieser Schragen hängt über dem Stammtisch der „Schragn" beim Mirtlwirt in Salzburghofen.

Schubertstraße

Stadtplan: C 3 = von der Vinzentius- zur Kreuzederstraße.

Franz Schubert (* 31. 1. 1797 in Wien, † 19. 11. 1828 in Wien) lebte als freier Komponist in Wien. Er gilt als letzter klassischer Tondichter und Schöpfer des Liedes als selbstständiger Kunstform. Zu seinem Werk zählen mehr als 600 Klavierlieder, acht Sinfonien, Kammer- und Klaviermusik, sechs Messen sowie weitgehend in Vergessenheit geratene Singspiele und Opern.

In Salzburg erinnert eine Gedenktafel am Haus Judengasse 8 an den Besuch von Franz Schubert im Jahr 1825 (Abb. 193). Er wohnte damals im gegenüberliegenden Gasthaus „Zum Mohren", konzertierte in privatem Kreis und besuchte in der Stiftskirche St. Peter das Monument von Michael Haydn, den er besonders verehrte[164] (vgl. Haydnstraße).

Abb. 192: Franz Schubert.

Abb. 193: Diese Gedenktafel am Haus Judengasse 8 in Salzburg erinnert an den Besuch von Franz Schubert im Jahr 1825.

Schulstraße

Stadtplan: C 3 = von der Mittleren Feldstraße zur Laufener Straße.

Dieser Straßenname verweist auf das Zentralschulhaus am Georg-Wrede-Platz, an dessen Nordseite die Schulstraße vorbeiführt. Das zu den schönsten Gebäuden der Stadt zählende Schulhaus entstand 1908/09 nach Plänen des Münchener Architekten Johann Baptist Schott. Es wurde zum Vorbild für viele Schulhausbauten in Oberbayern (Abb. 194). Für die damalige Gemeinde Salzburghofen war der Bau ein Kraftakt mit hoher finanzieller Belastung, der sich aber ausgezahlt hat. Der weit in die Zukunft gerichtete Schulhausbau, der inzwischen hundert Jahre seinen Zweck erfüllt, entstand in der Amtszeit von Bürgermeister Lorenz Kreuzeder und seinem Vertreter, dem Unternehmer Georg Wrede, der sich besondere Verdienste um dieses Schulhaus erworben hat. Beide wurden später zu Ehrenbürgern ernannt.

Die Schule in diesem imposanten Gebäude hat eine bewegte Geschichte: 1910, ein Jahr nach ihrer Fertigstellung, strebte die Regierung von Oberbayern die Trennung von Schul- und Kirchendienst an. Aber erst zehn Jahre später, 1920, wurde diese Verbindung aufgehoben, nachdem 1919 auch die Schulaufsicht der Kirche entzogen worden war. Es war ein langwieriger Prozess, bis die Schulbildung von staatlicher Seite dominiert wurde, nachdem zuvor über Jahrhunderte allein die Kirche dieses Feld beherrschte und dabei vor allem die Bildung breiter Bevölkerungsschichten gezielt unterdrückt hatte. 1920 wurde der Name der Schule geändert: Aus der *Werktagsschule* wurde die *Volkshauptschule* und aus der *Sonntagsschule* die *Volksfortbildungsschule*. 1930 wurde die 8. Klasse für Knaben und 1935 auch für Mädchen eingeführt. 1940 erhielt die Volkshauptschule den Namen *Volksschule*. 1941 wurden in den Klassenzimmern auf Anordnung der Nationalsozialisten die Kruzifixe entfernt, aber anschließend von erbosten Eltern wieder aufgehängt. Nach dem Zweiten Weltkrieg im Mai 1945 wurden viele Lehrer wegen ihrer Zugehörigkeit zur NSDAP entlassen und der Unterricht kurzer Hand eingestellt. Er wurde erst im Spätherbst wieder aufgenommen. Dann unterrichteten vier Lehrerinnen 683 Kinder in 12 Klassen. Das waren im Durchschnitt 57 Schüler pro Klasse (Abb. 195). 1957 gab es (im Schulhaus in Salzburghofen) die erste „gemischte Klasse" (Abb. 196). 1960 kam es zur konfessionellen Trennung, die sieben Jahre später wieder aufgehoben wurde, und 1969 zur Unterteilung in *Grundschule* und *Hauptschule*. 1980 wurden die inzwischen an drei verschiedenen Standorten befindlichen Grundschulen im Zentralschulhaus zusammengefasst. 1994 erfolgte eine großzügige Erweiterung

Werktagsschule

Volksschule

Grund- und Hauptschule

*Plan zu einem Schulhaus mit Le[hrerwohnung]
in Salzburghofen.*

Vorder-Ansicht.

Abb. 194: Der *Plan zu einem Schulhaus …* des Münchener Architekten Johann Baptist Schott wurde 1908/09 in die Tat umgesetzt. Damit konnte das Zentral-

schulhaus am Georg-Wrede-Platz im Jahr 2009 sein 100-jähriges Bestehen feiern.

Abb. 195: Die 2. Knabenklasse im Schuljahr 1947/48 mit der Lehrerin Elfriede Seidl und nicht weniger als 53 Schulbuben, die meisten von ihnen barfuß.

Abb. 196: Die erste „gemischte" Klasse, in der Buben und Mädchen gemeinsam unterrichtet wurden, gab es 1957/58 im Filialschulhaus Salzburghofen.

durch einen zweigeschossigen Anbau. Im Schuljahr 2008/09 unterrichteten 38 Lehrkräfte 522 Schüler in 22 Klassen[165]. Das ist ein Klassendurchschnitt von 24 Schülern und deutlich weniger als die Hälfte gegenüber 1945. Von den 22 Klassen wurden vier nach Salzburghofen „ausgelagert", ein Zeichen dafür, dass das große Zentralschulhaus inzwischen zu klein geworden war.

Schließlich wurde das Haus nicht nur für schulische Zwecke verwendet. Gleich nach der Fertigstellung 1909 nutzte die Gemeindeverwaltung die zunächst von der Schule nicht benötigten Klassenzimmer als Büroräume. 1924 – einige Jahre nach dem Ersten Weltkrieg – fand im Schulhaus eine große Gewerbeausstellung statt, bei der mehr als 60 Betriebe ihre Produkte vorstellten. Kurz vor Ende des Zweiten Weltkriegs beherbergte das Schulhaus eine Panzer-Einheit, die sich zum Glück vor dem Einmarsch der Amerikaner Anfang Mai 1945 aufgelöst und darauf verzichtet hat, Widerstand zu leisten. Einige Jahre später – ähnlich wie nach dem Ende des Ersten Weltkriegs – kam es 1951 noch einmal zu einer Gewerbe- und Handelsausstellung. An ihr beteiligten sich etwa 80 Firmen[166].

Schumannstraße

Stadtplan: C 3 = von der Oberen Feldstraße zur Vinzentiusstraße.

Der Komponist Robert Schumann (* 8. 6. 1810 in Zwickau, † 29. 7. 1856 in Bonn) wirkte als Kompositionslehrer in Leipzig und Musikdirektor in Düsseldorf. Er gilt als Inbegriff der musikalischen Romantik. Er schuf Klavier- und Kammermusik, Orchester- und Vokalwerke, darunter mehr als 300 Klavierlieder. Seine Frau, Clara Schumann, geb. Wieck (* 13. 9. 1819 in Leipzig, † 20. 5. 1896 in Frankfurt am Main), war Pianistin und ebenfalls Komponistin. Auch sie schuf Klavierwerke und Lieder.

Abb. 197: Robert und Clara Schumann.

Schützenstraße

Stadtplan: C 2 = von der Jägerstraße östlich abzweigend.

Dieser Straßenname ehrt die Schützengesellschaften, die sich die Pflege der Schützentradition und des Schießsports auf ihre Fahnen geschrieben haben. Ihr Ursprung geht auf das Mittelalter zurück, in dem sie als Schutzorganisationen entstanden sind. In Deutschland wandelten sie sich zu bürgerlichen Vereinen. In Freilassing gibt es davon drei: die *Schützengesellschaft TELL e. V.* (Abb. 198), den *Schützenverein „Alpenrose" Brodhausen e. V.* und den ältesten der drei Vereine, den 1857 gegründeten *Schützenverein Erheiterung-Edelweiß-Rupertus e. V.*

Daneben gibt es in den Alpenregionen die so genannten Gebirgsschützen, die einst zur Verteidigung der Heimat militärische Aufgaben übernommen hatten (vgl. Tiroler Straße). Auch ihre Geschichte reicht ins Mittelalter zurück. In Bayern haben sie sich im *Bund der Bayerischen Gebirgsschützen-Kompanien* zusammengeschlossen, der über die Landesgrenzen hinweg mit den einstigen Gegnern in Tirol, dem *Bund der Tiroler Schützenkompanien* und dem *Südtiroler Schützenbund*, sowie anderen Schützenvereinigungen freundschaftlich verbunden ist.

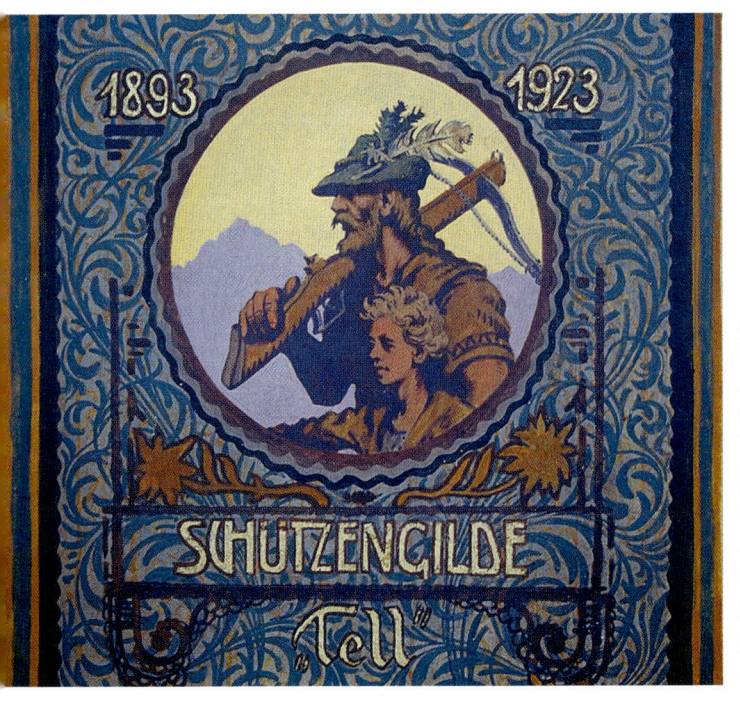

Abb. 198: Zum 30-jährigen Jubiläum der damaligen SCHÜTZENGILDE Tell im Jahr 1923 schuf Gauschützenmeister und Kunstmaler Josef Brendle (vgl. Josef-Brendle-Straße) eine Chronik. Auf ihrem Deckblatt ist Wilhelm Tell, der Held der Schweizer Sage, mit seinem Sohn zu sehen, von dessen Kopf der Jäger einen Apfel schießen musste.

Sebastianigasse

Stadtplan: D 3 = von der Haupt- zur Lindenstraße.

Der heilige Sebastian wurde der Legende nach im 3. oder 4. Jahrhundert in Mailand oder in Frankreich geboren, stieg zum Hauptmann der Leibgarde des römischen Kaisers Diokletian auf, bekannte sich zum Christentum, setzte sich mehrfach während der Christenverfolgung für seine Glaubensbrüder ein und wurde dafür vom Kaiser zur Hinrichtung durch Bogenschützen verurteilt. Der von mehreren Pfeilen getroffene Heilige (Abb. 199) überlebte und wurde von der Witwe des Märtyrers Castulus gesund gepflegt. Nach seiner Genesung wollte der mutige Sebastian den Kaiser zum Christentum bekehren. Der widersetzte sich und ließ Sebastian mit Keulen erschlagen. Sein Gedenktag ist am 20. Januar und sein Attribut ein Pfeil, der seine Brust durchbohrt. Der Märtyrer Sebastian ist Patron der Schützen und Soldaten, aber auch der Büchsenmacher, Steinmetze und Gärtner.

Abb. 199: Darstellung des von Pfeilen getroffenen heiligen Sebastian an der Außenmauer der St.-Sebastians-Kirche zwischen Kirchenportal und Friedhofseingang in der Linzer Gasse zu Salzburg.

Seelenweg

Stadtplan: B – C 2 – 3 = Rundweg über Vinzentiusstraße, Kreuzweg, neben der Laufener Straße, Obereichet, Obere Feldstraße und Schumannstraße.

Der 2008 angelegte *Erholungsweg für die Seele* oder kurz *Seelenweg* ist keine amtliche Wegbezeichnung. Er führt vom Krankenhaus an der Vinzentiusstraße über den Kreuzweg bis zur Laufener Straße, dort entlang deren Südseite in das Eichet, durch diesen Wald bis nach Obereichet und über die Obere Feldstraße sowie die Schumannstraße an den Ausgangspunkt zurück. Angelegt hat ihn die Stadt Freilassing mit staatlicher Unterstützung in Zusammenarbeit mit der Caritas und der Berufsschule. Der Rundweg hat eine Gesamtlänge von etwa 3 Kilometern und verfügt über mehrere „Verweil- und Flurlehrstationen".

Siebenbürger Straße

Stadtplan: C 2 = von der Breslauer zur Surheimer Straße.

Siebenbürgen ist ein Teil von Rumänien und liegt im Zentrum dieses Landes (s. Karte S. 19). Der frühere Name war Transsilvanien, der auf die lateinische Bezeichnung *Terra Transsilvana* – Land jenseits der Wälder – zurückgeht. In rumänischer Sprache heißt das Land *Ardeal* oder *Transsilvania*. Von den etwa 5,8 Millionen Einwohnern sind zwei Drittel Rumänen. Der deutsche Bevölkerungsanteil ist auf etwa 15.000 Bewohner zusammengeschrumpft. Haupterwerbszweige sind Landwirtschaft, im Gebirge Forstwirtschaft, ferner verschiedene Industriezweige, darunter Bergbau, Maschinenbau und Textilindustrie.

Im 12. Jahrhundert wurden in Siebenbürgen, das damals zum ungarischen Königreich gehörte, deutsche Bauern und Handwerker angesiedelt, die – unabhängig von ihrer Herkunft – Sachsen genannt wurden. Seither heißt diese deutsche Volksgruppe Siebenbürger Sachsen. Sie gründeten eine Reihe von Städten sowie zahlreiche Dörfer (Abb. 200) und erhielten Selbstverwaltungsrechte. Als im 16. Jahrhundert die Türken weite Teile Ungarns eroberten, wurde Siebenbürgen selbstständiges Fürstentum unter türkischer Oberhoheit. Um 1700 wurde das Land in das Habsburgerreich eingegliedert und 1867 im Rahmen der Doppelmonarchie an Ungarn angeschlossen. Nach dem Ersten Weltkrieg fiel Siebenbürgen 1920 an Rumänien, während des Zweiten Weltkriegs teilweise wieder an Ungarn und nach Kriegsende erneut ganz an Rumänien. Gegen Kriegsende, 1944, flüchteten zahlreiche Deutsche vor den anrückenden russischen Truppen in den Westen, andere wurden zur Zwangsarbeit nach Russland verschleppt oder vertrieben. In den Jahren bis 1990 kam es zu weiteren Auswanderungen, sodass nunmehr in Siebenbürgen nur noch sehr wenige Deutsche wohnen.

Inzwischen leben rund 270.000 Siebenbürger Sachsen hauptsächlich in Deutschland, viele in Österreich, Kanada und in den USA. Sie haben sich unter anderem in der „Landsmannschaft der Siebenbürger Sachsen in Deutschland e. V." zusammengeschlossen und vertreten in diesem gemeinnützigen Verein ihre politischen, sozialen und kulturellen Belange. 1982 wurde auch in Freilassing von 36 Siebenbürger Sachsen ein Kreisverband gegründet[167], dem inzwischen aber der Nachwuchs fehlt, sodass sich die wenigen Freilassinger Mitglieder dem Verband in Traunreut angeschlossen haben[168].

Abb. 200: Ein typisch siebenbürgisch-sächsisches Straßendorf mit Kirchenburg ist Schönberg.

Abb. 201: Sillersdorf mit dem auf der Anhöhe stehenden gotischen St.-Georgs-Kirchlein.

Abb. 202: Wirnstlbauern-Kapelle in Sillersdorf mit Högl, Untersberg, Watzmann und Lattengebirge.

Sillersdorfer Straße

Stadtplan: C 3 = von der Salzburghofener Straße zum Peterweg.

Während Straßen, die nach einem Ort benannt sind, in aller Regel in die Richtung dieses Ortes führen, ist das bei der Sillersdorfer Straße nicht der Fall. Sie liegt mitten in einer Wohnsiedlung und soll offenbar nur an das kleine Kirchdorf Sillersdorf erinnern. Dieses liegt im Nordwesten von Freilassing, ist vom Stadtzentrum zu Fuß in einer Stunde erreichbar und gehört zur Gemeinde Saaldorf-Surheim. Sehenswert ist das auf der Anhöhe errichtete, dem heiligen Georg geweihte Kirchlein, dessen Bausubstanz bis auf das 14. Jahrhundert zurückreicht (Abb. 201). Besonders reizvoll ist von Sillersdorf der Blick nach Süden über das Tal der Sur und den Högl hinein ins Hochgebirge bis zum Glanzpunkt der Berchtesgadener Alpen, dem Watzmann. Er präsentiert sich mit Frau und Kindern sowie seiner eigenen mächtigen Westseite mit den drei Gipfeln Hocheck, Mittelspitze und Südspitze (Abb. 202).

Sommerweg

Stadtplan: B 3 = von der Laufener Straße (Kreisstraße BGL 2) nördlich abzweigend.

Der klassische Sommerweg (Abb. 203) ist nur im Sommer benutzbar. Er stellt eventuell eine Abkürzung gegenüber dem Weg dar, der während des ganzen Jahres, also auch im Winter bei Eis und Schnee, zur Verfügung steht. Anders ist das beim Freilassinger Sommerweg: Bei der 2007 durchgeführten Namensgebung durften die Anlieger ihre Wünsche äußern. Sie verwarfen den geplanten Namen Grubenweg und schlugen einen Namen aus den vier Jahreszeiten vor, nämlich Sommerweg. Damit sind noch drei Reservenamen vorhanden für eventuell später in der Nähe geplante Erschließungen für neue Gebäude mit den dann erforderlichen Straßen oder Wegen. Das ergäbe dann das Freilassinger Jahreszeitenviertel.

Abb. 203: Sommerweg.

Sonnblickweg

Stadtplan: E 3 = von der Nocksteinstraße südlich abzweigend.

Es gibt zwei Berge in Österreich, die beide den Blick zur Sonne zum Thema haben: den Hohen oder Rauriser Sonnblick und den Stubacher Sonnblick.

Rauriser — Der Rauriser Sonnblick ist 3.105 Meter hoch und liegt in der Goldberggruppe in den Hohen Tauern. Diese Berge führen ihren Namen auf das dort vorkommende Gold zurück, das früher abgebaut wurde und heute noch im Rauriser Tal durch Goldwaschen gewonnen werden kann. Auf dem Gipfel befindet sich seit einem Jahrhundert ein meteorologisches Observatorium und daneben für Bergsteiger eine Schutzhütte, das Zittelhaus. Der Gipfel kann von Kolm-Saigurn aus, das auf 1.600 Metern Höhe liegt und über Taxenbach und Rauris erreichbar ist, in einem vier- bis fünfstündigen Aufstieg bezwungen werden.

Stubacher — Der Stubacher Sonnblick ist 3.088 Meter hoch und liegt in der Granatspitzgruppe in den Hohen Tauern, die sich zwischen Großglockner und Großvenediger befindet. Ausgangspunkt für die Tour auf den Gipfel ist vielfach das Alpinzentrum Rudolfshütte am Weißsee auf 2.300 Metern Höhe. Es kann über Zell am See, Uttendorf und dann vom Enzingerboden im Stubachtal mit einer Gondelbahn erreicht werden. Die Aufstiegsroute führt über einen Gletscher, den Sonnblickkees. Sie kann auch noch den Nachbargipfel, die 3.086 Meter hohe Granatspitze, mit einbeziehen. Weniger ambitionierte Gipfelstürmer können auch eine gemütliche Wanderung von drei Stunden und 300 Höhenmetern auf dem Gletscherlehrweg rund um den Weißsee unternehmen und dabei Einblicke in die Entwicklung des Gletschers gewinnen (Abb. 204).

Abb. 204: Der Weißsee mit dem Sonnblickkees, hinten rechts der 3.088 Meter hohe Stubacher Sonnblick.

Sonnenfeld

Stadtplan: D 2 – 3 = von der Münchener Straße zur Rupertusstraße.

Sonnenfeld ist ein alter Flurname. Er bezeichnet nach wie vor das große und noch teilweise landwirtschaftlich genutzte Feld zwischen der Münchener Straße und dem Fürstenweg (Abb. 205 u. 206). Dieselbe Bezeichnung trägt die an der Westseite dieses Feldes bestehende Straße. Im Stadtbereich gibt es eine Reihe von Flurnamen, die auf *-feld* enden (vgl. Mittlere Feldstraße).

Abb. 205 und 206: Das Sonnenfeld zwischen Münchener Straße und Fürstenweg ist für Freilassing typisch: Es bietet in der Stadtmitte sowohl Ackerboden als auch moderne Neubauten. Auf den Flächen, auf denen heute noch der Acker bestellt wird, kann einmal das Zentrum erweitert werden.

Staufenstraße

Stadtplan: D – E 2 = von der Schlenkenstraße zur Hofhamer Straße.

Die Staufengruppe besteht aus dem Vorderstaufen, auch Fuderheuberg genannt, dem Hoch-, dem Mittel- und dem Hinterstaufen oder Zwiesel (Abb. 207). Die Gruppe zählt zu den Chiemgauer Alpen und befindet sich am Eingang zum Reichenhaller Talkessel. Der Hochstaufen täuscht mit seinem Namen ein wenig, denn er ist mit seinen 1.771 Metern nur der zweithöchste Gipfel und wird vom Zwiesel um gut zehn Meter überragt.

Über die gesamte Berggruppe verlief einst die Grenze zwischen Bayern im Süden und dem Erzstift Salzburg im Norden, das am Fuß des Hochstaufens, im Schloss Staufeneck, die Verwaltungszentrale für einen großen Bezirk unterhielt. Vor rund zweihundert Jahren wurde das geistliche Fürstentum aufgelöst und zwischen Bayern und Österreich geteilt. Damals wurden Saalach und Salzach zur neuen Grenze erklärt und der westlich dieser Flüsse gelegene Landesteil Bayern zugeteilt. Er wird heute Rupertiwinkel genannt und ist von den Staufengipfeln aus an Föhntagen fast in seiner ganzen Größe bis hinunter nach Tittmoning zu sehen. Der Blick in die Gegenrichtung, nach Süden, bietet eine großartige Sicht sowohl hinunter ins Tal auf die Salinenstadt Reichenhall als auch hinein ins Hochgebirge, vor allem auf die Berchtesgadener Alpen.

Abb. 207: Blick vom Zwiesel zum Hochstaufen, 1.771 Meter.

Stettenweg

Stadtplan: C 2 = von der Eichendorff- zur Donauschwabenstraße.

Der einstige Weiler Stetten im Viertel Haberland ist heute ein Stadtteil von Freilassing (Abb. 208). Er liegt im Norden zwischen der Eisenbahnlinie nach Laufen und dem Eichet. Während er vom Ende des 18. bis zum Beginn des 20. Jahrhunderts aus den vier Höfen Schuster-, König-, Utz- und Schinaglbauer bestand[169], wird der Stadtteil Stetten heute von namhaften Firmen im dortigen Industrieviertel mit dem Namen Kesselpoint beherrscht.

Abb. 208: Stetten verfügt immer noch über ein eigenes Ortsschild, auch wenn es schon vom Zahn der Zeit gezeichnet und sein Ende abzusehen ist (Aufnahme 2008).

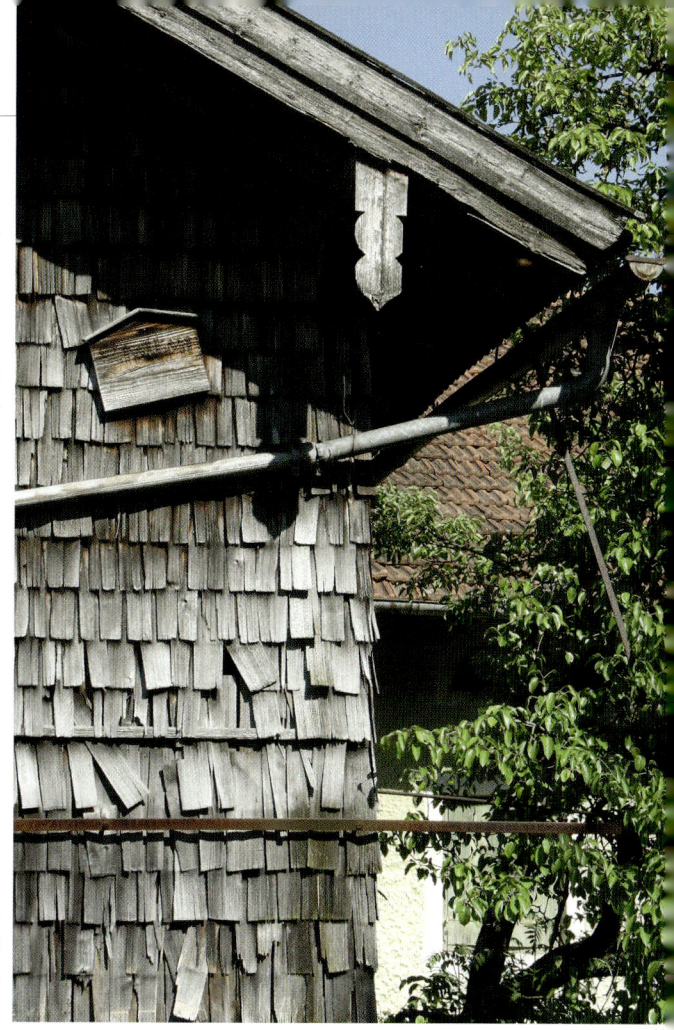

Sudetenplatz und Sudetenstraße

Stadtplan: Sudetenplatz: C 2 – 3 = zwischen Sudeten- und Eichetstraße; Sudetenstraße: C 2 = von der Industriestraße zum Sudetenplatz.

Sudeten ist der Name einer Mittelgebirgslandschaft an der Grenze zwischen Polen und Tschechien, die etwa 300 Kilometer lang und 50 Kilometer breit ist (s. Karte S. 18). Kernstück der Sudeten ist das Riesengebirge, in dem sich die Schneekoppe mit 1.602 Metern als höchste Erhebung der gesamten Berggruppe befindet.

Die vom genannten Gebirge abgeleitete Bezeichnung Sudetenland umfasst die bis 1945 von Deutschen bewohnten Randgebiete von Böhmen, Mähren und einem kleinen Teil Schlesiens sowie einige Sprachinseln in diesem

Raum. Das Land war einst vom keltischen Stamm der Bojer bewohnt – darin wurzelt der Name Böhmen – und wurde um Christi Geburt von Germanen besiedelt. Ihnen folgten ab dem 6. Jahrhundert slawische Stämme, vor allem Tschechen. Im 11. Jahrhundert waren Böhmen, Mähren und Schlesien vereint. Im 13. Jahrhundert wurden viele deutsche Siedlungen gegründet, und im 14. Jahrhundert stieg die Metropole Prag zur Kaiserresidenz und Hauptstadt des Heiligen Römischen Reiches auf. Ab 1526 gehörten Böhmen und Mähren zu Österreich. Die Länder wurden nach dem Ersten Weltkrieg 1918 der neu gegründeten Tschechoslowakei zugeordnet. 1938 erfolgte der Anschluss an das Deutsche Reich unter der Bezeichnung Reichsgau Sudetenland mit dem Verwaltungssitz in Reichenberg. Nach dem Ende des Zweiten Weltkriegs 1945 fiel das Gebiet wieder an die Tschechoslowakei. Bis 1946 wurden von den etwa 3,2 Millionen Sudetendeutschen drei Millionen vertrieben. Zahlreiche Menschen verloren bei der Vertreibung ihr Leben. Die Vertriebenen wurden in Deutschland, Österreich und auch in anderen Ländern aufgenommen. Der größte Teil mit mehr als einer Million Menschen fand in Bayern eine neue Heimat. Seit der Loslösung der Slowakei aus dem gemeinsamen Staat Tschechoslowakei 1993 gehört das einstige Sudetenland zur Tschechischen Republik, die in Kurzform auch Tschechien genannt wird.

4. Stamm

1954 übernahm die Bayerische Staatsregierung – nicht zuletzt im Hinblick auf die gemeinsamen historischen Wurzeln – die Schirmherrschaft über die sudetendeutsche Volksgruppe und betrachtet sie als einen Stamm unter den Volksstämmen Bayerns[170]. Seitdem 2004 die Tschechische Republik der Europäischen Union beigetreten ist und damit Sudetendeutsche und Tschechen einer gemeinsamen Wertegemeinschaft angehören, eröffnen sich veränderte Perspektiven für ein neues Miteinander. In diesem Sinne fördert Bayern die Anliegen der sudetendeutschen Volksgruppe.

Auch die Sudetendeutschen haben sich in einer Landsmannschaft zusammengeschlossen. So wurde in Freilassing 1950 eine Ortsgruppe gegründet, in der sich damals 60 Mitglieder zusammenfanden. 1957 waren es mehr als 300 Mitglieder, fünfzig Jahre später ist deren Anzahl zurückgegangen auf die anfänglichen 60. Es fehlen – und das ist positiv zu werten – die jungen Leute, die sich – wie ihre Eltern – inzwischen gut in ihrer neuen Heimat integriert haben. Einen Höhepunkt erlebte die Sudetendeutsche Landsmannschaft Freilassing am 27. Dezember 2008. Der Ortsvorsitzende hatte den Freilassing-Besuch des bayerischen Ministerpräsidenten a. D. Edmund Stoiber mit seiner Ehefrau Karin, die aus dem Sudetenland stammt, zum Anlass genommen, den hohen Gästen den Informationsstand der Heimatvertriebenen im Stadtmuseum zu zeigen (Abb. 209).

Abb. 209: Zwei aus dem Sudetenland: Karin Stoiber, die Gattin des Ministerpräsidenten a. D. Edmund Stoiber, und Peter Mühlbauer, Ortsvorsitzender der Sudetendeutschen Landsmannschaft Freilassing (ganz links). Dazwischen Edmund Stoiber und Landtagsabgeordneter Roland Richter. Sie besichtigten 2008 das Stadtmuseum Freilassing mit dem Informationsstand der Heimatvertriebenen.

Surheimer Straße

Stadtplan: B 2 = von der Siebenbürger zur Görlitzer Straße.

Surheim liegt unmittelbar an der nördlichen Stadtgrenze von Freilassing. Der Ortsname geht auf die Sur zurück, welche durch das Gemeindegebiet fließt und bei Triebenbach in die Salzach mündet. Das zum Großteil bäuerlich geprägte Surheim, in dem sich neuerdings auch Gewerbebetriebe ansiedeln, besteht aus zahlreichen Orten. Surheim wurde bei der Gebietsreform 1978 mit der ähnlich strukturierten Gemeinde Saaldorf zusammengelegt zur neuen Gemeinde Saaldorf-Surheim (vgl. Saaldorfer Straße). Ein weiterer Einschnitt im Gemeindeleben war 1994 die Auflösung der Haltestelle Surheim der 1890 eingerichteten Eisenbahnlinie von Freilassing nach Laufen (Abb. 210). Dagegen trägt unverändert die dem heiligen Stephanus geweihte Dorfkirche einen hohen romanischen Turm mit dem einzigen in der hiesigen Gegend vorkommenden Satteldach (Abb. 211). Im Vorraum der Kirche ist ein Römerstein zu bewundern, der aus dem 2. Jahrhundert n. Chr. stammt.

Abb. 210: Ein Zugschaffner bei einer historischen Tat in Surheim: Am 28. Mai 1994 um 17,38 Uhr gab er zum letzten Mal das Abfahrtssignal für den aus Freilassing gekommenen Zug zur Weiterfahrt in Richtung Mühldorf. Seither fahren die Züge durch.

Abb. 211: Die Surheimer Sankt-Stephanus-Kirche hat als einziges Gotteshaus im Rupertiwinkel einen romanischen Turm mit Satteldach.

Abb. 212: Das mächtige Wimbachtal im oberen Bereich. Im Hintergrund der Gipfel der Hirschwiese, 2.114 Meter, und der Pass Trieschübel, 1.774 Meter, über den der Weg nach St. Bartholomä am Königssee führt.

Talstraße

Stadtplan: C 2 = von der Alpenstraße zur Waginger Straße.

Dieser Straßenname wurde gemeinsam mit der dortigen Bergstraße kurze Zeit nach der Stadterhebung im Jahr 1954 festgelegt und soll wohl einen Bezug zwischen diesen beiden Straßennamen herstellen (vgl. Bergstraße).

Wie bei der Bergstraße kein spezieller Gipfel gemeint ist, so ist auch die Talstraße nur dem Tal im Allgemeinen gewidmet. Geologen unterscheiden Täler nach ihren verschiedenen Formen und geben ihnen spezielle Namen. Für Bergsteiger bedeuten sie großartige Landschaftsbilder. Eines der schönsten und eindrucksvollsten Täler des Berchtesgadener Landes ist das Wimbachtal zwischen Watzmann und Hochkalter (Abb. 212). Es gibt einen Hinweis auf die unvorstellbaren Zeiträume vieler Jahrmillionen, in denen diese Berge entstanden sind und in denen sie durch Verwitterung auch wieder abgetragen werden.

Abb. 213: Der Teisenberg – hier vom Steinhögl aus betrachtet – birgt Eisenerz, das bis zu Beginn des 20. Jahrhunderts abgebaut und im Achthal verhüttet wurde.

Teisenbergstraße

Stadtplan: E 3 = von der Reichenhaller Straße zur Predigtstuhlstraße.

Der bewaldete und 1.333 Meter hohe Teisenberg liegt am nördlichen Alpenrand zwischen Teisendorf und Inzell (Abb. 213). Er war für die hiesige Region über Jahrhunderte von großer wirtschaftlicher Bedeutung durch das in diesem Berg vorkommende Eisenerz. Schon die Römer – vielleicht sogar vor ihnen die Kelten – haben nach Erz gegraben. Den Höhepunkt erlebte der Erzbergbau ab dem Beginn der Neuzeit unter Kardinal Matthäus Lang, dem damaligen Salzburger Erzbischof und Landesfürsten (Abb. 214). Er gründete 1537 die *Adelige Eisengewerkschaft Achthal*. Sie betrieb den Erzabbau am Teisenberg sowie die Erzverhüttung im Achthal und führte 1540 den Bau eines Hammerwerks in der Hammerau durch, das die Weiterverarbeitung des Roheisens übernahm. Nach fast 400 Jahren, unmittelbar nach dem Ersten Weltkrieg 1919, wurden die Eigentümer durch veränderte wirtschaftliche Bedingungen dazu gezwungen, den Erzbergbau an den bayerischen Staat zu verkaufen, der einige Jahre später den Betrieb einstellte[171]. Das Werk in Hammerau wechselte mehrfach den Eigentümer und ging 1975 an den Freilassinger Bauunternehmer Max Aicher, der es unter dem Namen *Stahlwerk Annahütte* nach wie vor betreibt. 1987 konnte das 450-jährige Jubiläum dieses Betriebes gefeiert werden, dessen Ursprung auf die Erzgewinnung am Teisenberg zurückgeht[172].

Interessante Einblicke in die Geschichte des Bergbaus und des Hüttenwerks bietet das Bergbaumuseum in Achthal (Tel. 08666/7149). Daneben sind überall im Rupertiwinkel wie im Salzburger Flachgau Bauernhäuser zu finden, die an das Eisen aus dem Teisenberg erinnern. Die Gebäude sind aus den schwarzen Schlackensteinen gemauert, die einst bei der Roheisengewinnung im Hochofen als Nebenprodukt angefallen sind und als Baustoff geschätzt wurden (vgl. Abb. Schaidinger Straße).

Abb. 214: Kardinal Matthäus Lang von Wellenburg, Erzbischof von Salzburg 1519 bis 1540, gilt als Gründer der Eisengewerkschaft Achthal und des Eisenwerks in Hammerau (Gemälde eines unbekannten Malers von 1529 im Salzburg Museum).

Thiemostraße

Stadtplan: C 3 = von der Eichetstraße zur Mittleren Feldstraße.

Dieser Straßenname erinnert an einen Salzburger Erzbischof, in dessen Regierungszeit sich mehrere dramatische Höhepunkte ereigneten. Es war in der zweiten Hälfte des 11. Jahrhunderts die Zeit des so genannten Investiturstreits zwischen Papst und Kaiser. Dabei ging es um das Recht der Einsetzung der Bischöfe und Äbte in ihre Ämter. Die Folge dieser Auseinandersetzung war, dass auch im Erzstift Salzburg beide Lager erbittert um das hohe Kirchenamt kämpften.

Nach dem Tod von Erzbischof Gebhard, dem papsttreuen Vorgänger von Thiemo, im Jahr 1088 hatte sich dessen Gegenerzbischof Berthold von Moosburg des Erzstifts Salzburg bemächtigt. Erst zwei Jahre später versammelte sich die Papstpartei, um einen Nachfolger für Gebhard zu wählen. Es standen zwei Kandidaten zur Verfügung: Der aus dem bayerischen Hochadel stammende Thiemo, Abt von St. Peter in Salzburg, und der Freisinger Domdekan Adalbero. Die Wahl fand an einem Ort an der Donau statt. Als dort das Schiff mit Adalbero an Bord ankam, versank es vor den Augen der versammelten Wählerschaft in den Fluten. Dieses Unglück

Schlacht bei Saaldorf

wurde als Gottesurteil angesehen und deshalb Thiemo am 25. März 1090 zum Salzburger Erzbischof gewählt. Thiemo konnte sich mit seiner streng päpstlichen Haltung zunächst gegen Berthold von Moosburg durchsetzen. Dieser sah jedoch im Jahr 1097 auf Grund veränderter politischer Rahmenbedingungen eine Möglichkeit, das Erzstift erneut für sich zu gewinnen und rückte an der Spitze eines Heeres gegen Salzburg vor. Thiemo trat ihm am 6. Dezember des genannten Jahres bei Saaldorf entgegen (Abb. 215), verlor aber diese Schlacht und mit ihr zahlreiche treue Gefolgsleute. Der Erzbischof floh nach Kärnten, wurde dort von Parteigängern seines Gegners überfallen und eingekerkert. Durch Bestechung der Wächter konnte ihm zur Flucht verholfen werden. Er hielt sich später in schwäbischen Klöstern auf. An eine Rückkehr nach Salzburg, wo sich inzwischen Berthold von Moosburg fest etabliert hatte, war jedoch nicht zu denken. Deshalb brach Thiemo gemeinsam mit anderen geistlichen und weltlichen Würdenträgern zu einem Kreuzzug ins Heilige Land auf. Am 28. September 1101 soll er in Askalon (Ashqelon), einer mehrmals von Kreuzfahrern und Arabern eroberten Hafenstadt an der Mittelmeerküste nördlich von Gaza, den Märtyrertod erlitten haben. In Salzburg konnte sich nach der Niederlage von Thiemo Berthold von Moosburg behaupten, bis sich die beiden Interessensgruppen von Papst und Kaiser auf Konrad von Abensberg einigten und ihn im Januar 1106 zum Nachfolger von Erzbischof Thiemo wählten[173].

Abb. 215: Nichts erinnert mehr an die Schlacht bei Saaldorf, bei der am 6. Dezember 1097 der Salzburger Erzbischof Thiemo gegen Berthold von Moosburg kämpfte. Dagegen bieten die Saaldorfer Kirche und der Kapellenbildstock an der Unteren Straße die Möglichkeit, den damals Gefallenen ein stilles Gedenken zu widmen.

Abb. 216: Knapp zwei Kilometer südwestlich von Schneizlreuth – an der Straße nach Unken – befindet sich diese Erinnerungstafel: *1800 – Hier kämpfte das tapfere Bergvolk siegreich gegen die Truppen Napoleons.*

Tiroler Straße

Stadtplan: D 3 = von der Ludwig-Zeller-Straße südlich abzweigend.

Das Land Tirol ist seit der Zeit der Napoleonischen Kriege zu Beginn des 19. Jahrhunderts durch Teilungen und Fremdherrschaften – einige Jahre gehörte Tirol auch zu Bayern – geprägt. Das konnten auch die Tiroler Freiheitskämpfer trotz anfänglicher Erfolge nicht verhindern. Ihre Kampfhandlungen fanden einst auch in unserer Region statt. Sie besetzten im Dezember 1800 mit Unterstützung der Pinzgauer den Bodenbichl-Pass südwestlich von Schneizlreuth und verhinderten durch einen dort erfolgreich geführten Kampf den weiteren Vormarsch der Franzosen. Das geschah wenige Tage nach der großen Schlacht auf den – nur einige Kilometer von Freilassing entfernten – Walser Feldern. Dort hatten die Franzosen, unter denen die gesamte hiesige Region zu leiden hatte, gegen die Österreicher gekämpft. Die Schlacht endete mit mehr als 20.000 toten Soldaten und einem Sieg Frankreichs. Dieser militärische Erfolg Napoleons war der Anlass dafür, dass Bayern im Jahr darauf ein Bündnis mit Frankreich einging.

Bodenbichl

An den erwähnten Kampf am Bodenbichl Ende des Jahres 1800, durch den die Tiroler den französischen Vormarsch unterbinden konnten, erinnert noch eine Gedenktafel an der Passstraße von Schneizlreuth nach

Abb 217: Einer der Glanzpunkte im Land der Berge, in Tirol, sind die markanten Vajolettürme in den Dolomiten. Sie ziehen sowohl Kletterer auf waghalsigen Routen als auch Bergwanderer, die nur zu ihnen aufblicken können, in ihren Bann.

Unken (Abb. 216). Weniger Erfolg hatten die damals siegreichen Tiroler bei den Schlachten an demselben Ort in den Jahren 1805 und 1809, bei denen die inzwischen vereinigten Truppen von Frankreich und Bayern die Oberhand behielten[174]. Alle drei Kämpfe am Bodenbichl werden neuerdings durch ein im Jubiläumsjahr 2009 aufgestelltes Denkmal in Schneizlreuth ins Gedächtnis zurückgerufen.

Fünf Jahre nach der letzten Auseinandersetzung am Bodenbichl, 1814, kam das gesamte Land Tirol zu Österreich, und ein Jahrhundert später, nach dem Ende des Ersten Weltkriegs 1919, wurde es – wie schon 1809 – geteilt: Südtirol wurde Italien zugeordnet, Nord- und Osttirol blieben bei Österreich und bilden gemeinsam, trotz ihrer räumlichen Trennung durch das dazwischen liegende Südtirol, ein Bundesland. Alle drei Landesteile, Nord-, Süd- und Osttirol, werden von großartigen Gebirgslandschaften geprägt, die Tirol zum Inbegriff für ein Land der Berge werden ließen (Abb. 217). Darüber freuen sich auch Besucher aus Bayern, und weder Gastgeber noch Gäste denken an die Gegensätze vor zweihundert Jahren, die inzwischen Geschichte geworden sind.

Traunsteiner Straße

Stadtplan: E – F 2 = von der Bundesstraße 304 nördlich abzweigend.

In den Nachbarstädten von Freilassing spielte das Salz eine bedeutende Rolle: In Reichenhall war es die Salzerzeugung, in Laufen die Salzschifffahrt und in Salzburg war die Verbindung zum Salz so eng, dass sie gar

Abb. 218: Diese Gedenktafel erinnert an Vater und Sohn Hans und Simon Reiffenstuel, die Erbauer der Soleleitung von Reichenhall nach Traunstein zur dortigen Saline, die knapp 300 Jahre bis 1912 in Betrieb war.

ihren deutschen Namen darauf zurückführt. Das ist noch nicht alles: Auch die rund 30 Kilometer entfernte Stadt Traunstein ist mit dem Salz eng verknüpft. Der Ortsteil Hallabruck weist mit seinem Namen darauf hin, dass einst über die dortige Traunbrücke das Reichenhaller Salz transportiert wurde. Später wurde in Traunstein sogar eine Saline gebaut. Das war vor fast vierhundert Jahren, als in Reichenhall eine neue Solequelle entdeckt wurde und gleichzeitig der benötigte Energieträger knapp wurde, weil die Wälder weit und breit um die Salinenstadt nicht so schnell nachwachsen konnten wie sie abgeholzt wurden. Als Ausweg boten sich die Holzreserven um Traunstein an, die als Brennmaterial für das Sieden des salzhaltigen Wassers, der Sole, benötigt wurden. Statt die schweren Baumstämme nach Reichenhall zu transportieren, entschloss man sich, in Traunstein eine Saline zu bauen und die Sole nach Traunstein zu leiten. Dafür wurde mit großem Aufwand eine Soleleitung über Berg und Tal gebaut, die heute als erste Pipeline der Welt gilt. Die technische Meisterleistung gelang Vater und Sohn Hans und Simon Reiffenstuel in den Jahren 1617 bis 1619 (Abb. 218). Die Traunsteiner Saline arbeitete fast 300 Jahre und stellte erst 1912 ihren Betrieb ein. Heutzutage ist Traunstein Kreisstadt des gleichnamigen Landkreises und Zentrum des Chiemgaus.

Saline

Troppauer Straße

Stadtplan: C 2 = von der Egerländer zur Siebenbürger Straße.

Die Stadt Troppau (Abb. 219) im einst sudetendeutschen Siedlungsgebiet (vgl. Sudetenplatz und Sudetenstraße) befindet sich im Nordosten von Tschechien nahe der Grenze zu Polen (s. Karte S. 18). Die Stadt mit mehr als 60.000 Einwohnern ist Sitz einer Universität, hat bedeutende Baudenkmäler und verfügt über Maschinenbau-, Textil- sowie Holzindustrie. Ihr tschechischer Name lautet *Opava*.

Die Ersterwähnung erfolgt schon Ende des 12. Jahrhunderts. 1318 bis 1742 war Troppau die Hauptstadt des gleichnamigen Herzogtums, anschließend bis zum Ende des Ersten Weltkriegs 1918 Hauptstadt von Österreichisch-Schlesien und kam dann zur Tschechoslowakei. Von 1938 bis zum Ende des Zweiten Weltkriegs 1945 gehörte Troppau mit dem neu gebildeten gleichnamigen Landkreis zu Deutschland und fiel dann wieder an die Tschechoslowakei. Die deutsche Bevölkerungsmehrheit wurde bis 1946 vertrieben und fand hauptsächlich in Bayern Aufnahme. Seit der Teilung der Tschechoslowakei 1993 gehört Troppau zur Tschechischen Republik oder kurz Tschechien.

Abb. 219: Troppau hatte um 1930 rund 35.000 Einwohner.

Tulpenweg

Stadtplan: C 2 = von der Pettinger Straße nördlich abzweigend.

Die Blumengattung Tulpe *(Tulpia)* gehört zur Familie der Liliengewächse. Die einzige bei uns wild vorkommende Art ist die grüngelb blühende Waldtulpe *(Tulpia sylvestris)*. Dagegen gibt es zahlreiche Arten von Gartentulpen (Abb. 220), die schon seit dem 16. Jahrhundert in den Niederlanden gezüchtet werden.

Abb. 220: Tulpen auf dem Georg-Wrede-Platz vor dem Zentralschulhaus.

Untereichet

Stadtplan: B 2 = von der Surheimer Straße westlich abzweigend.

Untereichet ist – vgl. Obereichet – sowohl der Name einer Straße als auch der eines Stadtteils. Er kommt vom nahe gelegenen Staatsforst mit der ursprünglichen Benennung *Saltzburghofer Eichet*. Bei diesem *Eichet* handelt es sich um einen etwa 70 Hektar großen Wald, in dem auf einer kleinen Fläche etwa 200 Jahre alte Stieleichen von besonderer Qualität stehen (vgl. Eichetstraße)[175]. Untereichet liegt auf der Westseite des Eichetwaldes. Der ursprüngliche Weiler gehörte Ende des 18. Jahrhunderts zum Viertel Haberland und bestand um 1850 aus vier Anwesen mit den Hausnamen Schmiedbauer, Pankl, Kreißen und Eicherer (Abb. 221)[176].

Abb. 221: *Der Eicherer* in Untereichet hat seinen Namen vom *Saltzburghofer Eichet*.

Untersbergstraße

Stadtplan: E 3 = von der Watzmann- zur Nocksteinstraße.

Der Untersberg ist der nördlichste Gebirgsstock der Berchtesgadener Alpen und gilt als der größte freistehende Berg Europas (Abb. 222). Über seine Hochfläche verläuft die Grenze zwischen Bayern und Österreich. Seine bedeutendsten Gipfel sind der Berchtesgadener Hochthron mit 1.973 Metern und der Salzburger Hochthron mit 1.853 Metern. Berg-

Abb. 222: Blick von Salzburghofen auf den mächtigen, noch mit Schnee bedeckten Untersberg im Frühjahr, links davon der Hohe Göll, rechts der Hochkalter.

wanderer finden mehrere Routen auf sowie über das mächtige Bergmassiv. Auch für Kletterer bietet der Untersberg viele Anstiege in verschiedenen Schwierigkeitsgraden. Schließlich kann das Geiereck nahe dem Salzburger Hochthron von St. Leonhard aus mit einer Gondelbahn erreicht werden. Eine Spezialität ist die Schellenberger Eishöhle unterhalb der Mittagsscharte, die einzige erschlossene Eishöhle Deutschlands. Ihre Eismassen sind bis zu 30 Meter stark und werden auf ein Alter von 3.000 Jahren geschätzt. Die Höhle wurde um 1800 entdeckt und ist seit 1925 zugänglich. Sie bietet auf einem rund einen halben Kilometer langen und sicheren Rundgang im Berginneren interessante Einblicke und erinnert auch an die Sagen, die sich um diesen Gebirgszug ranken.

Unter anderem wird vom Untersberg berichtet: *Zur Heidenzeit hat ein wildes Zwergvolk den Berg ausgehöhlt. Mächtig dehnen sich seine Hallen und Säle. Und in einem Saale thront Kaiser Karl der Große mit seinen Fürsten und tapferen Kriegern. Sein weißer Bart ist zweimal um den Tisch gewachsen. Wenn des Kaisers Bart dreimal um den Tisch gewachsen ist, dann ist es soweit, dann wird der Kaiser an der Spitze seiner Heerscharen aus dem Berg hervorbrechen und, da Deutschland in größter Not liegt, gegen den Erbfeind eine blutige Schlacht auf dem Walser Feld schlagen. Er wird den Kampf siegreich bestehen, der Kurfürst von Bayern aber wird seinen Wappenschild an den Birnbaum auf dem Walser Feld hängen.* Karl der Große, König der Franken (768 – 814) und Römischer Kaiser (800 – 814) hat mit der Verschmelzung antiken Erbes, christlicher Religion und germanischer Gedankenwelt die historische Entwicklung Europas geprägt. Seine Gestalt lebt in verschiedenen Sagen weiter.

Karl der Große

Abb. 223: Das blau-violett blühende Hundsveilchen *(Viola canina)* zählt zu den ersten Frühlingsboten.

Veilchenweg

Stadtplan: C 2 = von der Pettinger Straße nördlich abzweigend.

Von der Blumengattung Veilchen *(Viola)* gibt es mehrere heimische Arten, darunter das dunkelviolett blühende Märzveilchen *(Viola odorata)*, das blau-violett blühende Hundsveilchen *(Viola canina)* (Abb. 223) sowie das Gewöhnliche Stiefmütterchen *(Viola tricolor)*, das bis 30 Zentimeter hoch wächst und meist bunt blüht, blau-violett, gelb oder weiß[177].

Verdistraße

Stadtplan: C 2 = von der Industriestraße östlich abzweigend.

Der italienische Komponist Giuseppe Verdi (* 10. 10. 1813 in Busseto, † 27. 1. 1901 in Mailand) gilt als einer der bedeutendsten Musikdramatiker des 19. Jahrhunderts. Er schuf bedeutende Opern, in denen er auch historische Inhalte zu patriotischen Themen verarbeitete und damit während der italienischen Freiheitskämpfe die österreichischen Besatzer herausforderte.

Abb. 224: Giuseppe Verdi.

Vinzentiusstraße

Stadtplan: C 3 = von der Münchener Straße zum Kreuzweg.

Den Namen Vinzenz trägt eine ganze Reihe bedeutender Kirchenmänner. Allein sechs von ihnen wurden heiliggesprochen: Vinzenz von Saragossa (Festtag 22. Januar), Vinzenz von Leon (11. März), Vinzenz Ferrer (5. April), Vinzenz von Agen (9. Juni), Vincentius Madelgarius (14. Juli) und Vinzenz von Paul (19. Juli)[178]. Am bekanntesten sind der heilige Vinzenz von Saragossa († um 304), spanischer Märtyrer sowie Schutzpatron der Holzknechte und Winzer – seiner wird auch bei uns alljährlich an seinem Festtag gedacht –, und der heilige Vinzenz von Paul (* 1581, † 1660 in Paris). Er zeichnete sich durch sein soziales Wirken aus, gründete die *Congregatio Missionis* (CM) zur Missionierung der armen Landbevölkerung sowie Frauenvereinigungen zur Betreuung armer Kranker (Abb. 225).

1906 wurde in der Gemeinde Salzburghofen der *St.-Vinzentius-Verein Salzburghofen e. V.* gegründet. Er baute 1928 den ersten Kindergarten in Freilassing. Das war der Anlass für die dortige Straßenbenennung. 1998 wurde die Trägerschaft des Kindergartens von der Pfarrpfründestiftung übernommen und der Verein aufgelöst[179]. Dagegen haben sich inzwischen neue Beziehungen ergeben: Seit 1998 wird nämlich die Seelsorge in der katholischen Pfarrei Freilassing-Salzburghofen St. Rupert und inzwischen auch in der von St. Korbinian von der polnischen Provinz der Gemeinschaft der Vinzentiner – der oben erwähnten *Congregatio Missionis* (CM) – ausgeübt. Seither wurden mehrere Pfarrherren mit dieser Aufgabe betraut. In der Folge dieser Übernahmen kam es 2002 zur Gründung der *Vinzenz-Konferenz Freilassing – St. Rupert*, die sich der allgemeinen Unterstützung bei Bedürftigkeit verschrieben hat. Sie gehört der Gemeinschaft der Vinzenz-Konferenzen Deutschlands e. V. an, einem 1845 gegründeten, kirchlich und staatlich anerkannten Verband ehrenamtlich tätiger Laien[180].

Abb. 225: Der heilige Vinzenz von Paul (Gemälde von Mieszko Tylka im Pfarramt St. Rupert).

Virgiliusstraße

Stadtplan: D 3 = von der Augustiner- zur Lindenstraße.

Der heilige Virgil(ius) (* um 700 in Irland, † 27. 11. 784 in Salzburg) erhielt vom Bayernherzog, der in Salzburg über eine eigene Residenz verfügte, kurz vor dem Jahr 750 die Diözese Salzburg. Sie nahm unter Virgil

Abb. 226: Der heilige Virgil als Kolossalgestalt an der Westfassade des aus der Barockzeit stammenden Salzburger Doms. Der Abtbischof Virgil baute den ersten Dom, in den er am 24. September 774 die Reliquien des heiligen Rupert übertrug, und erhielt deshalb als Attribut ein Modell des Domgebäudes, das die beiden auf dem Podest abgebildeten Putten halten.

als Abt des Klosters St. Peter, der erst später zum Bischof geweiht wurde, einen großen Aufschwung. Um diese Zeit erscheint zum ersten Mal *Salzburg* mit dem deutschen Namen, während zuvor nur vom römischen *Iuvavum* die Rede war[181]. Virgil gilt als der bedeutendste Bischof unter den unmittelbaren Nachfolgern des heiligen Rupert, der 696 das Kloster St. Peter, die Wiege Salzburgs, gegründet hatte. Neben der erfolgreichen Bekehrung der Slawen in dem von Bayern eroberten Kärnten ragt unter den Verdiensten Virgils der Bau des ersten Doms hervor, der neben der Stiftskirche St. Peter errichtet wurde. Der Dombau wurde 767 begonnen und hat vorhandene spätantike Ruinen mit einbezogen. Schon nach sieben Jahren, am 24. September 774, erfolgte die Einweihung sowie die Überführung der Gebeine des heiligen Rupert in die Unterkirche des neuen Gotteshauses. Der Virgildom war eine dreischiffige Basilika von beachtlichen Ausmaßen, in der auch der Erbauer nach seinem Tod 784 die letzte Ruhestätte fand. Seine lange Regierungszeit hatte Salzburg eine Blütezeit beschert[182]. Im Jahr 1233 wurde Virgil von Papst Gregor IX. heiliggesprochen[183]. Virgil ist wie der heilige Rupert Landespatron von Salzburg.   Landespatron

Nachfolger von Virgil wurde 785 Bischof Arn(o), in dessen Amtszeit Salzburg zum Erzbistum und zur geistlichen Metropole Süddeutschlands aufsteigen konnte. Er hat 790 – zwei Jahre nach der Entmachtung des bayerischen Herzogs Tassilo durch Karl den Großen – das nach dem Bischof benannte Güterverzeichnis, die *Notitia Arnonis*, anfertigen lassen, in dem viele Orte unserer Region zum ersten Mal erwähnt werden. Rupert, Virgil und Arn bilden das große Dreigestirn der Salzburger Frühzeit[184].

Von-Weber-Straße

Stadtplan: C 3 = von der Beethoven- zur Mittleren Feldstraße.

Der Komponist Carl Maria von Weber (* 18. 11. 1786 in Eutin, † 5. 6. 1826 in London) war unter anderem Schüler von Michael Haydn in Salzburg und später Musikdirektor an der Deutschen Oper in Dresden. Er schuf mit seinem *Freischütz* eine romantische deutsche Nationaloper. Zu seinen Werken zählen weitere Opern, Singspiele, Sinfonien, Kammermusik, Lieder und Chöre.

Abb. 227: Carl Maria von Weber.

Abb. 228: Der Gemeine Wacholder *(Juniperus kommunis)* ist ein immergrüner und säulenförmiger Strauch oder bis 15 Meter hoher Baum.

Wacholderweg

Stadtplan: D 2 = von der Waginger Straße zur Aurikelstraße.

Die Gattung Wacholder *(Juniperus)* – zur Familie Zypressengewächse gehörig – besteht aus rund 60 Arten. Es sind immergrüne Sträucher oder bis 15 Meter hohe Bäume. Zu ihnen zählen der Gemeine Wacholder *(Juniperus kommunis)* – (Abb. 228), der Chinesische Wacholder *(Juniperus chinensis)* und der nur bis 50 Zentimeter hoch wachsende Zwergwacholder *(Juniperus nana)*[185].

Waginger Straße

Stadtplan: C – D 2 = von der Wasserburger Straße zur Westendstraße.

Waging am See wurde schon im 8. Jahrhundert erstmals erwähnt. Durch den Ort führte die einstige Salzstraße von Reichenhall über Brodhausen nach Wasserburg. Weitere Straßen verbinden den Ort, der seit dem 14. Jahrhundert über das Marktrecht verfügt, mit Traunstein und Tittmoning. Waging gehörte bis 1803 zum Erzstift Salzburg, war Sitz eines Pfleggerichts, kam 1816 endgültig zu Bayern und wird seither dem Rupertiwinkel zugerechnet. Mit der Gebietsreform 1972 wurde der Marktflecken an den Landkreis Traunstein angeschlossen. Er zählt heute rund 6.000 Einwohner. Stattliche Bürgerhäuser sowie wertvolle Kunstschätze in Kirchen und Kapellen des Landes rund um den See (Abb. 229) zeugen vom Wohlstand vergangener Zeiten. Er wird in der Gegenwart durch den Fremdenverkehr gestützt, der am Waginger See, dem wärmsten Badesee in Oberbayern, gute Voraussetzungen hat.

Abb. 229: Die Seenlandschaft von Waging empfiehlt sich nicht nur den Wassersportlern, auch Kunstfreunde kommen auf ihre Rechnung: Das am nördlichen Ufer stehende St.-Koloman-Kirchlein bietet einen wertvollen spätgotischen Flügelaltar aus der Werkstatt des Meisters Gordian Guckh von Laufen aus dem Jahr 1515. In der Mitte: Maria mit Koloman und Jakobus.

Abb. 230: Der Naglerwald offenbart besonders an einem Herbsttag seinen Wert als Kleinod in der Stadt.

Waldstraße

Stadtplan: D – E 3 = von der Freimannstraße zum Heideweg (nahe dem Freimannwald).

Einst war das gesamte Land von Wald bedeckt, dem erst mühsam einzelne Flächen für landwirtschaftliche Nutzung und Siedlungszwecke abgerungen werden mussten. Auch das heutige Freilassinger Stadtgebiet war noch im 19. Jahrhundert von großen Waldgebieten beherrscht. Reste der einst zusammenhängenden Waldfläche sind der besonders von Spaziergängern geschätzte Auwald, der davon durch die Umgehungsstraße abgetrennte Freimannwald, das Eichet mit dem wertvollen Eichenbestand (vgl. Eichetstraße), der kleine Naglerwald am Sonnenfeld (Abb. 230) sowie der nur einen halben Hektar große Soergelpark im Stadtzentrum. Auch wenn in der jüngsten Vergangenheit durch das Wachstum der Stadt viele Waldflächen verloren gegangen sind, sind doch noch wertvolle Wälder vorhanden, die es nun umso mehr zu schützen gilt.

Die Wälder im Stadtgebiet gehören verschiedenen Eigentümern: 94 Hektar sind Staatswald, 24 Hektar gehören der Kirche, 16 Hektar der Stadt und 225 Hektar teilen sich über 100 Privatwaldbesitzer, das sind vor allem Bauern[186]. Die Betreuung der Wälder liegt bei der Forstdienststelle Freilassing, die ihren Sitz im Forsthaus an der Schulstraße hat. Das Gebäude wurde 1912 errichtet und war damals Dienst- und Wohnsitz des königlichen Försters zu Salzburghofen. Heute leitet Stefan Köcher die Dienststelle, die zum Bayerischen Forstamt Traunstein gehört[187].

Wasserburger Straße

Stadtplan: C 1 – 2 = Fortsetzung der Münchener Straße stadtauswärts ab der Bahnunterführung der Strecke nach Laufen (Abb. 231).

Abb. 231: Die Unterführung unter der Bahnlinie nach Laufen wurde 1998 verbreitert. Sie markiert das Ende der vom Zentrum kommenden Münchener Straße und den Beginn der stadtauswärts führenden Wasserburger Straße.

Abb. 232: Wasserburg wird bis auf eine schmale Landzunge vom Inn umflossen und zeichnet sich durch ein mittelalterlich geprägtes Stadtbild aus.

Die Stadt Wasserburg wird bis auf eine kleine Landzunge vom Inn umflossen. Sie verdankt ihre Entstehung dem Salzhandel, der an der schmalsten Stelle des Flusses eine Brücke passieren und dort Maut zahlen musste. Die wertvolle Ware kam von Reichenhall. Sie wurde über Traunstein und Wasserburg nach München und Augsburg transportiert (vgl. Salzstraße). Wasserburg hat rund 12.000 Einwohner und verfügt auch heutzutage noch über ein mittelalterlich geprägtes Stadtbild mit Rathaus, Kirchen und Wohnhäusern aus dem 14. bis 16. Jahrhundert (Abb. 232).

Wassermauth

Stadtplan: B 4 = zwischen Hagen und der Einmündung der Saalach in die Salzach.

Das einstige Zollgebäude mit dem Namen *Wassermauth* steht auf einer Lichtung in der Saalachau nahe dem Spitz, dem Zusammenfluss von Saalach und Salzach. Das Haus hat eine bewegte Geschichte: Nachdem das Erzstift Salzburg 1803 aufgelöst und 1816 zwischen Bayern und Österreich geteilt worden war, wurden die beiden Flüsse zur Grenze. In Salzburghofen sowie Freilassing gab es auf einmal außer Bauern und Handwerkern auch noch Zöllner. Sie kontrollierten den Warenverkehr und kassierten Gebühren. Am Zusammenfluss von Saalach und Salzach wurde 1822 eine so genannte Kleinmautstation, die Wassermauth, eingerichtet. Sie diente der Überwachung des dortigen Fährverkehrs. Da aber das zur Kontrolle notwendige Anlanden der Schiffe, die hauptsächlich Salz transportierten, schwierig war, konnte diese Mautstation nicht aufrecht erhalten werden. Sie musste ihre Aufgaben an das Zollamt in Laufen abgeben. Die Wassermauth wurde dann 1858 an den Wasserbaupolier Egid Amann verkauft. Ein Nachfahre des Käufers, Alexander Amann, betrieb dort um 1900 eine Badeanstalt, die nach dessen Vornamen Alexanderbad oder nur kurz *Xandlbad* benannt wurde. Das Bad nutzte den am Haus vorbeifließenden kleinen Nebenarm der Saalach. Heutzutage ist dies gut vorstellbar, weil 2004 der dortige Mittergraben wieder bewässert wurde und das Haus damit erneut unmittelbar am Wasser liegt[188] (Abb. 233).

Xandlbad

Abb 233: Das Gebäude mit dem Hausnamen Wassermauth liegt idyllisch auf einer Lichtung in der Saalachau. Nahe am einstigen Zollhaus verläuft der Mittergraben, der 2004 wieder bewässert wurde.

Abb 234: Die Watzmann-Westwand aus einer nicht alltäglichen Perspektive: vom Aufstieg aus dem Wimbachtal auf das Große Palfenhorn.

Watzmannstraße

Stadtplan: D – E 3 = vom Hermann-Löns-Platz zur Teisenbergstraße.

Der Watzmann ist mit seiner Höhe von 2.713 Metern der höchste Berg der Berchtesgadener Alpen und das Wahrzeichen von Berchtesgaden. Er ist nach der Zugspitze auch der zweithöchste Berg Deutschlands. Der Watzmann liegt zwischen dem Königssee und dem eindrucksvollen Wimbachtal. Sein von Nord nach Süd ziehender Hauptkamm besteht aus den drei Gipfeln Hocheck, Mittelspitze und Südspitze. Die klassische Ansicht des Berges zeigt dagegen das „Familienbild" mit König Watzmann, seiner Frau und dazwischen deren fünf Kinder. Der Sage nach war Watzmann ein grausamer König, der einschließlich seiner Familie verflucht und dann zu Stein verwandelt wurde.

Für Kletterer ist die Watzmann-Ostwand mit ihren fast 2.000 Höhenmetern eine besondere Herausforderung. Sie gilt als höchste Wand der Ostalpen und hat schon zahlreiche Todesopfer gefordert. Zum ersten Mal wurde sie 1881 vom Ramsauer Bergführer Johann Grill – nach seinem Hausnamen Kederbacher genannt – und seinem Auftraggeber, dem Wiener Alpinisten Otto Schück, bezwungen. Der Watzmann kann aber auch von Bergsteigern auf normalen Routen erobert werden. Seine gewaltige Westwand (Abb. 234) ist von Brodhausen aus zwischen Untersberg und Lattengebirge zu sehen.

Weberbauerngasse

Stadtplan: D 3 = von der Josef-Brendle-Straße südlich abzweigend.

Der Weberbauer ist einer der acht Bauernhöfe, die gemeinsam mit ein paar Zuhäusern von 1300 bis 1800 den Weiler Freilassing bildeten. Sein Hausname leitet sich von einem Gewerberecht ab, das mit dem Anwesen verbunden war, der so genannten *Webmeister-Gerechtigkeit*. Der Weberbauer – oder kurz: der Weber – betreibt nach wie vor die Milchwirtschaft. Er und der Pongraz an der Ludwig-Zeller-Straße sind die beiden letzten, die ihrem Berufsstand bisher treu geblieben sind[189], obwohl die Lage ihrer Höfe in der Stadtmitte die Bewirtschaftung eines Bauernhofs besonders erschwert (Abb. 235).

Abb. 235: Die Weberbauerngasse macht ihrem Namen alle Ehre: Dort befindet sich der Weberbauer, der nach wie vor die Landwirtschaft betreibt mit Kuhstall und dampfendem Misthaufen – und das direkt im Stadtzentrum.

Abb. 236: Weibhauser-Siedlung um 1950. Das Gebiet zwischen der Siedlung und der Salzstraße (oben links) ist inzwischen verbaut und mit „Baum- und Blumenstraßen" erschlossen.

Weibhauserstraße

Stadtplan: D 2 = von der Westendstraße zur Waginger Straße.

Anfang der 1930er-Jahre entstand nördlich der Westendstraße, nachdem das dortige Waldgrundstück abgeholzt worden war, eine Siedlung mit Ein- und Zweifamilienhäusern (Abb. 236). Sie wurde Weibhauser-Siedlung genannt, weil der frühere Grundeigentümer, der Schneiderbauer von Hofham, mit Schreibnamen Alois Weibhauser (* 20. 6. 1886, † 5. 7. 1936) hieß[190]. Dieser Name ging bei der Straßenbenennung 1954 auf die größere der beiden Straßen in dieser Siedlung über[191], die kleinere erhielt den Namen Peracher Straße.

Weildorfer Straße

Stadtplan: C – D 2 = von der Waginger Straße zur Salzstraße.

Weildorf leitet seinen Namen von der lateinischen Bezeichnung *villa* ab, das so viel wie Landgut bedeutet und ein Hinweis dafür ist, dass dort einmal ein römisches Landgut stand. Der Ort gehört zum Markt Teisendorf, liegt idyllisch auf einer Anhöhe nordöstlich dieses Marktfleckens und bietet für Kunstfreunde eine besondere Kostbarkeit. In der 1429 geweihten ehemaligen Wallfahrtskirche Mariae Himmelfahrt befindet sich neben

Abb. 237: Die zu Beginn des 15. Jahrhunderts entstandene „Schöne Madonna" in der Kirche von Weildorf.

wertvollen Wandgemälden aus der spätgotischen Entstehungszeit ein herausragendes Kunstwerk: die in der Vorhalle der Kirche aufgestellte Marienstatue in Lebensgröße. Sie zählt zu den so genannten „Schönen Madonnen", die in der Salzburger Gegend um 1400 entstanden sind, und gilt als eine der wertvollsten ihrer Art (Abb. 237).

Westendstraße

Stadtplan: D 2 = Fortsetzung der Rupertusstraße stadtauswärts von der Bahnüberführung der Strecke nach Laufen bis zur Salzstraße.

Diese Straße (Abb. 238) führt nach Westen und mündet in die Salzstraße, die das Westende der Stadt darstellt. Die Salzstraße befindet sich auf Freilassinger Stadtgebiet, die auf ihrer Westseite gelegenen Häuser gehören aber – auf der halben Straßenlänge – schon zum Gemeindegebiet von Ainring.

Abb. 238: Zugang von der Westendstraße zur attraktiven *Lokwelt*, die mit vielen wertvollen Exponaten auf 17 Gleisen zahlreiche Besucher aus nah und fern anlockt. Das Eisenbahnmuseum betreibt seit 2006 die Stadt Freilassing in Zusammenarbeit mit dem Deutschen Museum, München.

Abb. 239: Straße durch Wiesen.

Wiesenstraße

Stadtplan: B 3 – 4 = von der Laufener Straße westlich abzweigend.

Diese Straße verläuft teilweise durch Wiesen, sodass man ihr das Recht auf ihren Namen nicht völlig absprechen kann, wenngleich eine Wiesenstraße die Hoffnung auf eine Straße durch endloses Grün erweckt, durch Wiesen und nichts als Wiesen (Abb. 239).

Wolf-Dietrich-Straße

Stadtplan: D 3 = von der Virgiliusstraße zum Fürstenweg.

Wolf Dietrich von Raitenau (* 26. 3. 1559 bei Bregenz, † 16. 1. 1617 in Salzburg) war Erzbischof von Salzburg in den Jahren 1587 bis 1612 (Abb. 240). Er gilt als Begründer des barocken Salzburg. Er war bei seiner Wahl 28 Jahre alt, nahm zahlreiche Bauvorhaben in Angriff und wirkte als Erneuerer der mittelalterlichen Stadt. Nach einem Brand im romanischen Dom 1598 plante er auch eine neue Kathedrale, erlebte noch deren Grundsteinlegung, musste aber den Neubau seinen Nachfolgern überlassen.

Wolf Dietrich war ein Förderer der Orden und holte zur Mitwirkung bei der Erneuerung des katholischen Glaubens die Franziskaner, die Kapuziner sowie die Augustiner-Eremiten (vgl. Augustinerstraße) ins Land. Das war zwar gegen die Abmachung mit dem Domkapitel, das ihm vor seiner Wahl das Versprechen abgenommen hatte, keine Ordensgemeinschaften nach Salzburg zu holen. Sie waren offenbar vom Domkapitel als Konkurrenten betrachtet worden. Solche Vereinbarungen vor einer Bischofswahl – Wahlkapitulation genannt – wurden später vom Papst verboten.

Die Regierungszeit von Wolf Dietrich war geprägt von Auseinandersetzungen mit dem stärkeren Nachbarland Bayern. Dabei ging es um das „Weiße Gold", das Salz, das gutes Geld einbrachte. Es war die Grundlage für wirtschaftlichen Wohlstand, politische Stärke und nicht zuletzt für seine aufwändigen Bauvorhaben. Das gewaltsame Vorgehen von Wolf Dietrich gegen die Fürstpropstei Berchtesgaden im Jahr 1611 leitete sein Ende als Fürsterzbischof ein. Es war Anlass dafür, dass Bayern unter Herzog Maximilian I. einen Kriegszug gegen das Erzstift Salzburg unternahm und die Stadt besetzte. Der Erzbischof entschied sich für eine Flucht, wurde aber von den Bayern eingeholt, gefangen und auf der Festung Hohensalzburg festgesetzt[192]. Im Frühjahr 1612 willigte Wolf Dietrich in die Resignation seines geistlichen Amtes ein. Dabei hatte er noch versucht, für seine Lebensgefährtin Salome Alt und die gemeinsamen Kinder angemessene Pensionszahlungen zu erreichen. Salome Alt, die Tochter eines Salzburger Ratsherrn, war Wolf Dietrich ein Leben lang treu verbunden. Die Aufhebung des Eheverbots für Priester war damals vielfach gefordert und als nahe bevorstehend betrachtet worden. 1609 wurde Salome Alt durch den Kaiser in den Reichsadelsstand erhoben. Auch er hatte mit einer Anerkennung der Verbindung von Salome Alt, die mit zehn Kindern gesegnet war, mit dem Erzbischof gerechnet[193].

Abb 240: Fürsterzbischof Wolf Dietrich von Raitenau 1589 (Gemälde von Kaspar Memberger im Salzburg Museum).

Nach der Resignation Wolf Dietrichs wählte das Domkapitel Markus Sittikus von Hohenems – er war ein Cousin von Wolf Dietrich – zum neuen Salzburger Oberhirten. Er erhielt die Aufgabe, für die Bewachung des Inhaftierten zu sorgen und wurde seinem Verwandten und Vorgänger im Amt ein strenger Kerkermeister. Wolf Dietrich verstarb 1617 in Gefangenschaft auf Hohensalzburg.

Abb. 241: Der Amanhof im Jahr 2009.

Wolfgang-Hagenauer-Straße

Stadtplan: C 3 = von der Kreuzederstraße zur Martin-Luther-Straße.

Die Hagenauer haben ihren Ursprung in der Hagenau, die zwischen Feldkirchen und Hammerau liegt und zur Gemeinde Ainring gehört. Sie lassen sich dort bis um 1600 zurückverfolgen. Der 1726 geborene Wolfgang (IV.) Hagenauer und seine Geschwister wurden auf dem Amanhof in Straß (Abb. 241), ebenfalls heute zur Gemeinde Ainring gehörig, geboren. Ihre Vorfahren waren Bauern, Wirte, Müller und Bäcker[194].

Wolfgang Hagenauer (* 16. 10. 1726 in Straß, † 16. 12. 1801 in Salzburg) lernte zunächst das Zimmermannshandwerk. Er wurde bekannt mit dem entfernt verwandten Johann Lorenz Hagenauer (1712 – 1792)[195], seines Zeichens Handelsherr und Spezereiwarenhändler sowie Eigentümer zweier Häuser in der Salzburger Getreidegasse und dort auch Hausherr und Gönner der Familie Mozart. Sein Gewerbe betraf die nicht im Inland hergestellten Lebensmittel, die so genannten Kolonialwaren, mit denen gutes Geld zu verdienen war. Der solvente Handelsherr erkannte das Talent von

Hier ruht ein Mann,
Der zu Juvavens Ruhm vom Pfluge
Zum Lehramt sich erschwang,
Der seine Schüler auf den Pfad geleitet,
Wie einst Korinth und Rom den Bau geführt.
Gebäude, die den Einsturz drohten,
Stellt er zu neuer Dauer her.
Die Tempel, die der Gottheit heilig,
Pallaste, die des Fürsten Wohnsitz waren,
Sind, wenn der Neider tückisch schweigt,
Hievon die redenste Beweise.
Entfernt von Stolz und Prahlerey
Liebt er die Tugend alter deutscher Redlichkeit
Von vielen zwar miskennt,
Von Kennern Hochgeschätzt,
Der treue Gatte, gute Vater, fromme Christ,
O Gott! belohne ihn,
Der du die Frommen ewig lohnest.

Der Wohledelgebohrne Herr Wolfgang Hagenauer,
Hochfürstlich-Salzburgischer Bauamts-Verwalter, und
Lehrer der Baukunst, gestorben den 16 Christmonats 1801
im 75 Jahre seines Alters.

Abb. 242: Das Grabmal von Wolfgang Hagenauer im Salzburger Petersfriedhof in der Laube neben dem Eingang zu den „Katakomben". Die Schriftrolle in der rechten Hand der Statue zeigt den von Wolfgang Hagenauer gefertigten Plan des Neu- oder Siegmundtores auf der Riedenburgseite.

Wolfgang Hagenauer und ermöglichte ihm eine Ausbildung in der Baukunde an der Akademie der Bildenden Kunst in Wien. Dies geschah ferner mit Unterstützung durch Erzbischof Siegmund (Sigismund) von Schrattenbach. Wolfgang Hagenauer kam nach seinem Studium nach Salzburg zurück und wurde dort hochfürstlicher Baumeister und Verwalter des Hofbauamtes. Er trat das vakant gewordene Amt 1760 an und behielt es über 40 Jahre bis zu seinem Tod 1801. Wolfgang Hagenauer entwarf das Neutor in Salzburg sowie zahlreiche Häuser, Kirchen und Altäre im gesamten Erzstift und darüber hinaus, darunter den Hochaltar der Marienkirche in Salzburghofen[196].

Johann Baptist Hagenauer

Der jüngere Bruder von Wolfgang, Johann Baptist Hagenauer (1732 – 1810), wurde ebenfalls sowohl von Johann Lorenz Hagenauer als auch vom Erzbischof gefördert. Er studierte in Wien Bildhauerkunst, verbrachte mehrere Jahre zur Fortbildung in Italien und wirkte später als Akademielehrer in Wien. Er schuf anfangs Kleinplastiken im Rokokostil, später größere Skulpturen für die Parkanlagen in Nymphenburg und Schönbrunn. Sein Hauptwerk ist das große Mariendenkmal auf dem Salzburger Domplatz.

Georg Hagenauer

Ein weiterer künstlerisch begabter Bruder von Wolfgang war der um 22 Jahre jüngere Johann Georg Hagenauer (1748 – 1835). Er begann als Praktikant am Salzburger Hofbauamt, das von Wolfgang Hagenauer geleitet wurde, erhielt eine ebenfalls durch Salzburg geförderte Ausbildung an der Wiener Akademie und wirkte dann als Architekt vor allem in Gurk sowie in Passau[197].

Dominikus Hagenauer

Einer der Söhne des wohlhabenden Kaufmanns und Sponsors Johann Lorenz Hagenauer trat als Pater Dominikus (1746 – 1811) in das Benediktinerstift St. Peter ein und wurde dort später zum Abt gewählt[198]. Zu seiner Primiz komponierte dessen Jugendfreund Wolfgang Amadeus Mozart die Dominikusmesse (KV 66). Abt Dominikus setzte Wolfgang Hagenauer nach dessen Tod 1801 im Friedhof St. Peter ein Denkmal mit einer wahrscheinlich von ihm selbst verfassten Grabinschrift (Abb. 242). Der Abt führte während seiner Amtszeit ab 1786 Tagebuchaufzeichnungen, die heute wertvolle Einblicke in die für Salzburg schwierige Epoche der Zeitenwende vom 18. zum 19. Jahrhundert aus der Sicht eines kritischen und stets gut informierten Zeitgenossen bieten[199]. Damals hatte das ehemalige Erzstift innerhalb weniger Jahre dreimal die Eroberung durch das napoleonische Frankreich erdulden, den mehrfachen Machtwechsel sowie schließlich die Teilung des Landes zwischen Bayern und Österreich hinnehmen müssen.

Zirbenstraße

Stadtplan: D 2 = von der Fichten- zur Eibenstraße.

Die Zirbe, Zirbelkiefer oder Arve *(Pinus cembra)* ist eine Nadelbaumart, gehört zur Gattung Kiefer oder Föhre, kommt im Hochgebirge vor und ist eher selten. Auf Grund ihrer tiefen Wurzeln ist sie sturmfest, kann bei günstigen Bedingungen bis 25 Meter hoch und 600 Jahre alt werden. Die Zirbe hat essbare Samen, die Zirbelnüsse, und wertvolles Holz, das Schreiner für Möbel und Schnitzer für ihre Kunstwerke verwenden (Abb. 243)[200].

Abb. 243: Zirbe im Steinernen Meer auf einer Höhe von rund 2.000 Metern.

Znaimer Straße

Stadtplan: C 2 = von der Troppauer Straße östlich abzweigend.

Die einst von Sudetendeutschen (vgl. Sudetenplatz und Sudetenstraße) bewohnte Bezirksstadt Znaim (Abb. 244) in Südmähren gehört zur Tschechischen Republik und liegt unweit der Grenze zu Niederösterreich (s. Karte S. 18). Sie befindet sich auf einer Felszunge am steil abfallenden Ufer der Thaya. Die Stadt mit rund 35.000 Einwohnern hat einen gut erhaltenen mittelalterlichen Stadtkern, verfügt über verschiedene Industriezweige und ist Zentrum eines Gemüse-, Obst- sowie Weinanbaugebietes. Bekannt sind die Znaimer Gurken. Der tschechische Name der Stadt lautet *Znojmo*.

Die Ortsgeschichte reicht bis ins 9. Jahrhundert zurück. Ab dem 12. Jahrhundert wurde Znaim von Deutschen besiedelt, war später verschiedenen Landesherren unterstellt und kam am Ende des Zweiten Weltkriegs

1945 zur Tschechoslowakei. Die deutsche Bevölkerungsmehrheit wurde bis 1946 vertrieben und fand zum Großteil in Württemberg Aufnahme. Seit der Teilung der Tschechoslowakei 1993 gehört Znaim zur Tschechischen Republik oder kurz Tschechien.

Abb. 244: Das beherrschend über der Thaya gelegene Znaim ist die älteste und bedeutendste Stadt Südmährens (Aufn. um 1930).

Zollhäuslstraße

Stadtplan: D – E 3 – 4 = von der Reichenhaller Straße (Kreisverkehr) zur Saalach.

Der Bau des Zollhäusls erfolgte 1907 (Abb. 245) am Grenzübergang nach Salzburg vor dem Zollgebäude und der Brücke über die Saalach, deren wechselvolles Schicksal im folgenden Jahrhundert auch den jeweiligen Gastwirt traf. 1931 ersetzte man die alte Holzbrücke durch eine moderne Stahlbogenbrücke, welche den Namen *Rupertusbrücke* erhielt. Sie wurde am Ende des Zweiten Weltkriegs 1945 gesprengt und durch eine Notbrücke ein kurzes Stück flussabwärts ersetzt. 1960 folgte eine inzwi-

Abb. 245: Das Gasthaus Zollhäusl im Entstehungsjahr 1907.

schen auch schon wieder erneuerte Brücke an anderer Stelle, womit das Zollhäusl vom Durchgangsverkehr völlig abgeschnitten wurde (vgl. Salzburger Straße und Ludwig-Zeller-Straße).

Bald nach der Fertigstellung des Gasthauses verkaufte es der Erbauer an den Bürgerbräu in Bad Reichenhall, von dem es 1920 die Familie Ernst erwarb. Sie freute sich über gute Geschäfte durch den Grenzverkehr, vor allem an Tagen des Viehmarktes in Salzburg. 1938 gab es an der Grenze einen besonderen Grund zum Feiern: Österreich wurde an das Deutsche Reich angeschlossen. Das änderte sich 1945 durch den verlorenen Zweiten Weltkrieg, der dem Zollhäusl die Zerstörung der nahen Brücke und die Einquartierung von Amerikanern bis 1948 brachte. Nach der Währungsreform am 20. Juni des genannten Jahres wagten Rudolf Ernst und seine Frau Annemarie mit einem Startkapital von 80 DM – das war das so genannte Kopfgeld für vier Personen – einen Neuanfang und führten das Zollhäusl erfolgreich viele Jahre. 1995 ging das Gasthaus erneut an den Bürgerbräu, der es wieder verpachtete. Inzwischen konnte das Zollhäusl, das sich trotz fehlendem Durchgangsverkehr einer guten Besucherfrequenz erfreut, das 100-jährige Jubiläum feiern[201].

Abb. 246: Zugspitze von der Alpspitze aus gesehen.

Zugspitzstraße

Stadtplan: E 3 = von der Watzmann- zur Zwieselstraße.

Im Stadtviertel Neuhofham, das von Straßen mit Bergnamen beherrscht wird, sind hauptsächlich einheimische Berge aus dem Berchtesgadener und dem angrenzenden Salzburger Land erwähnt. Es gibt aber auch einige wenige Ausnahmen, und dazu gehört die Zugspitze.

Die Zugspitze ist mit 2.962 Metern der höchste Berg Deutschlands (Abb. 246). Sie liegt im Wettersteingebirge an der Grenze zu Österreich. Von Garmisch-Partenkirchen führt eine Zahnradbahn hinauf zum Schneefernerhaus, das seinen Namen dem dortigen Gletscher verdankt. Besonders zu erwähnen ist das im Gipfelbereich erbaute Observatorium, das seit dem Jahr 1900 Wetterbeobachtungen und verschiedene Messungen durchführt. Mehrere Routen mit jeweils mehr als 2.000 Höhenmetern ermöglichen es ausdauernden Bergsteigern, die Zugspitze auch ohne Bergbahn zu bezwingen.

Abb. 247: Auf der Südseite des Zwiesels befinden sich auf knapp 1.400 Metern Höhe Zwieselalm und Kaiser-Wilhelm-Haus.

Zwieselstraße

Stadtplan: D – E 3 = von der Hermann-Löns-Straße zur Staufenstraße.

Der Zwiesel, auch Hinterstaufen genannt, ist – wie der Name es schon ausdrückt – ein Doppelgipfel. Er besteht aus dem Zwiesel mit 1.782 Metern und dem Zenokopf mit 1.756 Metern. Der Aufstieg ist aus allen vier Himmelsrichtungen möglich: von Reichenhall im Süden, von Inzell im Westen, von Adlgaß im Norden und vom Staufen im Osten. Der Hauptweg führt von Reichenhall kommend über die Zwieselalm, die auf 1.400 Metern liegt. Unmittelbar neben der Hütte steht das für Übernachtungsgäste gebaute Kaiser-Wilhelm-Haus (Abb. 247). Es erinnert an den Deutschen Kaiser und König von Preußen Wilhelm II. Er weilte 1886, zwei Jahre vor seiner Thronbesteigung, mit seiner Gattin mehrere Wochen in Reichenhall zur Kur und bezwang damals den Zwiesel.

Kaiser Wilhelm II. war der Enkel seines geachteten Vorgängers Wilhelm I., der 1871 am Ende des Krieges zwischen Frankreich und Preußen in Versailles zum Deutschen Kaiser ausgerufen worden war. Die Amtszeit von Wilhelm II. mündete in den von seiner Politik mit verursachten Ersten Weltkrieg 1914 – 1918 und schließlich in die Abdankung aller deutschen Fürsten, seine eigene Flucht in die Niederlande sowie in seinen unfreiwilligen Thronverzicht. Er hoffte bis zu seinem Tod im Exil 1941 vergeblich auf eine Restauration der Monarchie.

Tue mir kund den Weg,
darauf ich gehen soll.

Psalm 143,8.

Anmerkungen

Abgekürzt zitierte Literatur:

Geschichte Salzburgs = Heinz Dopsch u. Hans Spatzenegger (Hg.), Geschichte Salzburgs (Salzburg 1983 ff.).
Historischer Atlas = Helga Reindel-Schedl, Historischer Atlas von Bayern – Laufen (München 1989).
MGSL = Mitteilungen der Gesellschaft für Salzburger Landeskunde, Bd. 1 (1860) ff.
Stadtchronik = Kurt Enzinger, Freilassing – Geschichte einer jungen Stadt (Freilassing 2003).

1 Historischer Atlas, S. 571 ff.; Heinrich Wanderwitz, Studien zum mittelalterlichen Salzwesen in Bayern (München 1984), S. 219 ff.; Herbert Klein, Salzburger Straßenbauten im 18. Jahrhundert, in: MGSL 99/1959, S. 81 ff.; Max Spindler (Hg.), Bayerischer Geschichtsatlas (München 1969), S. 38.
2 Max Seeberger, Wie Bayern vermessen wurde (Augsburg 2001), S. 12.
3 Vermessungsamt Freilassing, Namen-Liste sämtlicher Haus- und Grundbesitzer der Gemeinde Salzburghofen, Königliches Land-Gericht Laufen, v. ca. 1850; vgl. Stadtchronik, S. 162 ff.
4 Franz Martin, Salzburger Straßennamen = 15. Erg.-Bd. d. MGSL (Salzburg 1995), S. 9; vgl. Kurt Anton Mitterer, Salzburg anno 1800 – Die vergessene Schlacht auf den Walser Feldern (Salzburg 1999).
5 Archiv Stadtmuseum Freilassing, Haus-Nummern-Verzeichnis der Gemeinde Salzburghofen v. 10. 9. 1912/19. 1. 1914.
6 Martin, Straßennamen (wie Anm. 4), S. 11.
7 Adressbuch für den Bezirk Laufen, Hg. Traunsteiner Wochenblatt (1930), S. 92/93.
8 Archiv Stadtmuseum Freilassing, Prot. d. Gemeinderatssitzung v. 1. 6. (?) u. 28. 6. 1932 w/Straßenbenennung in Freilassing; Alfons Gundel, Straßenbenennungen, in: Unsere Heimat – Beiblatt zur Freilassinger Zeitung, Nr. 30/1932 u. 31/1932.
9 Ebenda, Eduard Nickl, Freilassings Geschichte – Historische Daten in chronologischer Reihenfolge (Manuskript v. 1954), S. 64.
10 Stadtarchiv Freilassing, Prot. d. Gemeinderatssitzung v. 25. 4. 1933; Unsere Heimat – Beiblatt zur Freilassinger Zeitung, Nr. 32/1933.
11 Ebenda, letztes Protokoll vor der NS-Zeit v. 9. 7. 1936, nach der NS-Zeit wieder ab 20. 6. 1945.
12 Ebenda, Straßen-Verzeichnis der Gemeinde Freilassing von 1938.
13 Dies geschah offenbar stillschweigend und ohne Gemeinderatsbeschluss, denn in den Protokollen nach dem Bombenangriff auf Freilassing am 25. 4. 1945 ist kein diesbezüglicher Eintrag vorhanden, aber bereits in den Protokollen vom 21. 8. u. 26. 9. 1945 wieder von verschiedenen Nicht-NS-Straßennamen die Rede. Hitler wurde damals von rund 4.000 Städten und Gemeinden zum Ehrenbürger ernannt. Im Oktober 1946 hat der Alliierte Kontrollrat in Deutschland den Verlust des Ehrenbürgerrechts für Kriegsverbrecher festgelegt. In neuerer Zeit haben verschiedene Städte diese Ehrenbürgerrechte zusätzlich aberkannt.
14 Karl Welser, Überlebenskraft im Berchtesgadener Land 1945 – 1955 (Bad Reichenhall 1990), S. 126.
15 In der Obhut Bayerns – Die Deutschen aus dem Osten, Infoblatt des Bayerischen Staatsministeriums für Arbeit und Sozialordnung v. Nov. 2005.
16 Jean-Denis Godet, Bäume und Sträucher (Augsburg 1994), S. 20.
17 Festbroschüre zur Einweihung des „neuen Feuerwehrgerätehauses" vom August 1989.
18 Bayerisches Hauptstaatsarchiv München, Plan-Sammlung 8425, Karte von Gregor Lederwasch v. 8. 6. 1776 (Wassereinbrüche der Saalach bei Salzburghofen wegen Salzburghofener Pfarrgründe); vgl. Stadtchronik, S. 115.
19 Stadtarchiv Freilassing, Auszug aus dem Sitzungsbuch des Bau- und Umweltausschusses.
20 Joseph Graf Plaz, Alt-Salzburger Weistümer, in: MGSL 54 (1914), S. 124.
21 Stadtarchiv Freilassing, Prot. d. Gemeinderatssitzung v. 25. 4. 1933; Unsere Heimat – Beiblatt zur Freilassinger Zeitung, Nr. 32/1933.
22 Lexikon für Theologie und Kirche (Freiburg 1986), Bd. 1, Sp. 1084.
23 Vgl. Stadtchronik, S. 337 ff.

24 Haus-, Hof- und Staatsarchiv Wien, Cod. 359, fol. 61; Salzburger Urkundenbuch, Bd. II, S. 73, Nr. 40; vgl. Stadtchronik, S. 36.
25 Salzburger Urkundenbuch, Bd. I, S. 120, Nr. 59; Historischer Atlas, S. 105.
26 Salzburger Landesarchiv, Entwurf Hieronymus-Kataster v. 1778, Gericht Staufeneck/Salzburghofen, Bd. 71, fol. 513 (Prot. IV = Gewerbe); Historischer Atlas, S. 636.
27 Frdl. Auskunft von Frau Helga Hagenhofer, Aumühle.
28 Stadtarchiv Freilassing, Prot. d. Gemeinderatssitzung v. 20. 6. 1945.
29 Ernst Garner, Ein österreichisches Kaiserpaar in Freilassing, in: Heimatblätter (Beilage zu Reichenhaller Tagblatt/Freilassinger Anzeiger) v. 18. 1. 1992.
30 Heinz Dopsch, Salzburg im Hochmittelalter, in: Geschichte Salzburgs, Bd. I/1, S. 289.
31 Godet, Bäume (wie Anm. 16), S. 28.
32 Staatsarchiv München, Bauplan Laufen 4631 v. 1910; vgl. Stadtchronik, S. 217.
33 Sie müsste eigentlich – da sie nicht von Brodhaus, sondern von Brodhausen abgeleitet wird – Brodhausener Straße heißen.
34 Historischer Atlas, S. 633.
35 Leopold Ziller, Ein Salzburger Mundart-Wörterbuch (Salzburg 1979), S. 41; Johann Andreas Schmeller, Bayerisches Wörterbuch (München 1872-77/1985), Bd. 1/1, Sp. 348.
36 J. Heyberger u. a., Bayerisches Orts-Lexikon von 1867 = Topographisch-statistisches Handbuch des Königreichs Bayern (München 1867).
37 Heinrich Englmann, Geschichtliches über Salzburghofen (München 1909), S. 42.
38 Franz Hörburger, Salzburger Ortsnamenbuch (Salzburg 1982), S. 80.
39 Historischer Atlas, S. 634.
40 Namen-Liste (wie Anm. 3); vgl. Stadtchronik, S. 164.
41 Frdl. Auskunft v. Mayrbauern in Eham.
42 E. Strasburger u. a., Lehrbuch der Botanik für Hochschulen (Stuttgart 1983), S. 786.
43 Historischer Atlas, S. 635 u. 637.
44 Salzburger Landesarchiv, Karten und Risse, R 5 u. R 6 von 1793; vgl. Stadtchronik, S. 15.
45 Ziller, Mundart-Wörterbuch (wie Anm. 35), S. 137.
46 Vermessungsamt Freilassing, Renovationsvermessung v. 1851, SO 14.46.
47 Ebenda, SO 13.46.
48 Heinz Nagel (phil. Diss., Innsbruck 1966), Der Zauberer-Jackl-Prozeß, in: MGSL Bd. 112/113 (1972/1973), S. 385 ff. und Bd. 114 (1974), S. 81 ff., hier Bd. 112/113, S. 413 ff.; vgl. Alfons Gundel, Unsere Heimat – Beiblatt zur Freilassinger Zeitung, Nr. 11/1930, S. 75.
49 Ebenda; Reinhard Rudolf Heinisch, Das ausgehende 17. Jahrhundert, in: Geschichte Salzburgs, Bd. II/1, S. 231.
50 Ebenda; MGSL Bd. 112/113, S. 524 und 530.
51 Georg Meister, Der „Ewige Wald" der Saline Reichenhall, in: SALZ MACHT GESCHICHTE – Aufsätze (Augsburg 1995), S. 179.
52 Frdl. Auskunft von Frau Traudi Mayer, geb. Grannersberger, Finkenstr. 3.
53 Karl Heinz Ritschel, Ein Juwel von Weltrang – Rettet die Kollegienkirche, in: Salzburger Nachrichten v. 23. 2. 2008; Franz Martin, Salzburg – Geschichte und Kunst dieser Stadt (Salzburg 1964), S. 138 ff.
54 Franz Fuhrmann, Die bildende Kunst, in: Geschichte Salzburgs, Bd. II/3, S. 1569.
55 Kurt Enzinger, Högl – Bauernland und Sandsteinbrüche (Ainring 2006), S. 248 ff. u. 276.
56 Peter Putzer, Das Salzburger Scharfrichter Tagebuch (Wien 1985), S. 45; vgl. Max Wieser, Schloß Staufeneck (Piding 1978), S. 110 ff.
57 Plaz, Weistümer (wie Anm. 20), S. 124 f.
58 Ebenda, S. 127.
59 Bayer. Hauptstaatsarchiv München, HS Salzburg, Pfleggericht Staufeneck 10, fol. 266 (13. Frage); Plaz, Weistümer (wie Anm. 20), S. 128; Historischer Atlas, S. 464.
60 Putzer, Scharfrichter Tagebuch (wie Anm. 56), S. 87.
61 Ebenda, S. 80, Nr. 197; vgl. Herbert Klein, Die letzte Hinrichtung im Pfleggericht Golling, in: MGSL 112/113 (1972/73), S. 160 ff.
62 Ebenda, S. 51, Nr. 1.

63 Ebenda, S. 52, Nr. 6.
64 Ebenda, S. 56, Nr. 44.
65 Ebenda, S. 60, Nr. 80.
66 Ebenda, S. 61, Nr. 86.
67 Ebenda, S. 64, Nr. 104.
68 Ebenda, S. 72, Nr. 154.
69 Ebenda, S. 80, Nr. 197.
70 Ebenda, S. 83, Nr. 210.
71 Ebenda, S. 86, Nr. 226.
72 Herbert Klein, Salzburger Straßenbauten im 18. Jahrhundert, in MGSL 99 (1959), S. 81.
73 Vermessungsamt Freilassing, Renovationsvermessung von 1851, SO 14.46, Fl.-Nr. 929.
74 Martin, Salzburger Straßennamen (wie Anm. 4), S. 80.
75 Gerhard Ammerer, Die Stadt Salzburg von Wolf Dietrich von Raitenau bis zum Ende der geistlichen Herrschaft, in: Geschichte Salzburgs, Bd. II/4, S. 2149.
76 Josef Brettenthaler, Salzburgs SynChronik (Salzburg 1987), S. 191.
77 Ebenda, S. 229 und 277.
78 Laufener Wochenblatt v. 27. 4. 1922.
79 Stadtchronik, S. 208 u. 410; Kurt Enzinger, Georg Wrede – Industriepionier und Ehrenbürger von Freilassing, in: Das Salzfass 1/1998, S. 1 ff.
80 Klaus Ullmann, Schlesien-Lexikon (Augsburg 1996), S. 101.
81 Ebenda, S. 104.
82 Frdl. Auskunft von Herrn Bert Gastager, Goldschmiedemeister, Freilassing.
83 Heinz Rudolf Fritsche, Schlesien (Augsburg 1996), S. 98.
84 Besser wäre: Paris-Graf-Lodron-Straße oder – kürzer – Paris-Lodron-Straße.
85 Reinhard Rudolf Heinisch, Paris Graf Lodron (Wien 1991); Ders., Die Zeit des Absolutismus, in: Geschichte Salzburgs, Bd. II/1, S. 167 ff.
86 Historischer Atlas, S. 637; Stadtchronik, S. 162.
87 Frdl. Auskunft von Herrn Johann Standl, Nechlbauer in Hagen.
88 Archibald Quartier, Bäume + Sträucher (München 1974), S. 91.
89 Historischer Atlas, S. 423; vgl. Heinz Dopsch, Von der Adelsherrschaft zur erzbischöflichen Verwaltung, in: Heinz Dopsch u. Hans Roth (Hg.), Laufen und Oberndorf (1998), S. 101.
90 Enzinger, Högl (wie Anm. 55), S. 95 u. 154.
91 Vermessungsamt Freilassing, Liquidationsvermessung v. ca. 1825 von Salzburghofen.
92 Wie Anm. 58.
93 Stadtchronik, S. 51.
94 Bundeskulturreferat des Verbandes der Siebenbürger Sachsen, München.
95 Historischer Atlas, S. 632; Stadtchronik, S. 163.
96 Herbert Klein, Hof – Hube – Viertelacker, in: Festschrift Herbert Klein (Salzburg 1965), S. 263 ff.
97 Historischer Atlas, S. 634; Stadtchronik, S. 164.
98 Frdl. Auskunft von Herrn Johann Moosleitner, Huberbauer in Hub.
99 Nach dem Zusammenbruch im Mai 1945 gab es nur wenige Gemeinderatssitzungen: Die erste Sitzung am 20. 6. 1945 sowie vier weitere Sitzungen bis Ende September 1945. In den diesbezüglichen Protokollen ist nie von Straßenbenennungen die Rede (vgl. Anm. 11).
100 Karl Heinz Ritschel, Salzburg – Anmut und Macht (Wien/Hamburg 1970), S. 67 u. 248; Ludwig Hammermayer, Die Aufklärung in Salzburg, in: Geschichte Salzburgs, Bd. II/1, S. 450.
101 Schmeller, Wörterbuch (wie Anm. 35), Bd. 1/1, Sp. 458.
102 Stadtchronik, S. 406 f.
103 Heinz Schubert, Karlsbad (München 1980).
104 Godet, Bäume (wie Anm. 16), S. 60.
105 Stadtchronik, S. 366.
106 Historischer Atlas, S. 634.
107 Stadtchronik, S. 164.
108 Frdl. Auskunft v. Kloster Au am Inn v. 5. 6. 2008 (Auflösung erfolgte am 10. 10. 2006).

109 Kurt Reindel, Christentum und Kirche, in: Max Spindler (Hg.), Handbuch der Bayerischen Geschichte – Band I (München 1981), S. 202 ff.; Lexikon für Theologie und Kirche (Freiburg 1986), Bd. 6, Sp. 550.
110 Philibert Seeböck, Kleine illustrierte Heiligen-Legende (Einsiedeln 1887), S. 543.
111 Frdl. Hinweis von Herrn Matthias Kreuzeder, Schmiedbauer in Eham.
112 Herbert H. Kölbl, Kreuzwege in Oberbayern (Raubling 2006), S. 4 f.
113 Stadtarchiv Freilassing, Prot. d. Stadtratssitzung v. 20. 2. 1958; vgl. Stadtchronik, S. 471 ff.
114 Fritsche, Schlesien (wie Anm. 83), S. 155.
115 Werner Heiligmann u. a., Die Pflanze (Stuttgart 1964), S. 26.
116 Freilassinger Anzeiger v. 15./16. 10. 1994.
117 Godet, Bäume (wie Anm. 16), S. 54.
118 Historischer Atlas, S. 634.
119 Schmeller, Wörterbuch (wie Anm. 35), Bd. 1/2, Sp. 1466.
120 Stadtarchiv Freilassing, Prot. d. Stadtratssitzung v. 28. 6. 1961.
121 Kurt Enzinger, Salzburger Emigration und Freilassing, in: Ev.-Luth. Kirchengemeinde Freilassing (Hg.), Festschrift Kreuzkirche Freilassing 1957 – 2007, S. 22 ff.
122 Vgl. Stadtchronik, S. 208 f., 410 f.
123 Stadtchronik, S. 352 f.; Kurt Enzinger, Baugeschichte der Rupertuskirche in Freilassing, in: Das Salzfass 1/2008, S. 57 ff.
124 Vgl. Stadtchronik, S. 23 f.
125 Martin, Salzburg (wie Anm. 53), S. 56.
126 Vermessungsamt Freilassing, Liquidationsverm. v. ca. 1825 u. Renovationsverm. v. 1851, SO 14.46.
127 Helmuth Soraruf, Erinnerungen an die Peracher Ziegler, in: Ainring – Heimatbuch (Ainring 1990), S. 303.
128 Rosi Behringer, Das Ainringer Moos, in: Heimatbuch Ainring (Ainring 2005), S. 321 ff.
129 Mozart – Briefe und Aufzeichnungen, hg. v. d. Intern. Stiftung Mozarteum Salzburg, Bd. II (Kassel 1962), S. 6 = Brief v. 23. 9. 1777, u. Bd. V = Kommentar (Kassel 1971), S. 368; vgl. Stadtchronik, S. 446.
130 Wasserwirtschaftsamt Traunstein, Broschüre „Die Wiederbewässerung des Mittergrabens" v. 2004.
131 Richard Fitter u. a., Pareys Blumenbuch (Hamburg 1986), S. 52 ff.
132 Schmeller, Wörterbuch (wie Anm. 35), Bd. I/2, Sp. 1723.
133 Stadtchronik, S. 14 f.
134 Historischer Atlas, S. 637 = Metzgerbauer u. 4 Kleinhäusl (ohne Namen); Stadtchronik, S. 164.
135 Vgl. Stadtchronik, S. 81 ff.
136 Hans Roth, Die Kirchen der Gemeinde Ainring, in: Heimatbuch Ainring (Ainring 1990), S. 69 ff.
137 Vgl. Stadtchronik, S. 394 ff.
138 Stadtchronik, S. 358.
139 Hans Widmann, Geschichte Salzburgs, 1. Bd. (Gotha 1907), S. 149; Heinz Dopsch, Die Zeit der Karolinger und Ottonen, in: Geschichte Salzburgs, Bd. I/1, S. 197.
140 Haus-, Hof- und Staatsarchiv Wien, Cod. 359, fol. 61 (neuerdings im Salzburger Landesarchiv); Salzburger Urkundenbuch, Bd. II, S. 73, Nr. 40; dt. Übersetzung von Heinz Dopsch (ausgestellt im Rathaussaal Freilassing); vgl. Heinrich Englmann, Geschichtliches über Salzburghofen (München 1909), S. 18.
141 Wanderwitz, Salzwesen in Bayern (wie Anm. 1), S. 10.
142 Christian Rohr, Pilgrim I. von Salzburg, in: Peter F. Kramml und Alfred Stefan Weiß (Hg.), Lebensbilder Salzburger Erzbischöfe aus zwölf Jahrhunderten (Salzburg 1998), S. 23 ff.
143 Peter F. Kramml, Pilgrim II. von Puchheim, in: Kramml und Weiß, Lebensbilder (wie Anm. 142), S. 101 ff.; Herbert Klein, Erzbischof Pilgrim von Puchheim, in: MGSL 112/113 (1972/73), S. 13 ff.
144 Eva Gesine Baur, Mozarts Salzburg (München 2005), S. 156.
145 Frdl. Auskunft von Herrn Friedrich Hauser, Pfarrgemeinderatsvors., Freilassing.
146 Heinz Dopsch, Salzburg im Hochmittelalter, in: Geschichte Salzburgs, Bd. I/1, S. 364.
147 Johannes Lang, Die Plainburg – als Bauwerk betrachtet, in: Johannes Lang/Max Schneider, Auf der Gmain – Chronik der Gemeinden Bayerisch Gmain und Großgmain (1995), S. 48.

148 Reich an Hall (= Salz), vgl. Schmeller (wie Anm. 35), Bd. 1/2, S. 1074 f.
149 Dietmar Aichele, Was blüht denn da? (Stuttgart 1973), S. 112, 286.
150 Hl. Rupert von Salzburg 696 – 1996 = Ausstellungskatalog (Salzburg 1996).
151 Archiv Stadtmuseum Freilassing, div. Zeitungsausschnitte (Sachgebiet 604).
152 Informationsblatt der Salzburg AG zur Eröffnung des Kraftwerks v. Juni 2005.
153 J. Heyberger u. a., Topographisch-statistisches Handbuch des Königreichs Bayern (München 1867), Sp. 152 f. = 26 Orte in Saaldorf + 23 in Surheim = 49 Orte. Aktuell sind es 51 Orte laut frdl. Auskunft der Gem. Saaldorf-Surheim.
154 Stadtchronik, S. 212 u. 274 f.
155 Willi Finsterer, Geschichtliches über die Freilassinger Saalachbrücke, in: Heimatblätter (wie Anm. 29) v. April 1935.
156 Die Baugeschichte der Rupertusbrücke über die Saalach, in: Heimatblätter (wie Anm. 29) v. 27. 2. 1987.
157 Stadtarchiv Freilassing, Prot. d. Stadtratssitzung v. 28. 6. 1961.
158 Informationsschrift der Herstellerfirma Stahlbau Oberhofer, Saalfelden, v. 2003.
159 Wanderwitz, Salzwesen (wie Anm. 1), Anlage „Die Salzhandelswege in Bayern".
160 Aichele, Was blüht denn da? (wie Anm. 149), S. 102.
161 Historischer Atlas, S. 637; Stadtchronik, S. 163.
162 Welser, Überlebenskraft (wie Anm. 14), S. 487.
163 Stadtchronik, S. 93 ff.
164 Martin, Salzburger Straßennamen (wie Anm. 4), S. 73.
165 Frdl. Auskunft v. Sekretariat der Grundschule Freilassing.
166 Stadtchronik, S. 422 ff.
167 Stadtchronik, S. 372.
168 Frdl. Auskunft von Herrn Michael Schuster, Freilassing.
169 Historischer Atlas, S. 635; Stadtchronik, S. 164.
170 Erklärung des Bayerischen Ministerpräsidenten Ehard v. 7. 11. 1962, in: Festschrift „50 Jahre Sudetendeutsche Landsmannschaft – Ortsgruppe Freilassing" (Freilassing 2000), S. 2.
171 Sepp Winkler, Der Erzbergbau am Teisenberg und die Erzverhüttung in Achthal, in: Heimatbuch Teisendorf (Markt Teisendorf 2001), S. 293.
172 Max Wieser, Festschrift 450 Jahre Eisenwerk (Hammerau 1987).
173 Hans Widmann, Geschichte Salzburgs, 1. Bd. (Gotha 1907), S. 218 ff.; Heinz Dopsch, Salzburg im Hochmittelalter, in: Geschichte Salzburgs, Bd. I/1, S. 250 ff.
174 Johannes Lang, Geschichte von Bad Reichenhall (Neustadt an der Aisch 2009), S. 499 ff.; Kurt Anton Mitterer, Salzburg anno 1800 – Die vergessene Schlacht auf den Walser Feldern (Salzburg 1999); Judas Thaddäus Zauner, Beyträge zur Geschichte des Aufenthaltes der Franzosen im Salzburgischen und in den angränzenden Gegenden, 1. Bd. (Salzburg 1801).
175 Stadtchronik, S. 14 f.
176 Historischer Atlas, S. 635; Stadtchronik, S. 164.
177 Aichele, Was blüht denn da? (wie Anm. 149), S. 160, 304, 326.
178 Lexikon für Theologie und Kirche (Freiburg 1986), 10. Band, Sp. 795 ff.
179 Stadtchronik, S. 461 f.
180 Infoblatt v. 1998 der Vinzenz-Konferenz St. Rupert, Freilassing.
181 In der damals verfassten Lebensbeschreibung des heiligen Bonifatius, des Missionars der Deutschen.
182 Herwig Wolfram, Die Zeit der Agilolfinger – Rupert und Virgil, in: Geschichte Salzburgs, Bd. I/1, S. 121 ff.; vgl. Heinz Dopsch und Roswitha Juffinger (Hg.), Virgil von Salzburg – Missionar und Gelehrter (Salzburg 1984).
183 Lexikon für Theologie und Kirche (Freiburg 1986), Bd. 10, Sp. 806.
184 Heinz Dopsch, Die Zeit der Karolinger und Ottonen, in: Geschichte Salzburgs (Salzburg 1983), Bd. I/1, S. 173.
185 Godet, Bäume (wie Anm. 16), S. 122.
186 Stefan Köcher, Infoblatt der Forstdienststelle Freilassing des Bayerischen Forstamtes Traunstein, der Stadt Freilassing und der „lokalen agenda 21" v. 2002.
187 Freilassinger Anzeiger v. 5. 6. 2002.

188 Stadtchronik, S. 120.
189 Stadtchronik, S. 105 f.
190 Frdl. Auskunft von Herrn Alois Weibhauser, dem Sohn des Genannten, Freilassing.
191 Stadtarchiv Freilassing, Stadtratsprot. v. 29. 9. 1954.
192 Reinhard R. Heinisch, Wolf Dietrichs Sturz und Gefangenschaft, in: Wolf Dietrich (Salzburger Landesausstellung 1987), S. 79 ff.
193 Eva Stahl-Botstiber, Salome Alt und das Frauenbild ihrer Zeit, in: Wolf Dietrich (Salzburger Landesausstellung 1987), S. 55 ff.
194 Marianne Hauser, Nr. 51 Hagenauer, in: Franz Martin (Hg.), Hundert Salzburger Familien (Salzburg 1946), S. 148; vgl. Gunda Barth, Die Hagenauers, in: Ainring – Heimatbuch (Ainring 1990), S. 309; Gunda Barth-Scalmani, Die Handelsfamilie Hagenauer, in: Barockberichte, Heft 44/45/2006 (Salzburg 2006), S. 821.
195 Der Urgroßvater von Wolfgang Hagenauer und der Großvater von Johann Lorenz Hagenauer waren Brüder.
196 Adolf Hahnl, Die Brüder Wolfgang, Johann Baptist und Johann Georg Hagenauer, in: Ainring – Heimatbuch (Ainring 1990), S. 330; Ders., Der Salzburger Hofbauverwalter Wolfgang IV. Hagenauer (1726 – 1801), in: Barockberichte, Heft 44/45/2006 (Salzburg 2006), S. 883.
197 Ebenda.
198 Karl Friedrich Hermann, Abt Dominikus Hagenauer von St. Peter, in: Ainring – Heimatbuch (Ainring 1990), S. 322.
199 Adolph Hahnl und Hannelore sowie Rudolph Angermüller, Abt Dominikus Hagenauer (1746 – 1811) von St. Peter in Salzburg – Tagebücher 1786 – 1810 (Studien und Mitteilungen zur Geschichte des Benediktinerordens und seiner Zweige, 44. Erg.-Bd. 2009), 3 Bde.
200 Godet, Bäume (wie Anm. 16), S. 28.
201 Hauschronik Zollhäusl v. 2007.

Literaturverzeichnis

Aichele Dietmar, Was blüht denn da? Kosmos-Naturführer (Stuttgart 1973).
Ainring – Heimatbuch (Ainring 1990).
Bätzing Werner, Die Alpen (München 1991).
Bauer Eva Gesine, Mozarts Salzburg (München 2005).
Brettenthaler Josef, Salzburgs SynChronik (Salzburg 1987).
Brugger Walter, Dopsch Heinz und Peter F. Kramml (Hg.), Geschichte von Berchtesgaden, Bd. I – III/2 (Berchtesgaden 1991 – 1998).
Brugger Walter, Dopsch Heinz und Wild Joachim (Hg.), Höglwörth (Salzburg 2008).
Bufe Siegfried, Hauptbahn München – Salzburg (Egglham 1995).
Conrad Kurt – Festschrift, 5. Erg.-Bd. d. MGSL (Salzburg 1990).
Das Salzfass, Heimatkundliche Zeitschrift des Historischen Vereins Rupertiwinkel, Jahrgänge 1 ff. (Laufen 1966 ff.).
Dixon Dougal u. Berner Raymond L., Geologie für Amateure (Köln 1998).
Dommuseum zu Salzburg (Hg.), Erzbischof Paris Lodron (Salzburg 2003).
Donhäuser Sarah (Hg.), Mozarts Briefe (Wiesbaden 2006).
Dopsch Heinz, Kramml Peter F. u. Weiß Alfred Stefan (Hg.), 1200 Jahre Erzbistum Salzburg (Salzburg 1999).
   Ders. u. Roth Hans (Hg.), Laufen und Oberndorf (Laufen und Oberndorf 1998).
   Ders. u. Spatzenegger Hans (Hg.), Geschichte Salzburgs – Stadt und Land, Bde. I, I/1, I/2 = Vorgeschichte, Altertum, Mittelalter (Salzburg 1981 – 1984), Bde. II, II/1, II/2, II/3 u. II/4 = Neuzeit und Zeitgeschichte (Salzburg 1988 – 1991).
Dülmen Richard von, Historischer Atlas von Bayern – Traunstein (München 1970).
Dworsky Alfons und Schider Hartmut (Hg.), Die EHRE Erbhof (Salzburg 1980).
Englmann Heinrich, Geschichtliches über Salzburghofen (München 1909).
Ennen Edith, Frauen im Mittelalter (München [5]1994).
Enzinger Kurt, Freilassing – Geschichte einer jungen Stadt (Freilassing 2003).
   Ders., Högl – Bauernland und Sandsteinbrüche (Ainring 2006).
Erzbischof Paris Lodron, Ausstellungskatalog Dommuseum Salzburg (Salzburg 2003).
Fitter Richard u. a., Pareys Blumenbuch (Hamburg 1986).
Friedl Paul, Freilassing – Vom Kaiserhof zur Stadtgemeinde (Freilassing 1974).
Ganss Ortwin, Geologie der Berchtesgadener und Reichenhaller Alpen (Berchtesgaden [3]1979).
Godet Jean-Denis, Bäume und Sträucher (Augsburg 1994).
Goeth Hans-Werner, Leben im Mittelalter (München [4]1991).
Grey-Wilson Christopher u. a., Pareys Bergblumenbuch (Hamburg 1980).
Gruber-Groh Birgit, Historischer Atlas von Bayern – Bad Reichenhall (München 1995).
Gundel Alfons, Unsere Heimat – Beiblätter zur „Freilassinger Zeitung" 1929 – 1933.
Habel Edwin und Gröbel Friedrich, Mittellateinisches Glossar (Paderborn 1989).
Haberkern Eugen und Wallach Joseph, Hilfswörterbuch für Historiker (Tübingen [5]1987).
Hauthaler Willibald OSB und Martin Franz, Salzburger Urkundenbuch, Bd. I – IV (Salzburg 1910 – 1933).
Heiligmann Werner u. a., Die Pflanze (Stuttgart 1964).
Heimatbuch Ainring – Brauchtum, Kirche, Kultur, Vereine (Ainring 2005).
Heimatbuch Teisendorf – Markt und Land (Teisendorf 2001).

Heinisch Reinhard Rudolf, Paris Graf Lodron (Wien 1991).
Hell Martin – Gedenkschrift, 6. Erg.-Bd. d. MGSL (Salzburg 1977).
Hellmann Brigitte, Lebendiges Mittelalter (München 1995).
Heyberger J. u. a., Topographisch-statistisches Handbuch des Königreichs Bayern nebst alphabetischem Ortslexikon (München 1867).
Heydenreuter Reinhard, Recht, Verfassung und Verwaltung in Bayern 1505 – 1946, Ausstellungskatalog des Bayerischen Hauptstaatsarchivs (München 1981).
Hl. Rupert von Salzburg, Katalog der Ausstellung im Dommuseum zu Salzburg (1996).
Hörburger Franz, Salzburger Ortsnamenbuch, 9. Erg.-Bd. d. MGSL (Salzburg 1982).
Hubensteiner Benno, Bayerische Geschichte (München ^{5}1967).
Hübner L[orenz], Beschreibung des Erzstiftes und Reichsfürstenthums Salzburg, Bd. I – III (Salzburg 1796).
Kellner Hans-Jörg, Die Römer in Bayern (München ^{4}1978).
Kirsch Nikolaus u. Becker Juliane, Morawitza – Banat (Karlsfeld 1984).
Klein Herbert – Festschrift, 5. Erg.-Bd. d. MGSL (Salzburg 1965).
Knapp Rosemarie, Schloss Seehaus – Die Verwaltung der Güter des Salzburger Domkapitels im Rupertiwinkel (Laufen 2005).
Knöchlein Ronald, Studien zur Archäologie der Merowingerzeit im Rupertiwinkel (München 1997), Teil 1 u. 2.
Koch-Sternfeld Jos. Ernst von, Geschichte des Fürstenthums Berchtesgaden (Salzburg 1815).
Koller Fritz u. Rumschöttel Hermann (Hg.), Bayern und Salzburg im 19. und 20. Jahrhundert (München und Salzburg 2006).
Lang Johannes, Geschichte von Bad Reichenhall (Neustadt an der Aisch 2009).
Lang Johannes/Schneider Max, Auf der Gmain – Chronik der Gemeinden Bayerisch Gmain und Großgmain (Bayerisch Gmain und Großgmain 1995).
Lechner Willibald, Chronik von Anger (Bad Reichenhall o. J., ca. 1928).
Lentner Joseph Friedrich, Bavaria – Land und Leute im 19. Jahrhundert (München 1988).
Lexer Matthias, Mittelhochdeutsches Taschenwörterbuch (Stuttgart ^{38}1992).
Lexikon für Theologie und Kirche, Bd. 1 – 14 (Freiburg ^{2}1986).
Martin Franz, Kleine Landesgeschichte von Salzburg (Salzburg ^{5}1979).
  Ders., Salzburg – Geschichte und Kunst dieser Stadt (1964).
  Ders., Salzburger Straßennamen (Salzburg 1995).
Meyers Taschenlexikon Geschichte, 6 Bd. (Mannheim 1982).
Mitteilungen der Gesellschaft für Salzburger Landeskunde, Bde. 1 ff. (Salzburg 1861 ff.).
Mitterer Kurt A., Salzburg anno 1800 – Die vergessene Schlacht auf den Walser Feldern (Salzburg 1999).
Müller Helmut M., Schlaglichter der Deutschen Geschichte (Mannheim 1986).
Pallauf Sonja u. Putzer Peter, Die Waldordnungen des Erzstifts Salzburg (Wien 2001).
Pies Eike, Löhne und Preise von 1300 bis 2000 (Solingen 2003).
Pokorny Jaromir, Bäume in Mitteleuropa (München 1973).
Putzer Peter, Das Salzburger Scharfrichter Tagebuch (Wien 1985).
Quartier Archibald, Bäume und Sträucher (München 1974).
Reindel-Schedl Helga, Laufen an der Salzach, Die alt-salzburgischen Pfleggerichte Laufen, Staufeneck, Teisendorf, Tittmoning und Waging (= Historischer Atlas von Bayern, Teil Altbayern, Heft 55) (München 1989).

Reitzenstein Wolf-Armin Frhr. v., Lexikon bayerischer Ortsnamen (München ²1991).
Ritschel Karl Heinz, Salzburg – Anmut und Macht (Wien/Hamburg 1970).
Roth Hans u. Auer Fritz, Der Rupertiwinkel in historischen Ansichten (St. Johann i. P. 1997).
Salzburger Landesregierung (Hg.), Die Kelten in Mitteleuropa, Ausst.-Kat. (Salzburg 1980).
    Dies., Reformation – Emigration, Ausst.-Kat. (Salzburg 1981).
    Dies., St. Peter in Salzburg, Ausst.-Kat. (Salzburg 1982).
    Dies., Wolf Dietrich von Raitenau, Ausst.-Kat. (Salzburg 1987).
Salzburger Wallfahrten, Katalog zur XI. Sonderschau des Dommuseums zu Salzburg (1986).
Schindler Herbert, Große Bayerische Kunstgeschichte (München 1976).
Schmeller Johann Andreas, Bayerisches Wörterbuch, Bd. 1/1 – 2/2 (München 1877/1985).
Schmöller Carl und Volland Jacques Andreas, Bayerns Wälder (Augsburg 2002).
Seeberger Max, Wie Bayern vermessen wurde (Augsburg 2001).
Spindler Max (Hg.), Bayerischer Geschichtsatlas (München 1969).
    Ders., Handbuch der Bayerischen Geschichte, Bd. I u. II (München 1981 u. 1988).
Störmer Wilhelm, Die Baiuwaren (München 2002).
Strasburger Eduard, Lehrbuch der Botanik für Hochschulen (Stuttgart ³²1983).
Stumpf Pleickhard, Handbuch des Königreich's Bayern (München um 1850).
Ullmann Klaus, Schlesien-Lexikon (Augsburg 1996).
Verein Stadtteilmuseum Salzburg-Liefering (Hg.), Der Lieferinger Kultur-Wanderweg (Salzburg 2006).
Vogel Hubert, Geschichte von Bad Reichenhall (München 1971).
Wanderwitz Heinrich, Studien zum mittelalterlichen Salzwesen in Bayern (München 1984).
Welser Karl u. a., Überlebenskraft im Berchtesgadener Land 1945 – 1955 (Bad Reichenhall o. J.).
Westenthanner Markus, Die Pfarrei Freilassing-Salzburghofen in Geschichte und Gegenwart (Erolzheim 1956).
Widmann Hans, Geschichte Salzburgs, 1. – 3. Bd. (Gotha 1907, 1909 u. 1914).
Wieser Max, Schloß Staufeneck (Piding 1978).
    Ders., Festschrift 450 Jahre Eisenwerk (Hammerau 1987).
Wolfram Herwig (Hg.), Quellen zur Salzburger Frühgeschichte (Wien 2006).
Wysocki Josef, Leben im Berchtesgadener Land 1800 – 1990 (Bad Reichenhall o. J.).
Zauner Judas Thaddäus, Beyträge zur Geschichte des Aufenthalts der Franzosen im Salzburgischen und in den angränzenden Gegenden, 1. Bd. (Salzburg 1801).
Ziller Leopold, Ein Salzburger Mundart-Wörterbuch, 7. Erg.-Bd. d. MGSL (Salzburg 1979).
    Ders., Die Salzburger Familiennamen, 11. Erg.-Bd. d. MGSL (Salzburg 1986).
Zorn Wolfgang, Kleine Wirtschafts- und Sozialgeschichte Bayerns (München 1962).

Bildnachweis

Umschlagbilder (Vorderseite: Freilassing mit Untersberg, Grab Hagenauer, Hauptstraße, Wolf Dietrich von Raitenau; Buchrücken: Salzburger Straße mit Rupertuskirche; Rückseite: Fürstenweg, Wredevilla, Salzburghofen): Kurt Enzinger, Freilassing.

Vor- und Rücksatz (aktualisierter Stadtplan 2009): Werbebüro Thaler, Osterhofen.

Bartl Anton Nachlass, Freilassing: Abb. 98, 99, 231.
Bayerisches Hauptstaatsarchiv (Bildersammlung des Sudetendeutschen Archivs, Nr. 143, 1027, 4392, 6303, 22920 u. 40544), München: Abb. 41, 56, 93, 161, 219, 244.
Donauschwäbisches Zentralmuseum, Ulm: Abb. 142.
Enzinger Kurt, Freilassing: Abb. 6, 8, 9, 10, 11, 12, 14, 16, 17, 18, 19, 20, 21, 22, 25, 26, 28, 29, 32, 34, 36, 39, 40, 42, 43, 45, 46, 47, 48, 49, 50, 51, 55, 57, 59, 61, 62, 65, 66, 69, 70, 71, 72, 74, 75, 76, 78, 79, 83, 84, 85, 86, 87, 88, 90, 91, 96, 102, 104, 105, 106, 107, 108, 109, 112, 113, 114, 116, 117, 120, 121, 122, 123, 126, 127, 132, 133, 135, 137, 138, 140, 141, 143, 144, 145, 146, 149, 151, 152, 153, 155, 156, 157, 158, 162, 163, 168, 169, 170, 171, 172, 173, 174, 175, 176, 179, 180, 181, 182, 183, 184, 186, 189, 190, 191, 193, 198, 199, 201, 202, 203, 204, 205, 206, 207, 208, 209, 211, 212, 213, 214, 215, 216, 217, 218, 220, 221, 222, 223, 225, 226, 228, 229, 230, 232, 233, 234, 235, 237, 238, 239, 240, 241, 242, 243.
Enzinger Reiner, Ottobrunn: Abb. 58, 94, 210, 247.
Foto-Baumann, Bad Reichenhall: Abb. 139.
Foto-Dietrich, Laufen: Abb. 60.
Gastager Fam., Freilassing: Abb. 64.
Gauss/Weidenheim (aus: Die Donauschwaben, Freilassing 1961): Abb. 23, 24, 37, 38.
Habicht Gerald, Freilassing: Abb. 3.
Hauptschule Freilassing, Schulchronik von Eduard Nickl: Abb. 195, 196.
Haus-, Hof- und Staatsarchiv, Wien: Abb. 154.
Heimatverband der Karlsbader e. V., Wiesbaden: Abb. 101.
Hölzl Werner, Grafik-Designer, Salzburg-Liefering: Abb. 1, 4, 5, 166, 167.
Kreuzeder Hias, Freilassing: Abb. 110, 111.
Lackner Hans Nachlass, Freilassing: Abb. 115.
Landesamt für Vermessung und Geoinformation (Luftbild © Bayerische Vermessungsverwaltung 07/2009), München: Abb. 7.
Landesbund für Vogelschutz in Bayern e. V., Hilpoltstein: Abb. 118.
Landsmannschaft Schlesien (Lukas Joachim, Weiher/Uttenreuth): Abb. 33, 63.
Pfarrarchiv Schwindkirchen, Dorfen: Abb. 130.
Pfarrarchiv St. Martin, Landshut: Abb. 131.
Salzburg Museum, Salzburg (Gen. v. 12. 3. 2009): Abb. 53, 68, 124.
Salzburger Landesausstellung 1981 „Reformation – Emigration", Goldegg: Abb. 129.
Schlesierverein Freilassing: Abb. 187.
Simon Klaus, Eggstätt: Abb. 100.
Staatliche Berufsschule BGL, Freilassing: Abb. 103.
Stadtarchiv Freilassing: Abb. 2, 236.
Stadtmuseum Freilassing: Abb. 177, 178, 188, 194, 245.

Tiroler Landesmuseum Ferdinandeum, Innsbruck: Abb. 125.
Tourismusverband Böhmerwald, Aigen/Oberösterreich: Abb. 30.
Universitätsbibliothek Salzburg: Abb. 13.
Verband der Siebenbürger Sachsen (Georg Gerster), München: 81, 200.
Vermessungsamt Freilassing: Abb. 134, 159.
Wikimedia – Commons (freie Mediendatei): Abb. 15 (Johann Janitz), 27, 31, 35, 44, 52, 54, 67 (Hans Peter Schäfer), 73, 77, 80, 82, 89, 92, 95, 97, 119, 128, 136, 147, 148, 150, 160, 164, 165, 185, 192, 197, 224, 227, 246 (Christian Nawroth).

Im Rupertus-Verlag erschienen:

Kurt Enzinger

Freilassing

Geschichte einer jungen Stadt

Im Rupertus-Verlag erschienen:

Kurt Enzinger

HÖGL

Bauernland
und Sandsteinbrüche

Hub
Brodhausen
St 2104
Jägerstr.
Lohenstr.
3 Lilienweg
4 Rosenweg
5 Tulpenweg
6 Veilchenweg
Brodhauser Str.
Schützenstr.
Im Blankenfeld
Wasserburger Str.
Am Feuerhaus
Saaldorfer Str.
Pettinger Str.
Bergstr.
Alpenstr.
Säge-werk-str.
Moosstr.
Salzstr.
Waginger Str.
Talstr.
Weildorfer Str.
Sand-dorn-weg
Am Oedhof
Technologie Zentrum
Ahorn-str.
Fichtenstr.
städt. Kindergarten
Oedhof-
Hainbuchen-str.
Zirbenstr.
Aurikelstr.
Wacholderweg
Farn-weg
Arnika-weg
Akeleiw.
Weibhauserstr.
Peracher Str.
Oedhof
Eibenstr.
Anemo-nenweg
Astern-weg
Westendstr.
Nelken-weg
Kiefern-str.
LOKWELT FREILASSING
Enzianstr.
Edelweiß-weg
Schlenken-str.
München
Sailen
Perach
Hochkönigstr.
Hofham
n. Traunstein
Schaiding
Schaidinger Str.
Hofhamer
Traunsteiner Str.
Heidenpoint
B 304
Industriegebiet- und
Gewerbegebiet Süd
Müllumlade-station
An der Bundes-str. 304
Schmiding
BGL 18
Eschlberg
Sonnwiesgraben
Schiffmoning
Berchtesgaden
n. Mitterfelden
C
D
E
F
1
2